儲かる！　株の教科書

ケイ線・チャートの読み方・使い方

阿部智沙子
Chisako Abe

日本実業出版社

はじめに

「日本人は欧米人に比べて、金融、とくに投資には弱い」――ときどきこんな意見を耳にすることがあります。とんでもありません。日本の歴史をひもといてみると、日本人は、「買い手」と「売り手」の取引によって形成されるマーケットというものに関して、卓越した〝金融感覚〟を持っていることがわかります。

今日「デリバティブ」と呼ばれている金融派生商品のひとつである先物取引が、すでに江戸時代には、日本の米相場で行なわれていたことはよく知られています。さらに看過できないのは、そこで形成される価格について、その推移を記録し、類型化して、それをもとに将来の動きを予測したり、収益をあげるための戦術・哲理をまとめるといった、相場の分析や研究が盛んに行なわれていたことです。年代を考えると、これはアメリカよりも先んじています。

明治時代になると、東京株式取引所（現在の東京証券取引所の前身。明治11年5月設立）ができ、大正、昭和にかけて株式の売買が活発に行なわれるようになります。こうしたなか、かつては「足取り」と呼ばれていた価格の推移のグラフは、「罫線《けいせん》」といわれるようになり、その分析・研究もさらに発展していきました。その手法の中には、後に欧米で使われるようになったものもあれば、また欧米で考えられたとされる分析法の中にも実は、すでに日本で登場していたものもあります。

残念なことに、太平洋戦争下の混乱で取引所は一時停止となり、戦後、取引所が再開した後も、制度化、システム化、情報化が進むなかで、一般の個人投資家は大口投資家に比べ著しく不利な状況に追い込まれてしまいました。そのため、株式の売買自体がなかなか一般の個人にとって身近なものにはならず、本来持っているはずの相場に対する鋭い感覚を発揮できないままにいた人もいるのではないかと思います。

しかし、もはやその時代は終わりました。証券業界の自由化によって、個人投資家が不利だという状況は大幅に解消されています。かつては個人の常時接続・定額制にきわめて消極的だった独占会社も、通信の自由化による競争のなかで、そうした姿勢を大きく改めました。それによって、いまや日本の一般個人投資家は、リアルタイムで情報を見ることができるばかりか、最新の株価データをもとに、自分で分析することも容易になっています。

この環境を得て、自分も分析や予測をしたり、それをもとに株式の売買をやってみようと思った人も多いのではないかと思います。もしかするとそれは、昔からの〝相場分析先進国〟の遺伝子によるものなのかもしれません。

本書は、そうした方々の一助となれるよう、株価の推移を示した「株価チャート」（日本に古くからある言い方では「ケイ線」）について、その読み方・使い方の基本を紹介しています。今日、株価チャートの読み方を著した書物は数多くありますが、本書では、それを実際の売買にどう活用したらいいのかという、「使い方」に重点を置いています。「チャートの読み方の基本はもう知っている」という方も、ぜひご一読いただければ幸いに思います。

最後に、本書の編集を担当してくださった日本実業出版社の方には、たえずご助言と励ましをいただきました。この場を借りまして、深く御礼を申し上げます。

二〇〇四年九月

阿部智沙子

儲かる！　株の教科書

ケイ線・チャートの読み方・使い方

目次

はじめに

第1章　チャートで何がわかるのか

1 **株価の動きには方向性がある** …… 10
チャートを一目見ただけでわかること

2 **株価の「3つの動き」をつかもう** …… 12
いつ、どんな売買をすれば儲かったのか／上昇トレンド、下降トレンド、横ばい

3 **株価にトレンドができる理由** …… 15
売る人と買う人の力関係が株価を形成する／株価の動向それ自体も株価を左右する一因になる

4 **銘柄選びから売買執行までチャートはこんなに使える** …… 18
トレンドに乗れば利益はついてくる

5 **最もポピュラーな「ローソク足チャート」** …… 20
「4本値」をローソクの形で表現する／1本のローソクにさまざまな情報が内蔵されている

6 **日足、週足、月足チャートの特徴** …… 24
「4本値」の取り方の違いに注意

第2章 トレンドに乗れば利益はついてくる

1 上昇トレンドと下降トレンド どこがどう違うのか……28
「山」と「谷」に注目してみよう

2 「高値」「安値」にはこんな意味がある……30
上昇を阻止する力、下落を食い止める力／何度もチャンレンジした後に壁を破った場合

3 トレンド継続の可能性に乗る方法……34
レジスタンスやサポートのブレイク／「安く買う」のが最大の目的ではない／トレンドの初期段階ではとくに有効

4 「トレンド継続」を示唆するもう一つのサイン……37
トレンド途中の「戻し」に着目する／「押し目買い」と「戻り売り」

5 「サポートライン」「レジスタンスライン」という目印……40
「サポートライン」と「レジスタンスライン」／トレンドラインと「次の焦点」／出動は「目先の反転」を確認してから

第3章 株価の動きのパターンをつかむ

1 保合い状態の後にチャンスあり……48
トレンドが一服したとき出現するパターン／ブレイクする局面がトレンドに乗る絶好機

2 「三角保合い」のパターンと売買シグナル……51
上値ラインと下値ラインを引いてみる／ブレイクしたときのローソクの形に注目

3 保合いブレイク後の目標値……54
保合いにはこんな形もある／保合いを抜けた。その後はどうなる？

4 天井圏・底値圏を示唆するパターンには共通点がある……56
トレンドの〝行き詰まり〟を捉える

5 **天井圏のパターン①** …… 58
「ヘッド・アンド・ショルダー」型の反転／「トリプル・トップ」型の反転

6 **天井圏のパターン②** …… 60
「ダブル・トップ」型の反転／「ラウンディング・ソーサー」型の反転

7 **底値圏のパターン** …… 62
天井圏のパターンの逆バージョン

8 **実際にトレンドを分析してみよう** …… 64
トレンドの読み方をまとめると……／ケーススタディ①――三井住友FG（8316）の株価トレンドを読んでみる／ケーススタディ②――イオン（8267）の株価のトレンドを読んでみる

第4章 移動平均線で売買タイミングをキャッチする

1 **「移動平均線」を見れば簡単にトレンドがつかめる** …… 70
移動平均にはどんな意味がある？／移動平均線は株価のトレンドを示す／株価と移動平均の位置関係の逆転に注目

2 **移動平均線の活用法の基本** …… 73
株価と平均線がクロスした後も重要

3 **移動平均線の代表的な8つのシグナル** …… 75
グランビルの8法則

4 **平均をとる期間はどのくらいがいいのか** …… 80
平均する期間が違えばシグナルも異なる／移動平均期間によって売買成果に差が出る／銘柄によっても適した平均期間は異なる

5 **「2本の移動平均線のクロス」は有効か** …… 83
超メジャーなシグナル「ゴールデン・クロス」と「デッド・クロス」／「大相場」の前には必ずクロスが出現するが……

第5章 相場の流れを読むヒント

1 ローソク足も売買判断のヒントになる …… 88
シグナルの確度を高める工夫／変化は1本のローソク足から始まる

2 1本のローソク足の解釈 …… 90
「陰」「陽」で相場の明暗を読む／ヒゲで「明」「暗」の度合いに差が出る

3 「1本のローソク足」を実践でどう使う …… 92
強弱のローソク足が出現する相場局面が重要／トレンドと反対方向を示すローソク足が出現したとき

4 2本のローソク足の関係を考える …… 95
2本のローソク足の組み合わせパターン／トレンドの転換を示唆する組み合わせ

5 ローソクの間にできる「ギャップ」 …… 98
重要な「ギャップ」、重要でない「ギャップ」／過去の「壁」水準に出現したら大注目

6 本間宗久の「酒田五法」とは …… 101
日本の相場分析の元祖／三山・三川・三空・三兵・三法

7 「出来高」で価格形成の背景を考える …… 105
出来高は市場のエネルギーを示す／ポイント地点をブレイクするときの出来高に注目

8 出来高の変化にも大きなヒントがある …… 108
通常の出来高との比較は銘柄探しにも使える／出来高の推移からトレンドの強さを測る

9 絶対に見ておきたい「信用残」の動向 …… 111
信用残で「将来の需給」の一端が見える／通常の出来高と信用残の水準を比べる

10 信用残と株価のトレンドの逆行に注目する …… 114
こうなると「信用残」の人が手仕舞いに走る／信用残から売買スタンスを考える

第6章 さらに奥深いチャートの世界

1 **不滅の人気を持つ「エリオット波動理論」**……118
「いつ、いくらになる」という予測は可能なのか／1サイクルは8つの波で構成される

2 **不思議な数字「1・618」**……121
エリオット波動理論の根幹「フィボナッチ数列」／黄金比に満ち満ちている正五角形

3 **「黄金比」を押し目・戻しの目標値に使う**……124
エリオット波動理論の中の黄金比／押し目と戻しの目安

4 **非時系列チャートにもいろいろある**……126
とにかく「価格重視」のケイ線／長期間のトレンドだけを捉えるうえでも便利

5 **「かぎ足」でトレンドを読む**……128
高値・安値更新と「転換」だけが反映される／「肩」「腰」を抜くのがシグナル

6 **「新値足」の見方**……132
高値更新で陽線、安値更新で陰線を描く／「5本抜き」「10本抜き」もある

7 **ポイント・アンド・フィギュアチャートとシグナル**……135
下降は「○」、上昇は「×」で示す／ポイント・アンド・フィギュアチャートをつくってみる／「高値抜け」「安値割れ」が基本シグナル

第7章 チャートを活用してトレードを実践する

1 **「投資スタンス」はどう考えればいいのか**……142
まずは期間2、3年の週足チャートを見てみる／投資スタンスの考え方／「相場局面」を判断する一番わかりやすい方法

2 **売買する候補銘柄はこうして探す**……147
「トレンド継続」が現れている銘柄を見つける

3 候補銘柄をさらに絞り込むポイント……150
好調なトレンドの背景を調べてみる／「上値余地」を考える

4 利益確定はどう決める？……154
利益確定の目標値を決める方法／「目標値」に達しない場合にはどうするか

5 何より大切な損切りラインの設定……158
どこまで逆方向の動きを容認するか／「ダマシ」対策を考える

6 株価がどうなったら売買出動なのか……161
絞り込んだ候補銘柄の動向をウォッチする／出動判断の基本は「引値ベース」／ポジションをとった後もチャートを見続けよう

本書は、2004年8月末現在の情報に基づいています。また、投資の判断は、自分自身の責任において行なってください

装　丁／大下賢一郎
本文DTP／Office DIMMI

第 1 章

チャートで何がわかるのか

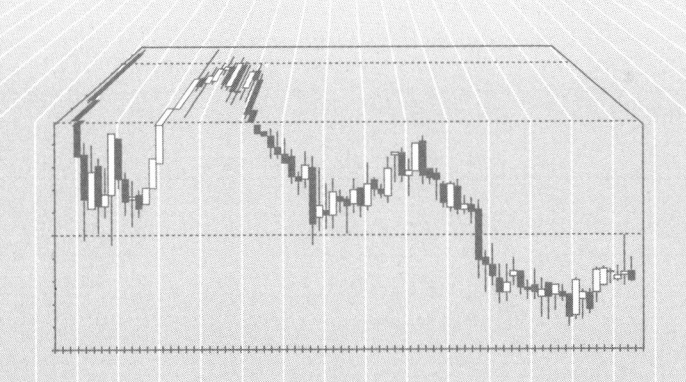

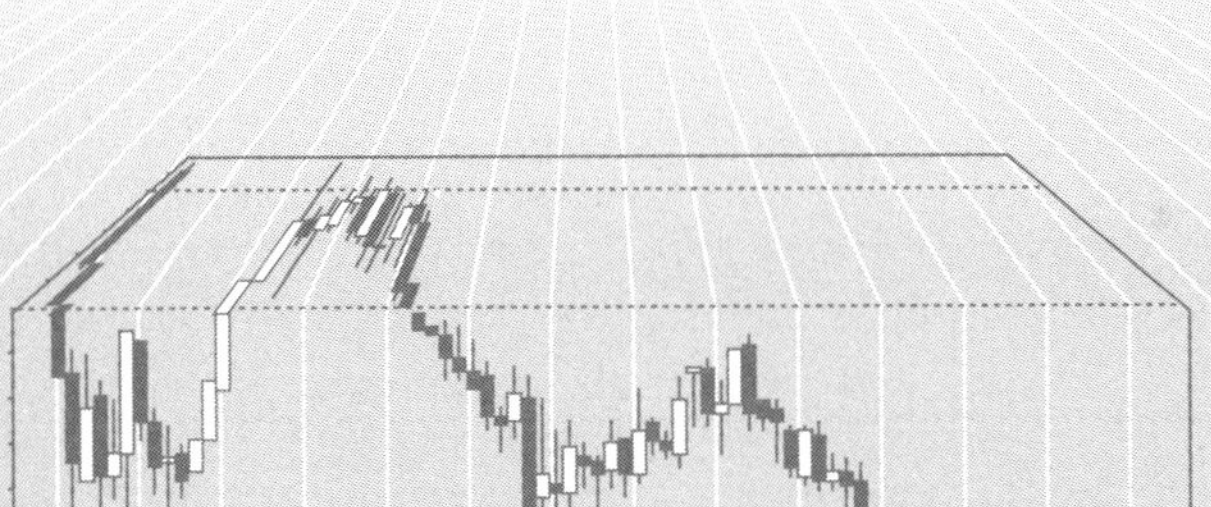

1 株価の動きには方向性がある

❖チャートを一目見ただけでわかること

株価チャート（単に「**チャート**」と略称することもあります）とは、株価の推移をグラフのような形で表現したものです。後に紹介するように、その表現方法はいろいろありますが、いずれも「株価」という数字のデータをグラフという、いわば図で表わしています。

チャートという言葉はもともと「**海図**」という意味です。

航海に出たとき、現在位置を確認したり、このまま行けばどのあたりに行きつくのかを予測をしたり、どちらの方向に舵を切ればいいのかを決定する資料としたりと、海図は多くの重要な役割を果たします。「これがなければ航海ができない」という存在でしょう。

株価チャートも同じように、まさに株式の売買には必要不可欠な存在といって過言ではありません。

細かいことはさておき、まずは海図のごとく、チャートを使って「現在の位置確認」というのをやってみましょう。

図1-1は、２００1年1月から２００4年7月末までのみずほフィナンシャルグループ（２００3年3月以前はみずほホールディングス）の株価（**終値**＊）を線グラフで示したものです。

一見してわかるのは、少し大きな流れで株価の推移を捉えてみると、２００3年4月28日以前と、それ以後とでは株価の動く方向が変わっている、

＊終値：20ページ参照。

図＊1-1

みずほFG（8411）　1/4/2001 → 8/4/2004
750000
650000
550000
450000
350000
250000
150000
50000
大きな流れは
右肩下がり
2003年4月28日
ちょっと
下がってきた?
流れは
右肩上がりに
2001 1/4
3/9
5/16
7/17
9/18
11/21
2002 1/31
4/5
6/11
8/12
10/16
12/18
2003 2/27
5/2
7/4
9/5
11/12
2004 1/21
3/24
5/31
8/2

ということです。２００３年４月28日以前は方向性としては右肩下がりを描いていたのが、それ以後は、むしろ右肩上がりの様相を呈しています。

とはいえ、その右肩上がりの勢いが２００４年４月後半から鈍ってきているかのようにも見えます。

この最終時点での株価は42万２０００円ですが、この水準は「調子よく株価が上がっている途中の42万２０００円」ではなく、「４月は50万円を超えていた株価が、その後なんとなく下がってきた途中の42万２０００円」という感じです。

じつは、この「現在の位置確認」の中に、株式の売買で儲かる秘訣が示されているのです。

2 株価の「3つの動き」をつかもう

❖いつ、どんな売買をすれば儲かったのか

前ページ図1-1のみずほフィナンシャルグループのチャートで、はっきりわかることがあります。

まず、2001年以降2003年4月28日までの間は、ずっとこの株を持っていても資産を減らす可能性のほうが高かった、ということ。また、2003年4月28日以後は、少なくとも2004年4月までの1年間のどこかでこの株を買って持っていたら、損をするより儲かる可能性のほうが高かったであろう、ということです。

ただし、2004年4月以降に株を買ったとしても儲かっていない可能性も少なくないと推測できます。

「後になって過去の株価の推移を見て、『ここで買えば儲かった』なんていうことは、誰にだってわかるじゃないか」と思われるかもしれません。

たしかにそのとおりなのですが、ここで注目すべきことは、「株価が右肩下がりのときには買わないほうがよい」あるいは「**カラ売り***（**信用売り**）をしていれば儲けることが可能だった」ということ、そして「株価が右肩上がりの途中で買えば、誰でも儲かる可能性が高くなる」という現実です。

つまり、株価が右肩上がりの途中なのか、右肩下がりの途中なのか、それを判断することが株式の売買で儲けるうえでは非常に重要だということです。

では、その判断は何によってできるのでしょうか。そこで大きな役割を担うのが株価チャートなのです。

＊カラ売り（信用売り）：現金や保証金を担保に証券会社から株を借りて売ること。同様に、資金を借りて買うのが「信用買い」。

❖上昇トレンド、下降トレンド、横ばい

株価はさまざまな動きをしますが、じつは、その動き方は3つのパターンしかありません。

ひとつは「**上昇トレンド**」と呼ばれる動き。株価が右肩上がりに動いていくものです。二番目は「**下降トレンド**」。右肩下がりの方向性をもった動きです。そしてもうひとつ、「**横ばい**」という動きがあります。これは、一定の値幅の範囲で株価が上がったり下がったりして、大きく捉えれば横ばっているだけで方向性（トレンド）がない、という動きを指します。

実際の銘柄のチャートを見るとわかりますが、株価の動きは、上昇または下降のトレンドを描き、そのトレンドは「反転」するまで継続します。

これがチャートの見方の大前提になります。株価のトレンドがどんな具合に継続し、また反転しているのか、どんな局面が「横ばい」なのか、実際のチャートで確認してみましょう（次ページ図）。

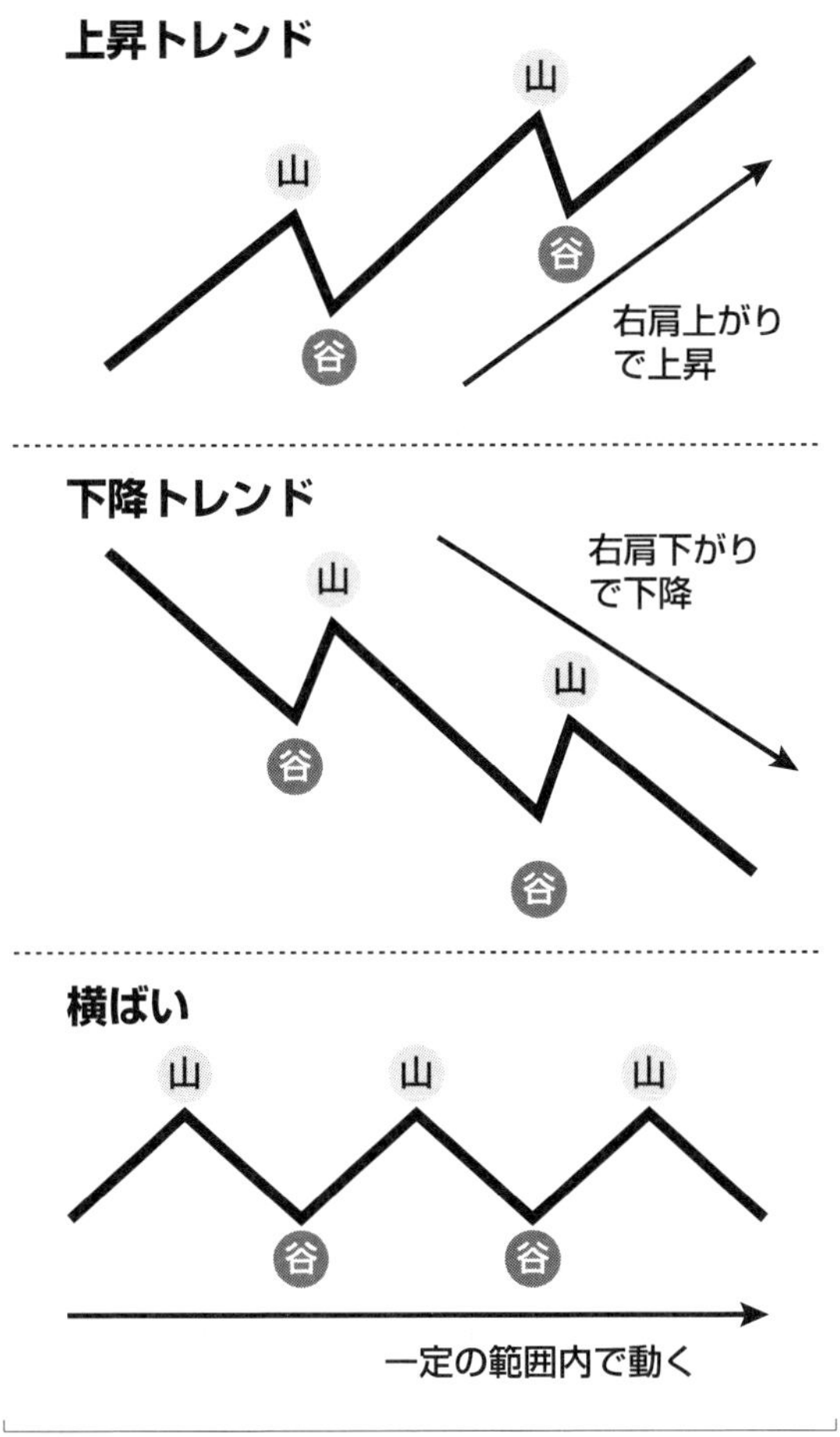
上昇トレンド
山
谷
山
谷
右肩上がりで上昇
下降トレンド
山
谷
山
谷
右肩下がりで下降
横ばい
山
山
山
谷
谷
一定の範囲内で動く

図＊1-2-①　株価の3つの動き

図＊1-2-②

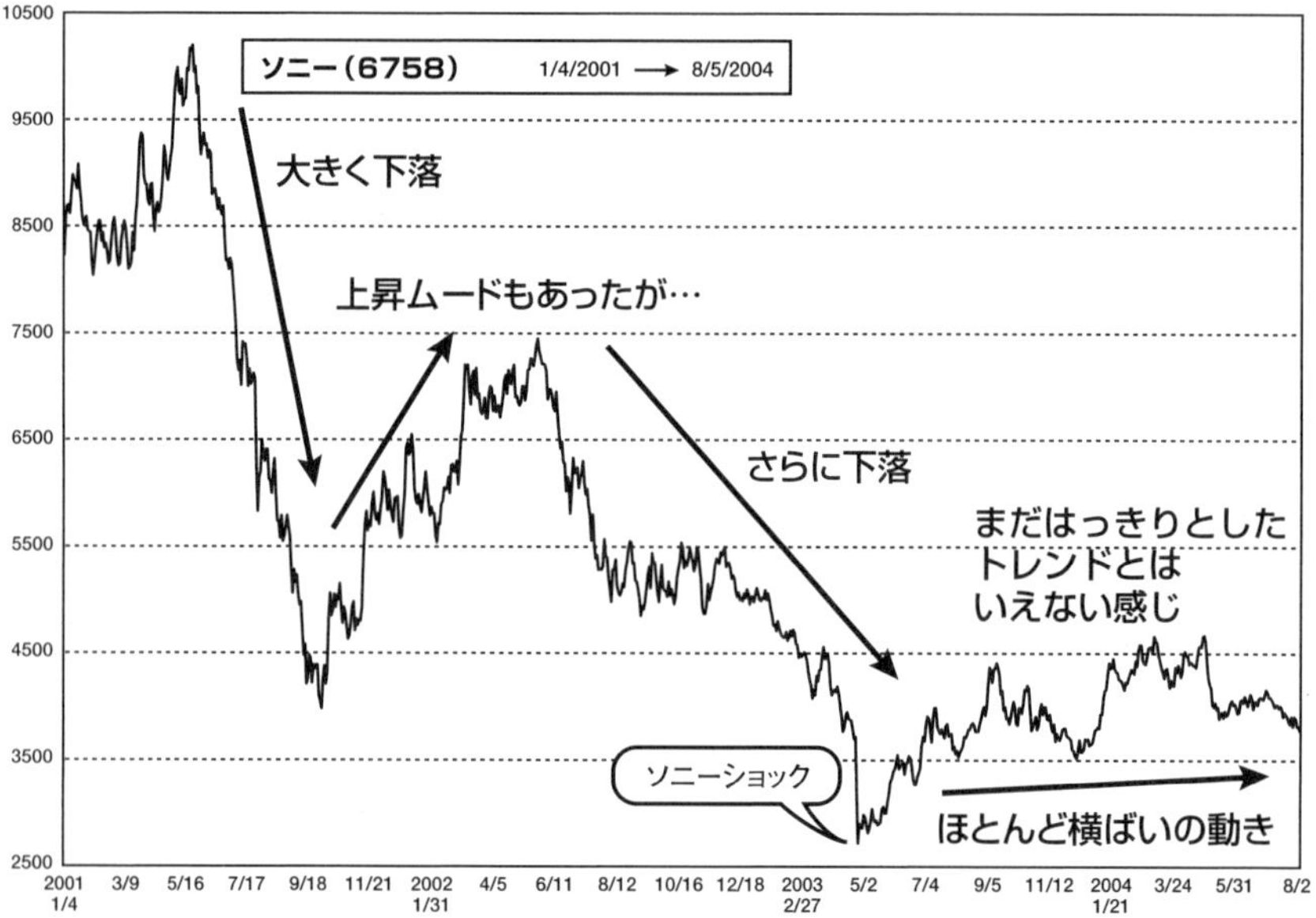
ソニー（6758）
1/4/2001 → 8/5/2004
大きく下落
上昇ムードもあったが…
さらに下落
まだはっきりとした
トレンドとは
いえない感じ
ソニーショック
ほとんど横ばいの動き
10500
9500
8500
7500
6500
5500
4500
3500
2500
2001 1/4
3/9
5/16
7/17
9/18
11/21
2002 1/31
4/5
6/11
8/12
10/16
12/18
2003 2/27
5/2
7/4
9/5
11/12
2004 1/21
3/24
5/31
8/2

図＊1-2-③

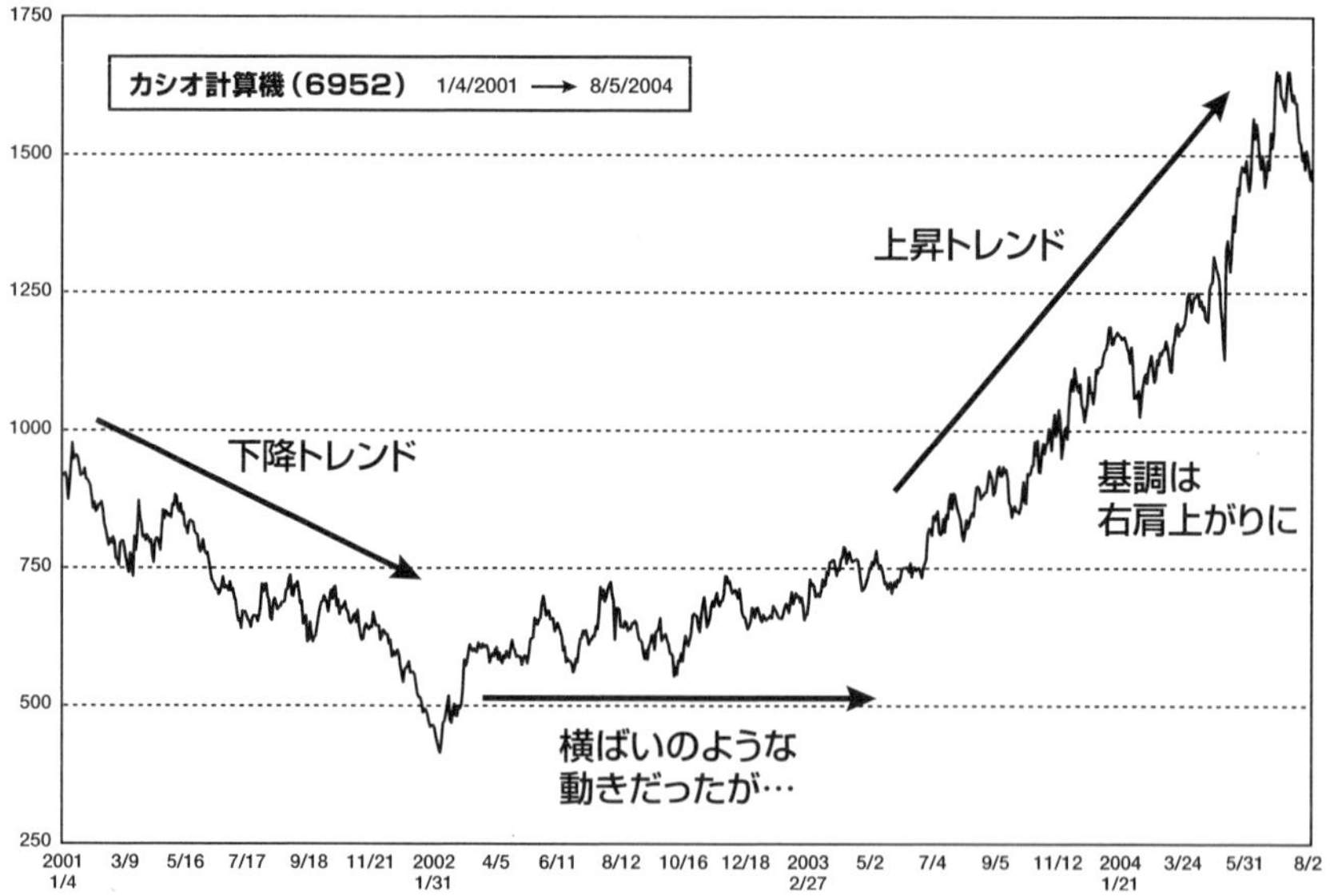
カシオ計算機（6952）
1/4/2001 → 8/5/2004
上昇トレンド
下降トレンド
基調は
右肩上がりに
横ばいのような
動きだったが…
1750
1500
1250
1000
750
500
250
2001 1/4
3/9
5/16
7/17
9/18
11/21
2002 1/31
4/5
6/11
8/12
10/16
12/18
2003 2/27
5/2
7/4
9/5
11/12
2004 1/21
3/24
5/31
8/2

3 株価にトレンドができる理由

❖売る人と買う人の力関係が株価を形成する

株価がトレンドを描く理由は、次のように考えることができます。

たとえば、ある株を大量に保有している人が、何らかの事情でそれを売ろうと決めたとします。仮に売りたい株が50万株、現在の株価が１０００円としましょう。これを全部売り切るには、50万株分の買い手がいなければなりません。

ところが、いま出ている買い注文を見ると、９９９円に1万株、９９８円に2万株、９９０円まで売値を下げたとしても10万株しか売れないという状況だったらどうでしょうか。

いま焦って50万株全部を売ろうとしたら、それで株価は大幅に下がり、株を売って得られる金額も少なくなります。

そこで、仮に時間に余裕があるなら、焦って売らずに様子を見ながら売り切ることを考えるでしょう。そうすると、買いたい人がやってくると売る、また買いたい人がやってきたら売る、ということになります。

その結果、株価は上がらなくなってしまいます（このような状況を「上値《うわね》が重い」といいます）。

株価がさっぱり上がらないとなると、その株を持っている他の人の中に、「もうこの株は売ったほうがいいかもしれない」と考える人が出てきます。

そうした売りがどんどん出てくると、株価は下がってしまいます。となると、大量に売りたいと思っていた人はもちろんのこと、その株を持って

図＊1-3

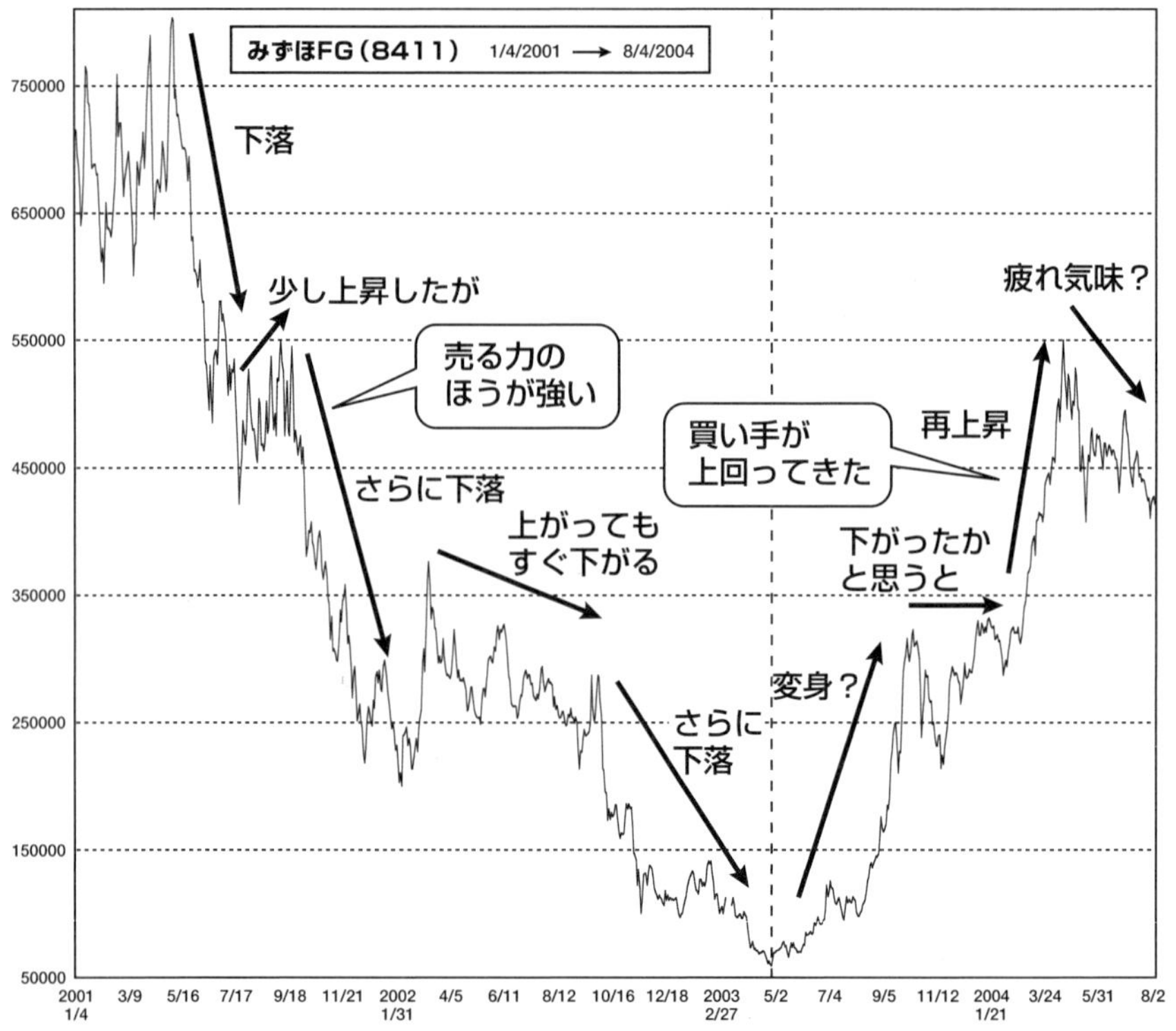
みずほFG（8411）　1/4/2001 → 8/4/2004
750000
650000
550000
450000
350000
250000
150000
50000
2001 1/4
3/9
5/16
7/17
9/18
11/21
2002 1/31
4/5
6/11
8/12
10/16
12/18
2003 2/27
5/2
7/4
9/5
11/12
2004 1/21
3/24
5/31
8/2
下落
少し上昇したが
売る力のほうが強い
さらに下落
上がってもすぐ下がる
さらに下落
変身？
買い手が上回ってきた
下がったかと思うと
再上昇
疲れ気味？

いる別の人も「早く売ったほうがいい」と焦りはじめる可能性が出てきます。

❖株価の動向それ自体も株価を左右する一因になる

株価を大きく動かすものは、この「焦り」の強さです。早く売らなければもっと安くなってしまうと焦った人は、もはや「少しでも有利な値段で」などとはいっていられません。売値よりも「早く売る」ほうが優先します。

株価が下がれば、焦って売りたい人も多くなる、その結果、株価はさらに下がり、焦る人もさらに増える、という連鎖になっていきます。

逆に、その株を大量に買いたい人がいたら、株価が下がっても買いが入るので、株価はあまり下がりません（このような状況を「下値《したね》が堅い」といいます）。「どうしても買いたい」という強い気持ちがある買い手ならば、買い値が高くなっても積極的にどんどん買うでしょう。すると株価は上がります。

　株価が調子よく上がっているのを見ると、「あの株を買えば儲かりそうだ」という他の買い手も出現する可能性があります。そうして売りたい人を上回る強い意欲を持った買い手が増えていけば、いったん株価が下がったとしても、また買いが入って上昇していく格好になります。

　つまり、買いたい人の意欲が売りたい人のそれを上回っていれば、上昇トレンドは続いていくし、売りたい人のほうが積極的であり続けるならば下降トレンドが続きます。

　そして、買いたい人と売りたい人が拮抗していると、株価は一定の範囲内で上がったり下がったりを繰り返す「横ばい」状態になるわけです。

　逆にいえば、上昇トレンドが継続している銘柄は、その株を買いたい人の力が継続して増えていることでもあり、その株価上昇が、さらに上昇トレンドを継続させる要素を持っていることになります。下降トレンドならばその逆です。

　つまり、株価のトレンドとは、売り手と買い手の力関係の結果であり、株価がどのように形成されてきたのかを表わしたものといえるのです。

　ここで再び、みずほフィナンシャルグループのチャートを見てみます。２００３年４月以前は、株価が上がってもすぐに下がり、そうこうしているうちに大きな下げがある、という動きが繰り返されています。趨勢として買う力よりも売る力のほうが上回っている状況だと、その結果として株価はこのような右肩下がりになるわけです。

　これに対して２００３年５月以降の約１年ほどは、株価が上昇した後にいったん押し下げられても踏み止まり、さらにぐんと上昇していくという動きになっています。これは買い手の力が売りたい人を上回った結果と捉えられます。

4 銘柄選びから売買執行まで チャートはこんなに使える

❖トレンドに乗れば利益はついてくる

株価のトレンドが継続するとすれば、そのトレンドの途中でうまく乗るだけで利益がついてくることになります。言い換えると、「トレンドに逆らうのは得策ではない」ということです。

したがって、上昇トレンドが継続している銘柄は買う候補であり、下降トレンドが継続している銘柄は売る候補ということになります。この候補銘柄探しにも役立つのが、株価チャートです。

もっとも、仮に昨日までトレンドが継続していたとしても、それが今日反転するかもしれないという大問題があります。そこで必要になるのが、それまでのトレンドが継続しそうかどうか、という予測です。

残念なことに、チャートをもってしても「こうなれば絶対にトレンドが継続する」というような１００％確実な目印を見つけることはできません。

しかし、「トレンドが継続するのであれば、株価はこうなる」という、トレンド継続の必要条件となる株価の動きは、チャートで確認することができます。それがトレンド継続の可能性に乗る「**シグナル**」になります。このシグナルが、候補銘柄を実際に売買するタイミングになるわけです。

ただし、そのシグナルがトレンド継続の必要条件であって絶対条件ではないので、現実には予測どおりに株価が動かない展開も当然起こり得ます。

その場合にどう対処するかを考えるためには、「こうなったら『予測どおりの展開ではない』と判断できる」状況を、あらかじめ設定しておく必

図*1-4　チャートは何に使える?

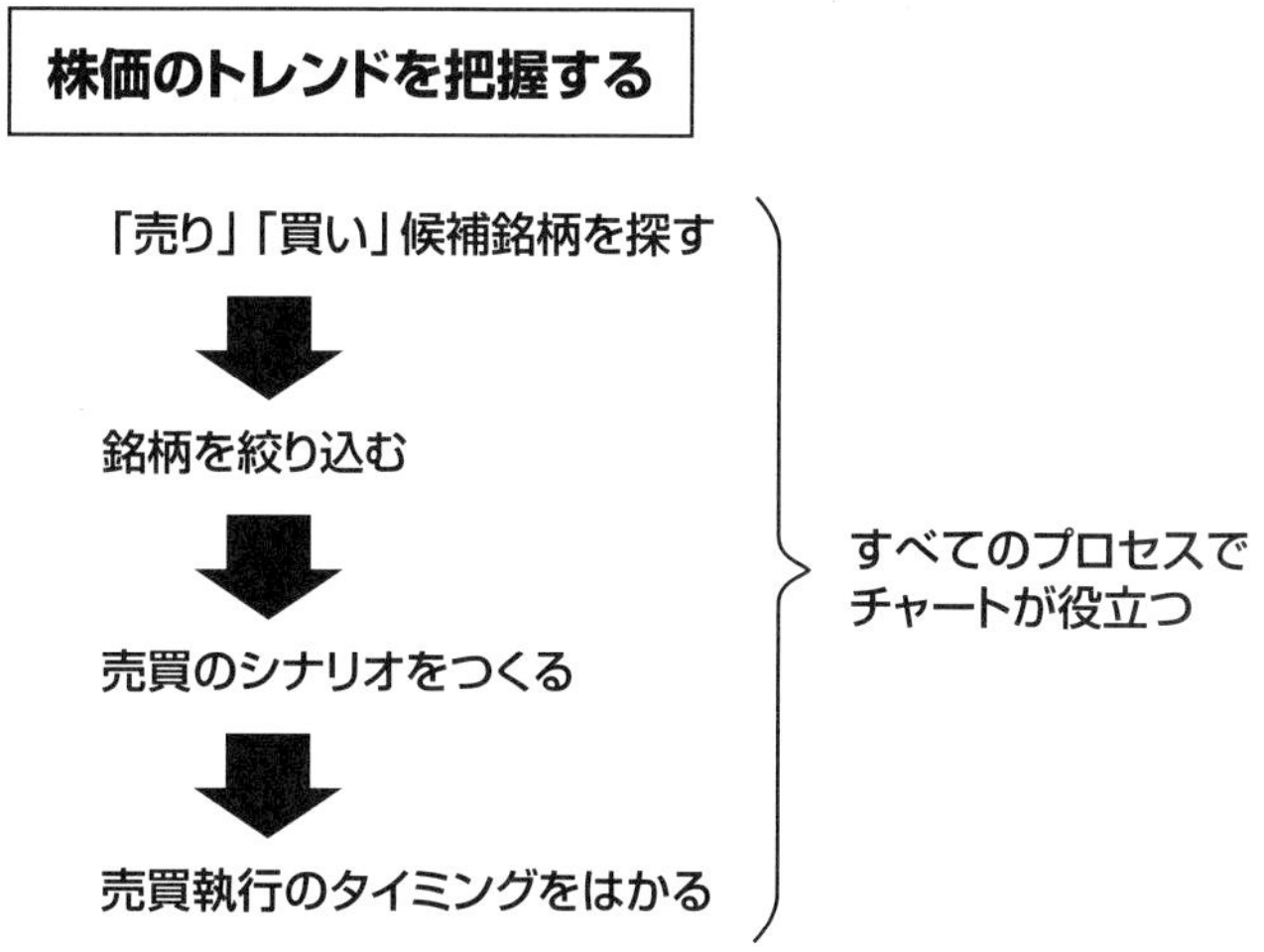
株価のトレンドを把握する
「売り」「買い」候補銘柄を探す
銘柄を絞り込む
売買のシナリオをつくる
売買執行のタイミングをはかる
すべてのプロセスで
チャートが役立つ

要があります。

ここでもまたチャートが役に立ちます。株価の推移を見れば、「株価がこうなったら、それまでのトレンドが変化した可能性がある」という目安をつけることができます。その目安を事前につけておくことは、どんな状況になったら**手仕舞う***か、という〝**シナリオ**〟を決めておくことに通じます。

ときおり、「チャートの予測なんか当たらない」という人がいます。たしかに、上昇トレンドにある銘柄を買ったのに、その直後から株価が下がることもあります。とくに、相場全体が下げ基調にあるときには、上昇トレンド継続のシグナルも当たりにくくなるものです。しかし、下降トレンドに転換したのならば、その変化を示すシグナルがチャート上に出ていたはずなのです。

「上がりそうな銘柄」を探したり、注目した銘柄が「上がりそうか」を見るためだけにチャートを見るというのでは、せっかくのチャートの価値も半減といわざるを得ません。

これだけチャートが入手しやすい状況になっている今日、「売る」「買う」の候補銘柄を探すところから、銘柄の絞込み、売買シナリオづくり、それに実際の売買執行まで、チャートをフルに活用していただきたいものです。

＊手仕舞い：買っている株を売る、カラ売りしている株を買い戻すこと。「仕切り」ともいう。

5 最もポピュラーな「ローソク足チャート」

❖「4本値」をローソクの形で表現する

先にも紹介したように、株価チャートとは、株価の推移をグラフの形で示したものです。その表現方法にはいろいろな種類があり、大きく分けると、**時系列チャート**と**非時系列チャート**に分類されます。

時系列チャートは、横軸に時間（年月日など）を、縦軸に株価をとります。最もシンプルな表現方法は先にも登場した線グラフチャートですが、日本では「**ローソク足チャート**」と呼ばれるものが最もポピュラーです。

ローソク足チャートは、「＊**始値**《はじめね》」「＊**高値**《たかね》」「＊**安値**《やすね》」、「＊**終値**《おわりね》」の**4本値**をローソクのような形に表わしたものを連ねてグラフ化しています。

図＊1-5-①　ローソク足の意味

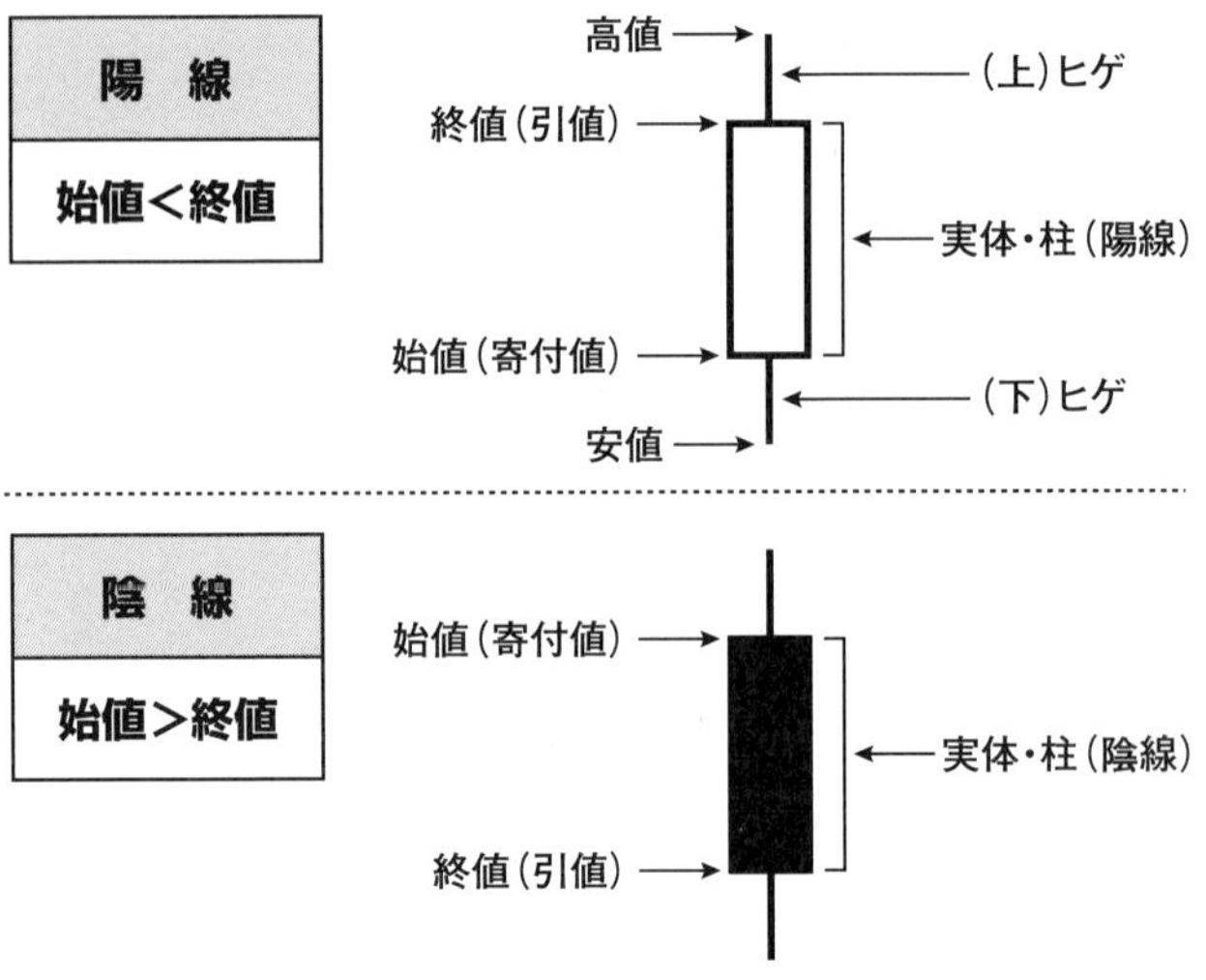

陽　線
始値＜終値
高値
(上)ヒゲ
終値(引値)
実体・柱(陽線)
始値(寄付値)
(下)ヒゲ
安値
陰　線
始値＞終値
始値(寄付値)
実体・柱(陰線)
終値(引値)

＊始値（寄付値）：１日の取引で最初についた値段。「寄付値《よりつきね》」、「寄値《よりね》」ともいう。
＊高値：最も高い値段。

図＊1-5-②　ローソク足チャート（週足）※「週足」の解説は24ページ

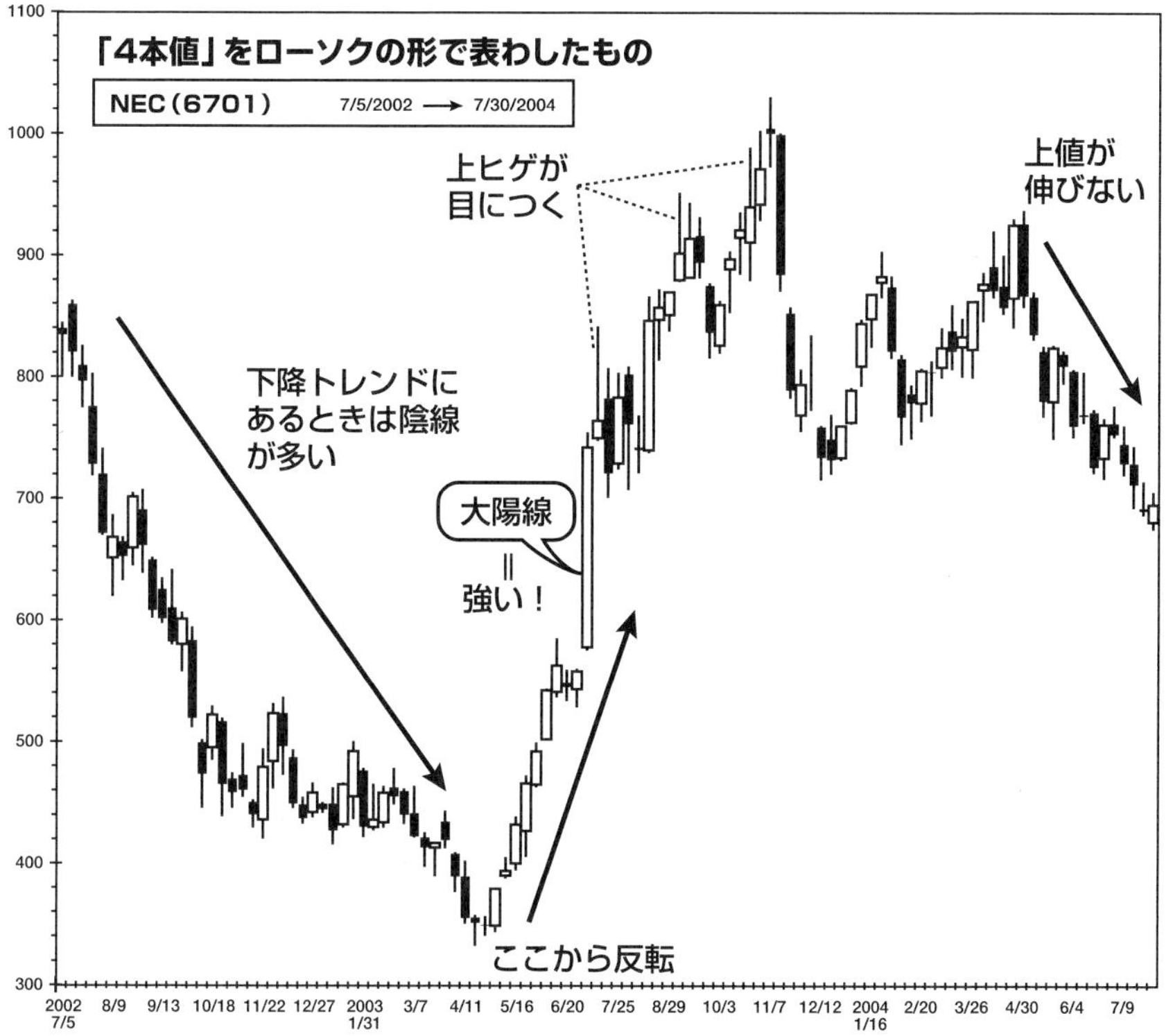
「4本値」をローソクの形で表わしたもの
NEC（6701）　7/5/2002 → 7/30/2004
上ヒゲが
目につく
上値が
伸びない
下降トレンドに
あるときは陰線
が多い
大陽線
＝
強い！
ここから反転
1100
1000
900
800
700
600
500
400
300
2002 7/5
8/9
9/13
10/18
11/22
12/27
2003 1/31
3/7
4/11
5/16
6/20
7/25
8/29
10/3
11/7
12/12
2004 1/16
2/20
3/26
4/30
6/4
7/9

始値よりも終値が高いときは、ローソクの**柱**（**実体**）の部分を白に、始値よりも終値が安いときには柱を黒く塗りつぶします。

白いローソクは「**陽線**《ようせん》」、黒いローソクは「**陰線**《いんせん》」と呼ばれます。

高値と安値は柱の上下に伸ばした線で表現します。高値を示す上部の線を「**上ヒゲ**」、安値を示す下部の線は「**下ヒゲ**」といいます。

❖１本のローソクにさまざまな情報が内蔵されている

このローソク足は日本オリジナルの相場の表現方法で、線グラフチャートよりも多くの情報が得られるのが大きな特徴です。

たとえば、始値よりも終値が大幅に上昇した場合、柱の部分が長い陽線が描かれます。これは「**大**《だい》

＊安値：最も安い値段。
＊終値（引値）：１日の取引で最後についた値段。「引値《ひけね》」ともいう。

図＊1-5-③　線グラフチャート

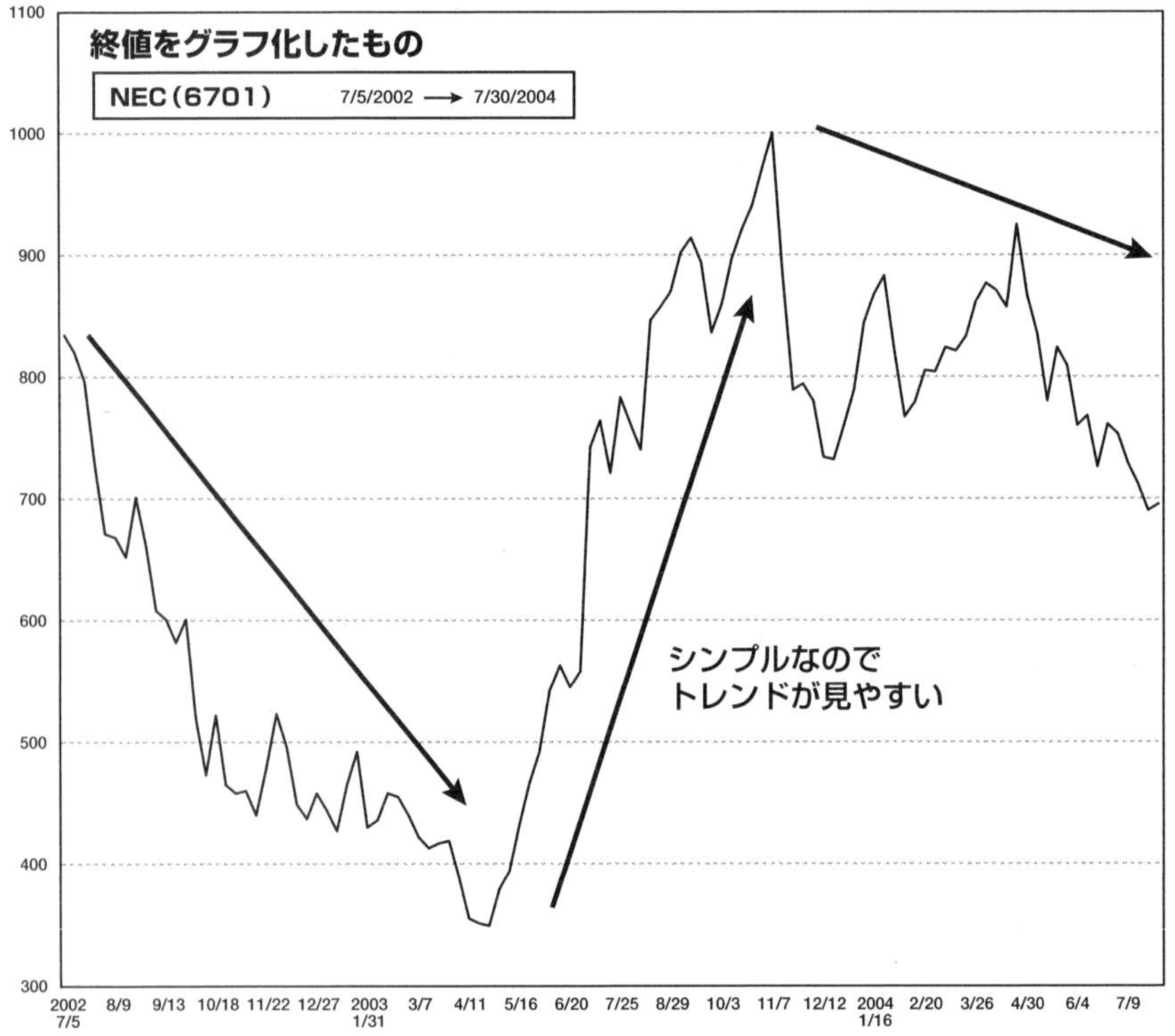
終値をグラフ化したもの
NEC(6701)　7/5/2002 → 7/30/2004
シンプルなので
トレンドが見やすい
1100
1000
900
800
700
600
500
400
300
2002 7/5
8/9
9/13
10/18
11/22
12/27
2003 1/31
3/7
4/11
5/16
6/20
7/25
8/29
10/3
11/7
12/12
2004 1/16
2/20
3/26
4/30
6/4
7/9

陽線《ようせん》」と呼ばれ「強い上昇」が展開されたことを意味します。柱の部分が大きい「**大陰線《だいいんせん》**」はこの逆で、大幅な下落があったことを示します。

また、上ヒゲが長いローソク足は、「いったん株価がかなり上昇したものの、押し戻された」という意味になりますし、下ヒゲが長ければ「いったんは大きく下がったけれども、その後はかなり戻した」という意味になります。

相場を逐一見ていなくても、ローソク足の形を見ただけで、「どんな状況が展開された末に、この終値になったのか」が推測できるわけです。

さらに、2本のローソク足の組み合わせから、相場の状況を推測することもできます。

図＊1-5-④　バーチャート

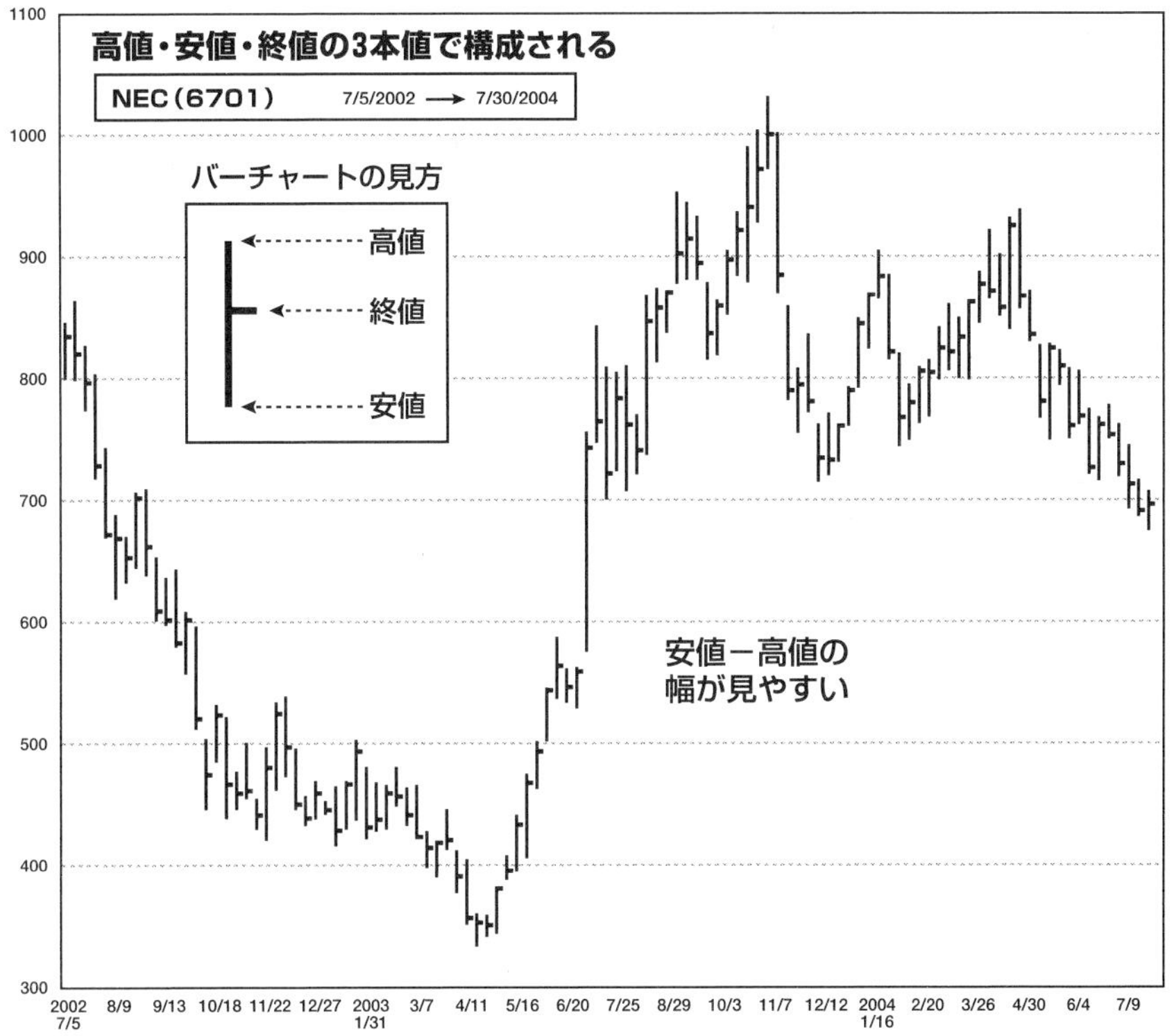
高値・安値・終値の3本値で構成される
NEC（6701）
7/5/2002 → 7/30/2004
バーチャートの見方
高値
終値
安値
安値－高値の
幅が見やすい
1100
1000
900
800
700
600
500
400
300
2002 7/5
8/9
9/13
10/18
11/22
12/27
2003 1/31
3/7
4/11
5/16
6/20
7/25
8/29
10/3
11/7
12/12
2004 1/16
2/20
3/26
4/30
6/4
7/9

この点については95ページで紹介しますが、ローソク足チャートはさまざまな分析が可能であることから、現在では「Candle Stick」として世界的に利用されています。

そのほかの時系列チャートとしては、たとえば**バーチャート**があります。高値・安値・終値の3本値から構成されるバーを連ねてグラフ化したもので、米国でポピュラーなチャートです（米国では、寄付値があいまいなことが多いため、3本値の使用が一般化したと考えられます。日本では、寄付が非常に重要視されているので、バーチャートは馴染まなかったのかもしれません）。

なお、非時系列チャートについては126ページで改めて紹介しましょう。

6 日足、週足、月足チャートの特徴

❖「4本値」の取り方の違いに注意

ローソク足チャートは「始値」「高値」「安値」「終値」の4本値で構成されると述べましたが、「どういう期間の4本値なのか」でローソク足チャートの種類が違ってきます。

1日の4本値で構成されるローソク足は「**日足**《ひあし》」といって、それを連ねたものは「日足チャート」と呼ばれます。

1週間の4本値のローソク足は「**週足**《しゅうあし》」です。これは、1週間の最初の日（多くは月曜日）の始値と、その週の最高値、その週の最安値、そして1週間の最後の営業日（多くは金曜日）の終値をもとにローソク足がつくられます。

「**月足**《つきあし》」は、月初の営業日の始値と、その月内の最高値、その月内の最安値、それに月末営業日の終値がもとになります。

そのほか、超短期のローソク足として、ネット証券などで見ることができる「**5分足**《ふんあし》」（各5分間の始値・高値・安値・終値を用いる）というものもありますし、一方、超長期では「**年足**《ねんあし》」（**大発会***の始値・年内最高値・年内最安値・**大納会***の終値を用いる）もあります。

同じ銘柄のチャートでも、日足、週足、月足で雰囲気がだいぶ違います。週足1本はたいてい日足5本分をまとめたものになりますから、日々の細かな動きが集約されます。

そのため、日々の細かい動きを見るなら日足チャート、もう少し大きな流れを捉えるときには週足チャートのほうが向いています。さらに、月足

＊大発会・大納会：年の初めの取引（日）を大発会《だいはっかい》、年の終わりの取引（日）を大納会《だいのうかい》という。

図*1-6-①　日足チャート

目先足元の短期的な
動向がよくわかる
ソフトバンク(9984)　2/2/2004 → 7/30/2004
上昇トレンド
だったが…
6000
5500
5000
4500
4000
3500
3000
2004
2/2
2/10
2/19
2/27
3/8
3/16
3/24
4/1
4/9
4/19
4/27
5/11
5/19
5/27
6/4
6/14
6/22
6/30
7/8
7/16
7/27

1本は週足約4本分ですから、もっと大きな流れを捉えるのに便利です。

どのチャートを使えばいいかは、それぞれの**投資スタンス***にもよります。

たとえば超短期の**デイトレード**をする人なら5分足チャートが参考になるでしょうし、数日あるいは数週間程度の短期トレードを考えているなら、日々の動きが見やすい日足チャートが参考になります。半年くらいの少し大きめのトレンドに乗ろうという人なら週足チャートが参考になるでしょう。

ただ、デイトレードをする人はともかくとして、短期の売買をする人でも「大きな流れとして、株価はどういう状況にあるのか」は抑えておくべき要素です。

この点は実践編でもふれますが、短期の日足チャートで見えないものが中長期のチャートで見えてくることもあります。それぞれの特徴を理解して、より高い売買成果のために活用しましょう。

＊投資スタンス：142㌻参照

図※1-6-② 週足チャート

2～3年の流れをつかむのに便利
ソフトバンク（9984） 7/5/2002 → 7/30/2004
上昇トレンド
下落
前ページの日足
チャートはこの部分
すでに強い上昇トレンドでは
なくなっていることがわかる

図※1-6-③ 月足チャート

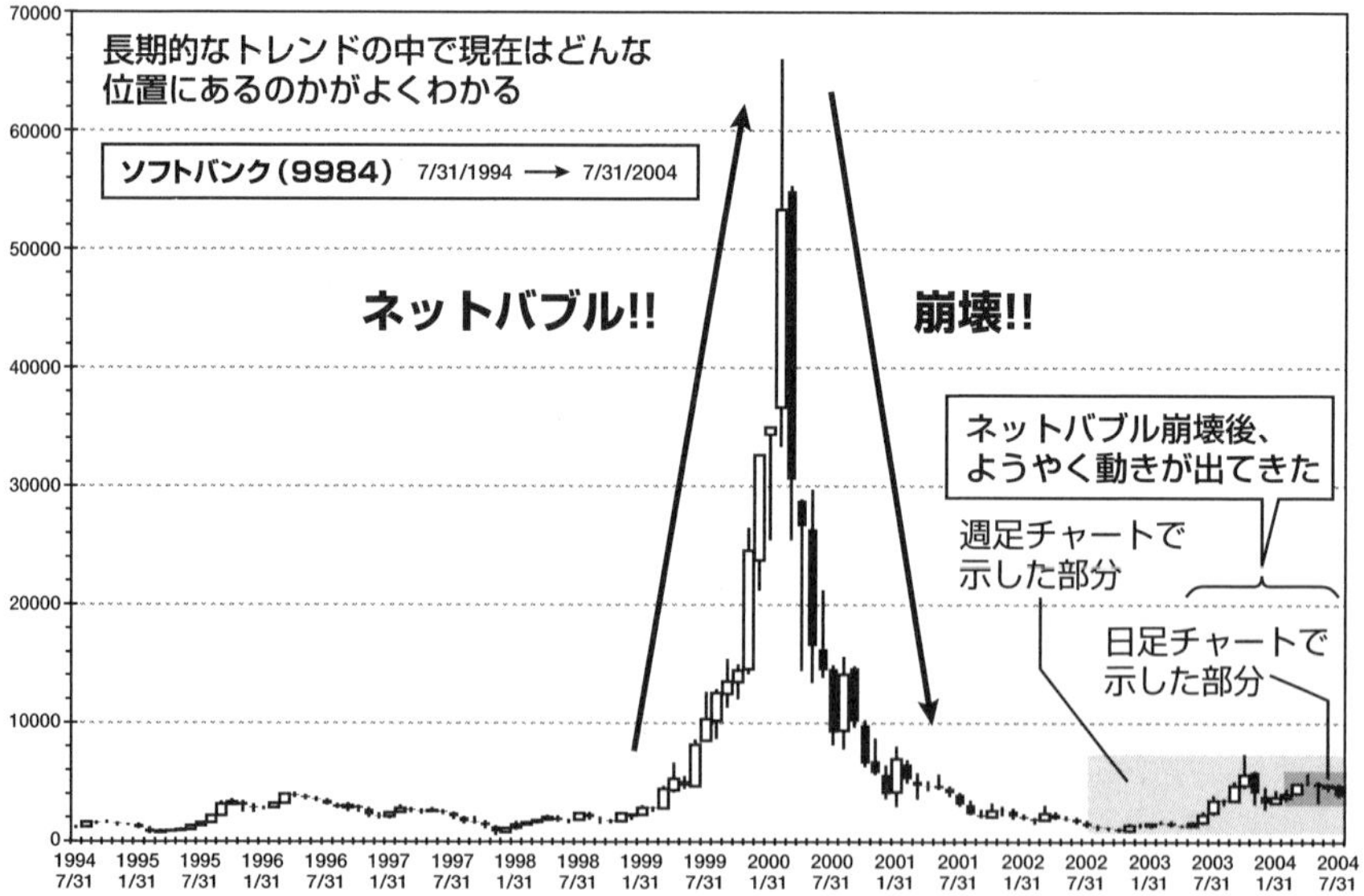

長期的なトレンドの中で現在はどんな
位置にあるのかがよくわかる
ソフトバンク（9984） 7/31/1994 → 7/31/2004
ネットバブル!!
崩壊!!
ネットバブル崩壊後、
ようやく動きが出てきた
週足チャートで
示した部分
日足チャートで
示した部分

第2章

トレンドに乗れば
利益はついてくる

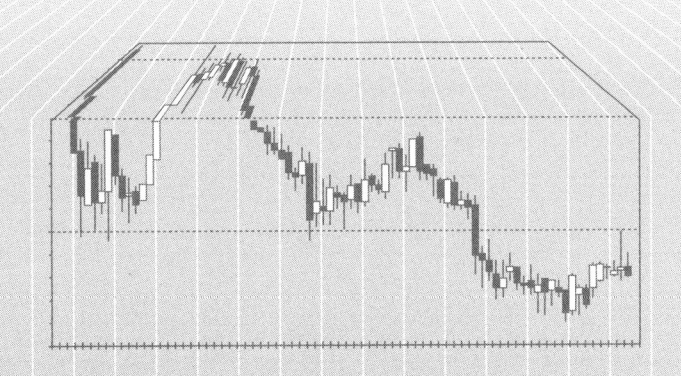

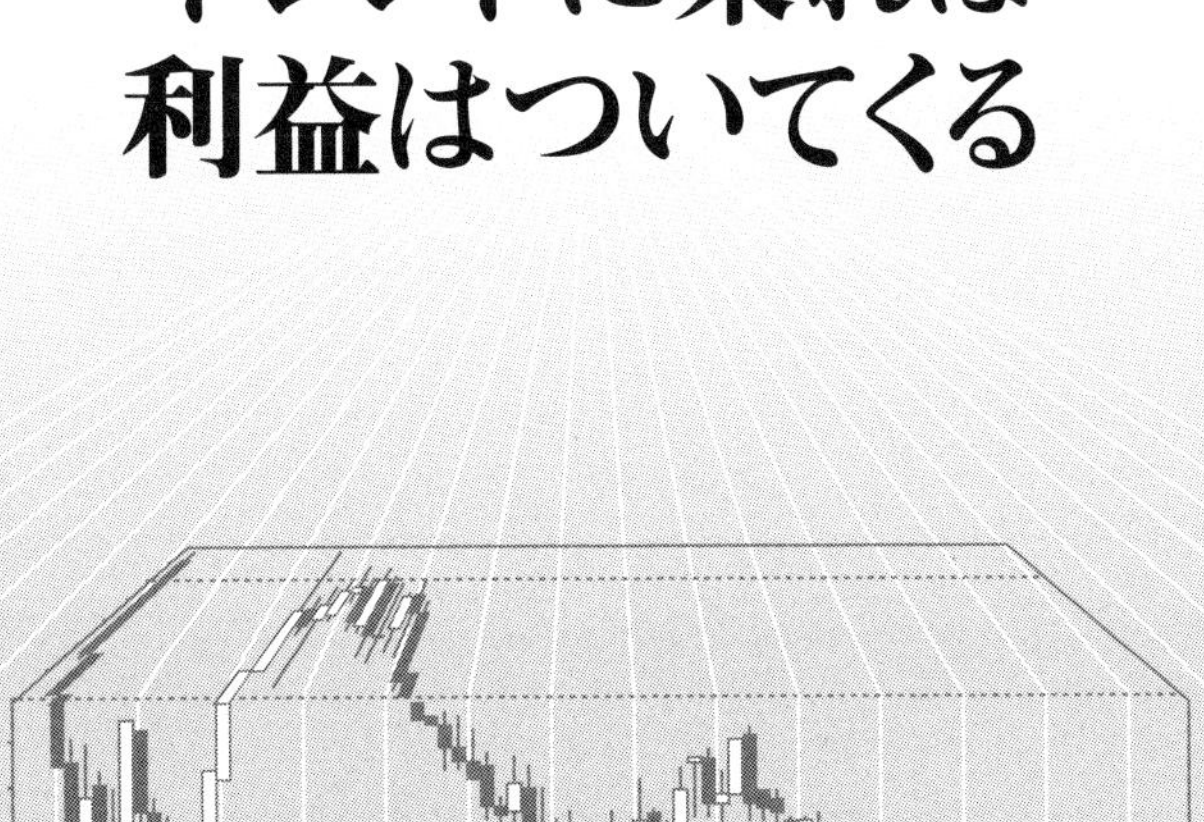

1 上昇トレンドと下降トレンド どこがどう違うのか

❖「山」と「谷」に注目してみよう

ここからは、チャートの見方の「基本」であり、最も重要なポイントについて解説しましょう。

先にも述べたように、株式の売買で収益をあげるには、トレンドにうまく乗ること、トレンドには逆らわないことが基本です。

とはいえ、後々チャートを見れば「ここで下降トレンドが転換して、その後、ここまで上昇トレンドが続いた」ということはわかるにしても、いま現在、目先足元の株価の動きで「下降トレンドが転換した」とか「この上昇トレンドは継続する」という確証はなかなか持てないでしょう。

では、どうすれば「継続するであろうトレンド」に乗れるのでしょうか。

ここで、もう一度「**上昇トレンド**」と「**下降トレンド**」の図を見てみましょう（図2−1）。どちらも上げ下げがあるのに、なぜ、「上昇トレンド」のほうは右肩上がりで、「下降トレンド」は右肩下がりなのでしょうか。

そのポイントは「**山**」の位置と「**谷**」の位置です。「上昇トレンド」では、上昇した株価がいったん下がって再び上昇したとき、前につくった「山」（前の高値）を更新して上昇していきます。そして、再び下がっても、前につけた「谷」（安値）よりも高い位置で再浮上に転じています。もしも、前につけた「山」を抜いて上昇していかなければ、こんな右肩上がりの形にはなりません。

一方、「下降トレンド」のほうは、株価が下がっていくときには、前に形成した「谷」（安値）

図※2-1　上昇トレンド・下降トレンド　違いは何？

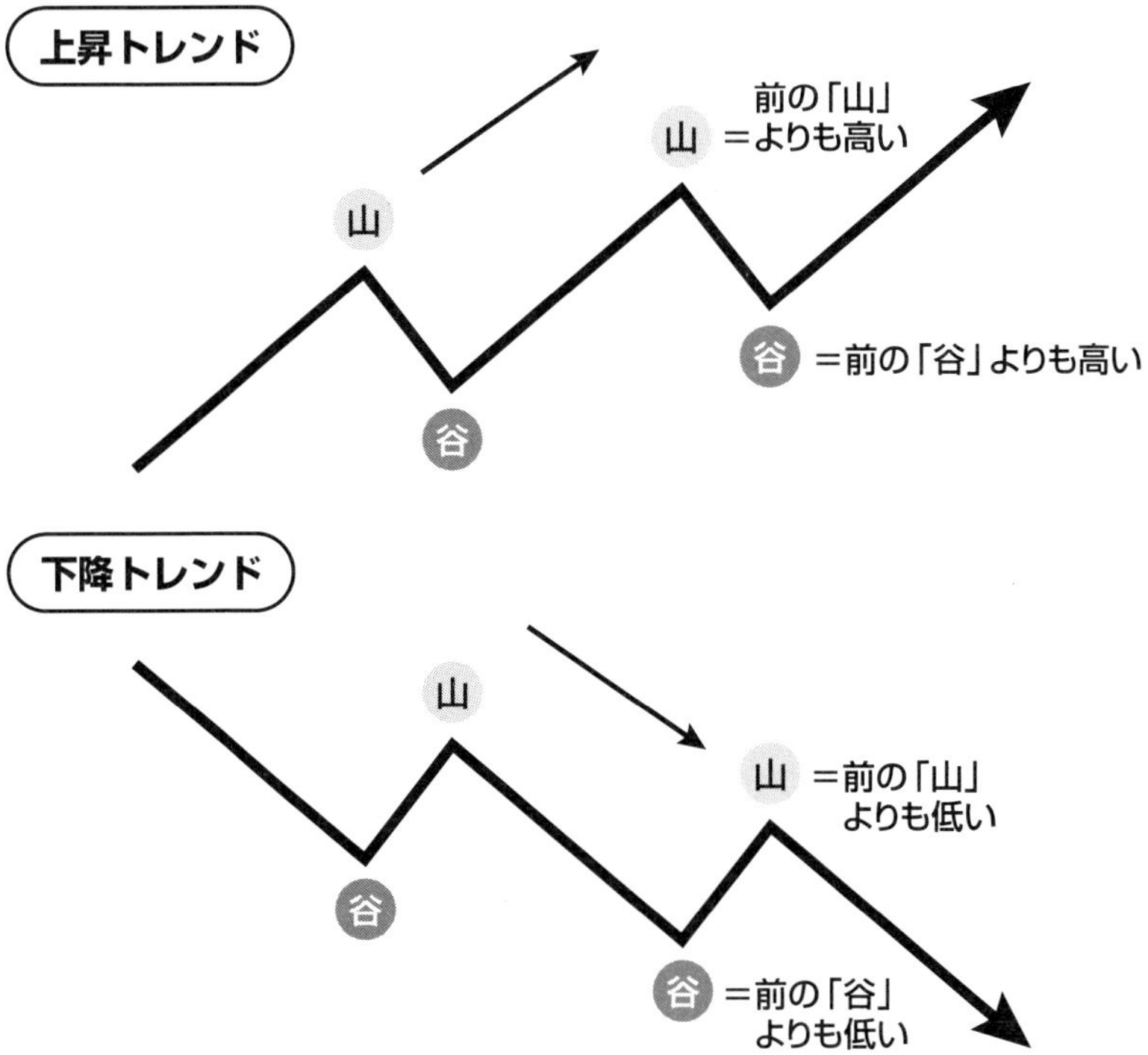
上昇トレンド
山
谷
山
前の「山」
＝よりも高い
谷
＝前の「谷」よりも高い
下降トレンド
山
谷
山
＝前の「山」
よりも低い
谷
＝前の「谷」
よりも低い

よりも下がっていき、いったん上昇に転じても、前に形成した「山」（高値）までは届きません。そして再び株価は下がり、またもや前の「谷」よりも下に行きます。

つまり、「上昇トレンド」が継続するための必要条件のひとつは、「前の高値を更新すること」です。反対に、「下降トレンド」が継続するには、「安値更新」が必要条件になります。

第1章であげたいくつかのチャートを見ても、このことがはっきりわかります。上昇トレンドとは結局、「高値を更新していく」という動き、下降トレンドは「安値を更新していく」動きなのです。ですから、高値も更新しなければ、安値も更新しないという動きは、「横ばい」になります。

2 「高値」「安値」にはこんな意味がある

❖ 上昇を阻止する力、下落を食い止める力

高値更新や**安値更新**の意味について、ちょっと別の角度から考えてみましょう。

「前につけた高値」というのは、「そこまで株価が上昇したら下落に転じた」ポイントを示します。つまり、理由はどうあれ、その地点にはそれまでの上昇に抵抗し、阻止する力が存在したということです。そうした意味から、この過去につけた高値の水準は、「**レジスタンス**（**抵抗**）」と呼ばれます。

いったん下がった株価が再上昇していったとき、この「前回押し戻された地点」（＝前につけた高値）を超えて上昇したとしたら、前回の抵抗力に勝る上昇力がある、と考えることができます。もちろん、前回と同じ強さの売り圧力がそこに存在する、という数値的な証明は困難です。

ただ、たとえばいったん高値をつけて株価が押し戻された後に株価が再上昇すると、前の高値で売りそびれた人の中に「今回こそあそこまで上昇したら売ろう」という心理も出てくるでしょう。

つまり、いったんつけた高値水準は、「売り物」が集まりやすい地点でもあるのです。そこを打ち破って（**ブレイク**して）上昇したとすれば、抵抗力を克服する強い「買う力」が存在したと考えられます。その力の存在は、その先さらに上昇していくうえでもプラスになる可能性を示唆するものなのです。

安値を更新していく場合はこの逆です。「前につけた安値」とは、「そこまで株価が下がってい

図＊2-2-①　レジスタンスとサポートのブレイク

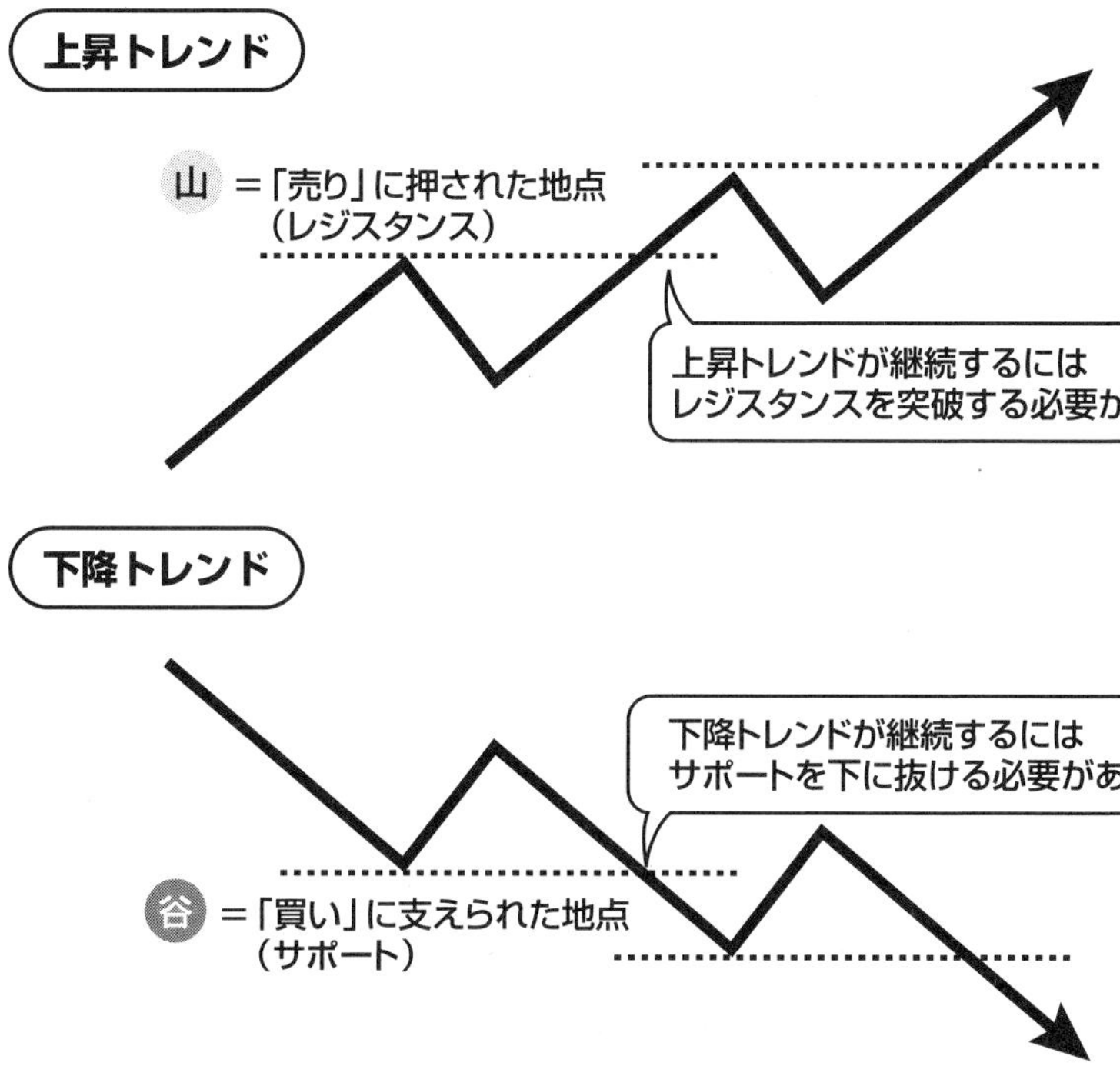
レジスタンスを突破する必要がある

ったら、買う力のほうが上回って上昇に転じた」地点を意味します。

つまり、その水準には下落を食い止め、株価を支える力があったということです。そうした意味から、前の安値水準は、**「サポート（支持）」**と呼ばれます。

ところが、再度株価が下がっていったとき、前回は下げ止まった水準をも打ち破って下げていったら、前よりも買い支える力は弱まったか、前回よりも売り圧力が強まったと解釈できます。となると、その先さらに株価が下がっていく事態も想定せざるを得なくなるのです。

❖何度もチャンレンジした後に壁を破った場合

ときおり、前の高値まで上昇すると押し戻され、再上昇してもまた同

図※2-2-② 「前の高値」「前の安値」をブレイクすると

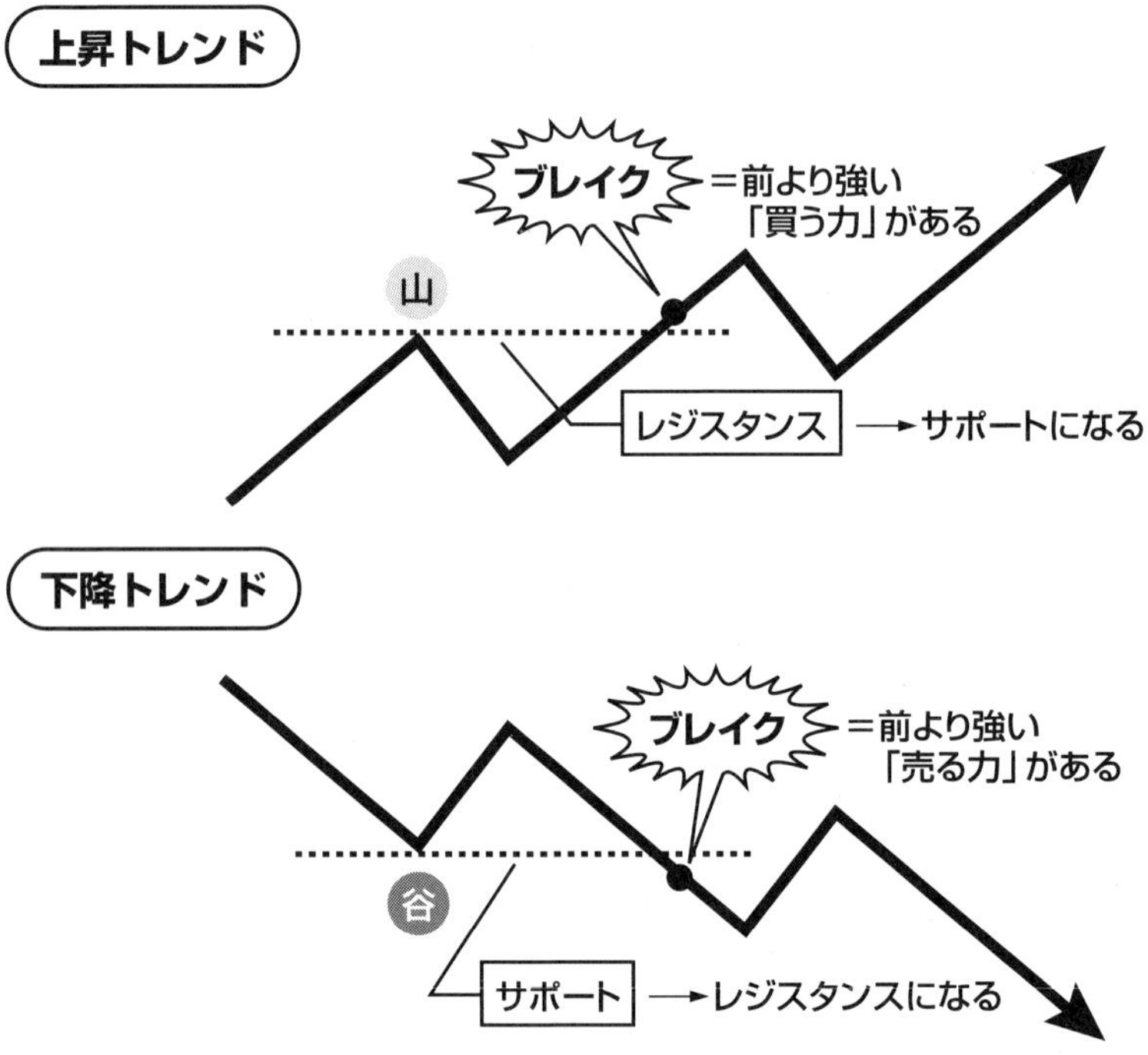
上昇トレンド
ブレイク
＝前より強い「買う力」がある
山
レジスタンス
→サポートになる
下降トレンド
ブレイク
＝前より強い「売る力」がある
谷
サポート
→レジスタンスになる

じ水準で押し戻される、という動きを何度も繰り返す銘柄があります。いうなれば、レジスタンスで頭を叩かれるような格好です。

株価チャートの基本的な考え方では、レジスタンスを抜けた場合には、この水準が今度はサポート地点になると捉えます。

というのも、前回は抜けなかった水準を超えるだけの新たな買う力が出現したのであれば、今度株価が下がってきたときには、その買う力が出現した水準が買い支えラインになる、と考えられるからです。過去に何度か押し戻されてきたレジスタンスを抜けた場合には、より強いサポートになると考えられます。

逆に、ある水準まで下がると反転上昇するという動きを繰り返していた銘柄が、あるとき、これまでの下

図＊2-2-③　過去のサポートがレジスタンスになっている例

東北電力（9506）
1/31/1992 → 8/5/2004
3200
2700
2200
1700
1200
株価が上昇してもこの
ゾーンが壁になる
上げ止まりゾーン
下げ止まりゾーン
株価が下がってもこの
ゾーンで反転していた
1992 1/31
9/30
1993 5/31
1994 1/31
9/30
1995 5/31
1996 1/31
9/30
1997 5/31
1998 1/31
9/30
1999 5/31
2000 1/31
9/30
2001 5/31
2002 1/31
9/30
2003 5/31
2004 1/31

支え水準を抜けて下がってしまうと、今度株価が上昇してきたときには、その「かつての下支え水準」が強烈なレジスタンスになると捉えます。

実際、90年代に入ってから96年あたりまでは同じような水準で下げ止まってきた株価が、97年、98年の下落でそこを割り込んでしまったという銘柄がたくさんあります。

そうした銘柄の動きを見ると、「かつての下げ止まりの水準」がその後の株価上昇の強固な壁（レジスタンス）になっているケースが少なくありません。

このように、いったん破ったレジスタンスやサポートが、後々になって意味を持つことがあります。それだけに、過去の高値や安値はよく見ておきたいポイントなのです。

3 トレンド継続の可能性に乗る方法

❖レジスタンスやサポートのブレイク

「上昇トレンドが継続するならば前の高値を超える」ということは、前の高値を超えることが、トレンド継続を示唆するシグナルのひとつと考えることができます。下降トレンドならば、前の安値を下回ることがトレンド継続を示唆する重要なシグナルのひとつです。

このシグナルは、要するに「前の高値を抜けたら買いだ」という意味ですが、このようにいうと、「それだと、**高値づかみ***になるのではないか」と怪訝に思う方もいるかもしれません。

たしかに、「上がっている銘柄を買え」というのは、なんだか賢そうではありません。むしろ、「人が弱気になっていて、株価が下がっているところこそ買い場なんだ」というほうが、勇猛果敢で利口そうなイメージを持たれそうです。

しかし、何でもかんでも「上がっているものを買え」「下がっているものを売れ」といっているわけではありません。繰り返し述べているように、前提となるのは株価の**基調***が上昇トレンドである（「売り」ならば下降トレンドである）ということです。そのトレンドが続いていくとすれば、上昇トレンドの場合は前の高値を超える、下降トレンドなら安値を割るという現象は必ず起きます。よってその条件をクリアしたところが、買い出動、売り出動のポイント地点になるという考え方です。

❖「安く買う」のが最大の目的ではない

よく、相場で儲ける最大の秘訣は「安く買って、

＊高値づかみ：株価が天井近くにある、高いときに買ってしまうこと。
＊基調：相場の大きな流れ。「トレンド」とほぼ同意。

高く売ることだ」といいます。そうすると、「安く買う」ことがまず何より肝心だと思いがちですが、問題なのは「安く」とは何と比べて安いのか、ということです。

昨日の株価と比べて安く買ったとしても、その後さらに値下がりしたら「（昨日より）安く」買ったけれども儲かるどころか損をしてしまいます。要は、「売値よりも安く買う」というのが最も重要なのです。仮に、昨日より高い株価で買ったとしても、売値がもっと高ければ、それで儲かります。利益をあげればその売買は成功です。

上がっている株を買うと損しそうだと思う人は、こんなふうに考えてみてください。

たとえば、山の麓から山頂へ向かう一本道があって、そこをバスが通っているとします。バスに乗って山頂を目指すとき、上から降りてきて麓に向かっているバスには乗らないと思います。上に登りたいのですから、下から登ってきたバスに乗るでしょう。

もっとも、上から降りてきたバスが、乗った途端にＵターンして山頂に向かい始める可能性がないとはいえません。ただ、それに期待するならば、Ｕターンして上に向かい出したことを確認してから乗っても遅くはないでしょう。自分が行きたい方向に向かっているバスに乗ったほうが目的地に行ける可能性が高い、というのが、「**トレンドに乗る**」という考え方です。

❖トレンドの初期段階ではとくに有効

相場の初期段階、トレンドが強く出ているときは、ここで紹介した「高値を抜いたら買い」「安値を抜いたら売り」というシグナルが、トレンドに乗るうえでとくに有効になります。

たとえば、２００３年5月以降、約半年間続いた強い反発上昇相場では、これが上昇基調に乗るサインとして、非常に有効に機能しました。

こうした局面で、「あ～ぁ、もうこんなに上がっちゃった。いまから買うのは損だ」と考えてしまうと、上昇トレンドに乗れないばかりか、すでに相場の勢いが衰え、株価が軟調になってから買い出動することになりがちです。

それが短期的な調整で、再度上昇トレンドに復帰すればいいのですが、もはやトレンドが変化しているケースもあります。「安く買う」ことは、

図※2-3-①

みずほFG（8411）
8/2/2002 → 8/1/2003
ここの動きだけを見て「最安値からもう2倍になってしまった。買いそびれた」などと思ってはいけない。トレンド反転の可能性を注視すべし！
13万4000円
最安値
5万8300円
300000
250000
200000
150000
100000
50000
2002
8/2
9/6
10/11
11/15
12/20
2003
1/24
2/28
4/4
5/9
6/13
7/18

図※2-3-②

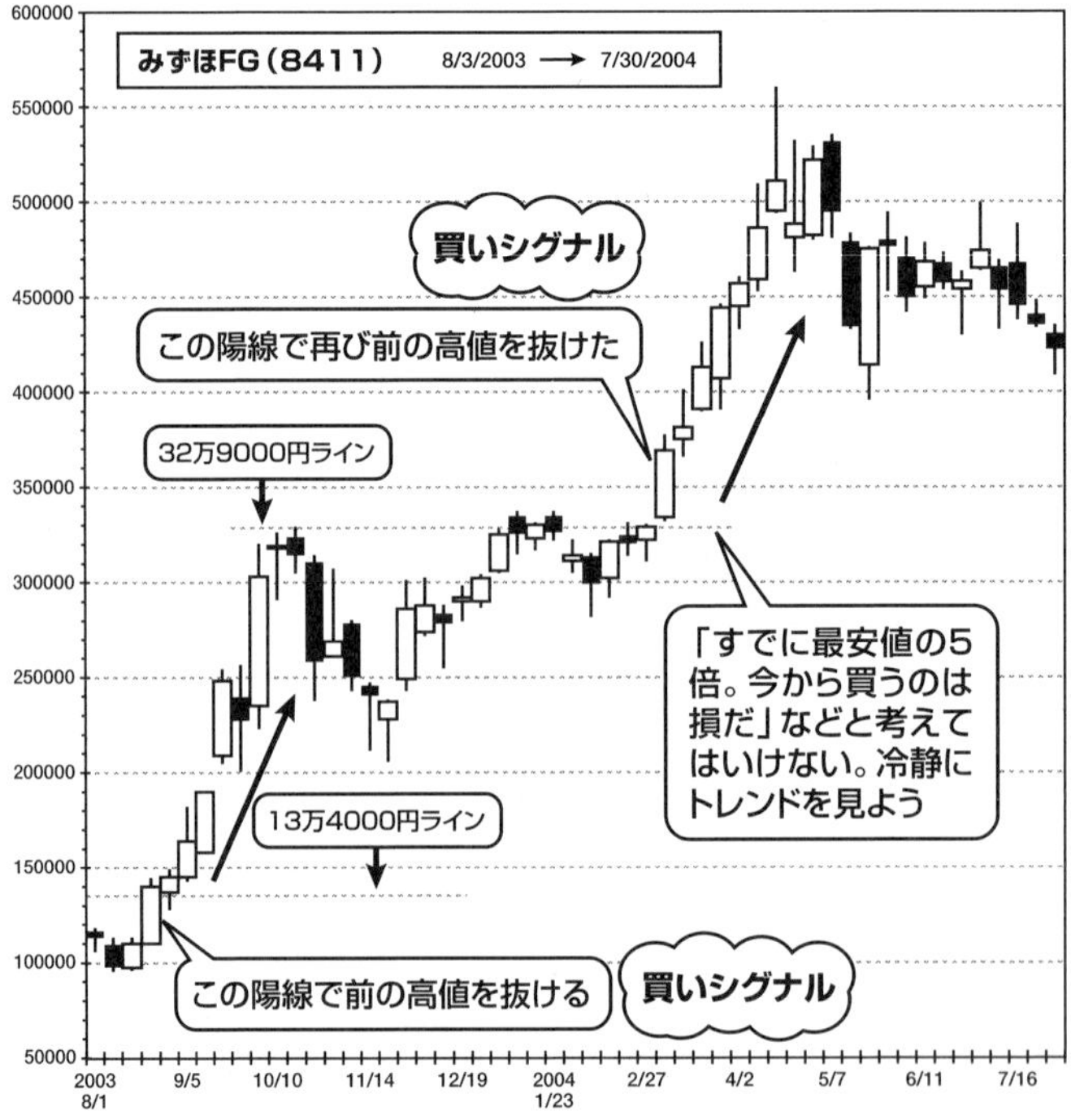

みずほFG（8411）
8/3/2003 → 7/30/2004
買いシグナル
この陽線で再び前の高値を抜けた
32万9000円ライン
「すでに最安値の5倍。今から買うのは損だ」などと考えてはいけない。冷静にトレンドを見よう
13万4000円ライン
この陽線で前の高値を抜ける
買いシグナル
600000
550000
500000
450000
400000
350000
300000
250000
200000
150000
100000
50000
2003
8/1
9/5
10/10
11/14
12/19
2004
1/23
2/27
4/2
5/7
6/11
7/16

より多くの利益をあげるために大切なことではありますが、気をつけたいのは「**トレンドの変化**」です。この「トレンドの変化」について、次に詳しく説明しましょう。

4 「トレンド継続」を示唆するもう一つのサイン

❖トレンド途中の「戻し」に着目する

上昇トレンド、下降トレンドが形成されるプロセスを考えてみると、「前の高値を抜けていく」「前の安値を下回る」ということのほかに、もう一つ重要なポイントがあることがわかります。

上昇トレンドならば、「いったん下げに転じても、前につくった谷よりも上で再浮上する」、下降トレンドは「いったんは上昇しても、前につくった山よりも低い山しかできずに、再度下落してしまう」ことです。

これもまた、「**トレンド継続**」の可能性を示唆するシグナルとなります。

たとえば、ずっと下がってきた株価が上昇したとします。これだけでは、下降トレンドが上昇トレンドに転じたかどうかはわかりません。重要ポイントの第一は、いったん上昇した株価が下げに転じたとき、「どこで下げ止まるか」です。

前につくった谷よりも上で再上昇に転じたとすれば、上昇トレンド転換への第一条件はクリアです。もし、ここで前につくった谷を下回ってしまうとすれば、いったん上昇したのは「単なる戻し（**自律反発**＊）」であって、これまで続いてきた下降トレンドは継続している可能性のほうが濃厚だ、ということになります。

これを「高値を抜ける」というシグナルと組み合わせると、上昇後にいったん下がった株価が前の安値より上で再び上昇に転じ、さらに前の高値を超えていく展開になると、上昇トレンドの可能性はさらに高まる、という見方ができます。

＊**自律反発**：下げすぎた株価が一時的に戻す（小幅に上げる）こと。

図＊2-4-①　「押し」と「戻し」

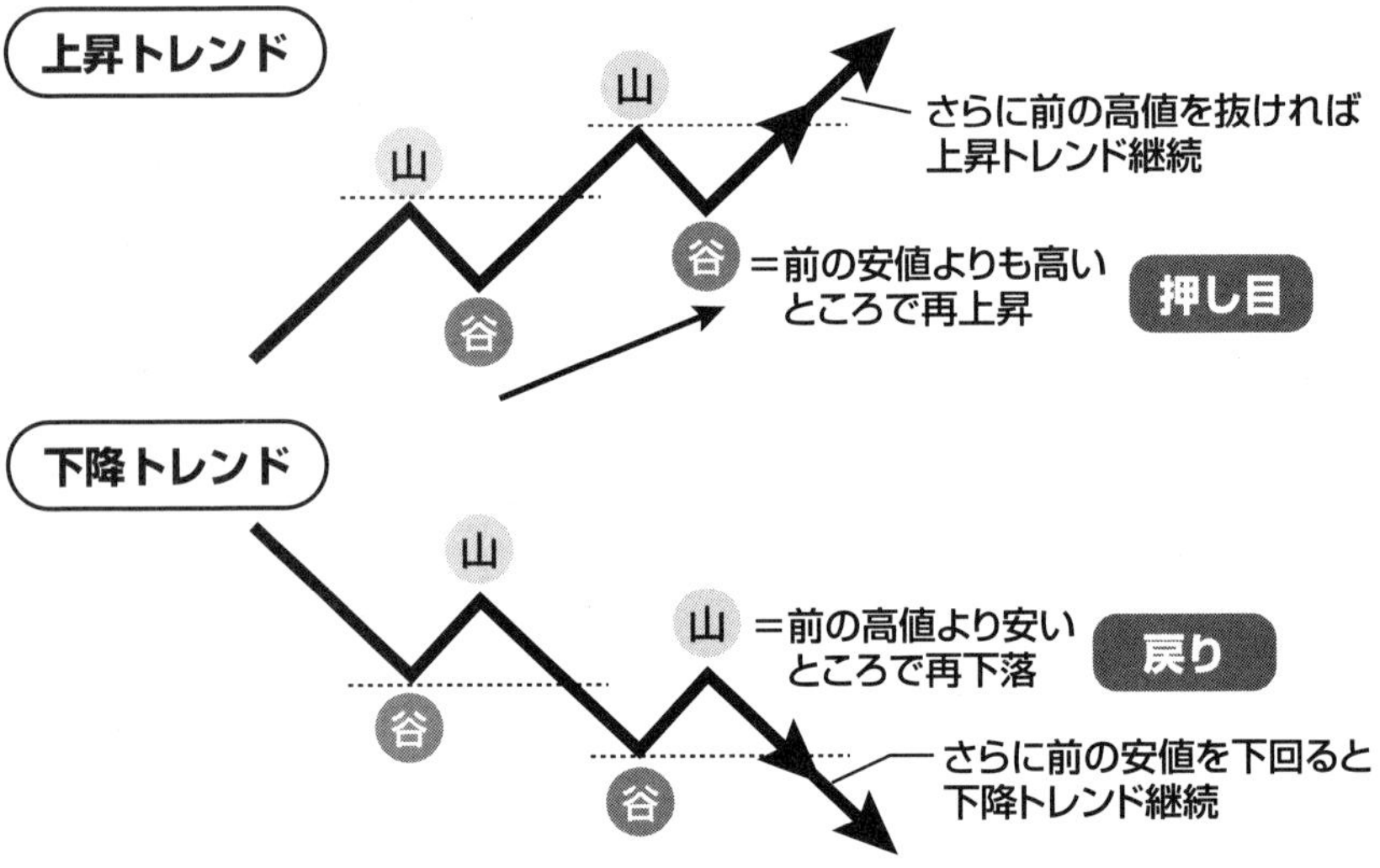
上昇トレンド
山
山
谷
谷
さらに前の高値を抜ければ
上昇トレンド継続
＝前の安値よりも高い
ところで再上昇
押し目
下降トレンド
山
山
谷
谷
＝前の高値より安い
ところで再下落
戻り
さらに前の安値を下回ると
下降トレンド継続

❖「押し目買い」と「戻り売り」

「上昇後、いったん下げた株価が前の安値を下回らずに再上昇」「下落後、いったん上昇した株価が前の高値を抜けずに再下落」というシグナルは、継続中のトレンドに途中から乗るのに役立つシグナルになります。

先に、「トレンドの初期段階、勢いのある局面では『高値を抜ける』『安値を下回る』というシグナルが有効だ」と述べましたが、その初期段階が終わると、株価の動きの勢いが鈍ってくる傾向も出てきます。

上昇トレンドの場合なら、いったん下がった株価が再上昇したものの、前の高値まで来ると上値が重くなったり、前の高値を抜けても、さらに勢いよく上昇していくような強さに欠けて再び下落する、といった展開です。このような局面になると、高値を抜けて買っても、あまり値幅が取れないことになってしまいます。

そんな状況では、上昇トレンドが崩れていない

＊押し目買い：上昇相場で、一時的に株価が小幅に下げることを「押し」というが、その小さな下げ局面の底が「押し目」、底からの反発で買うことを「押し目買い」という。

図*2-4-②

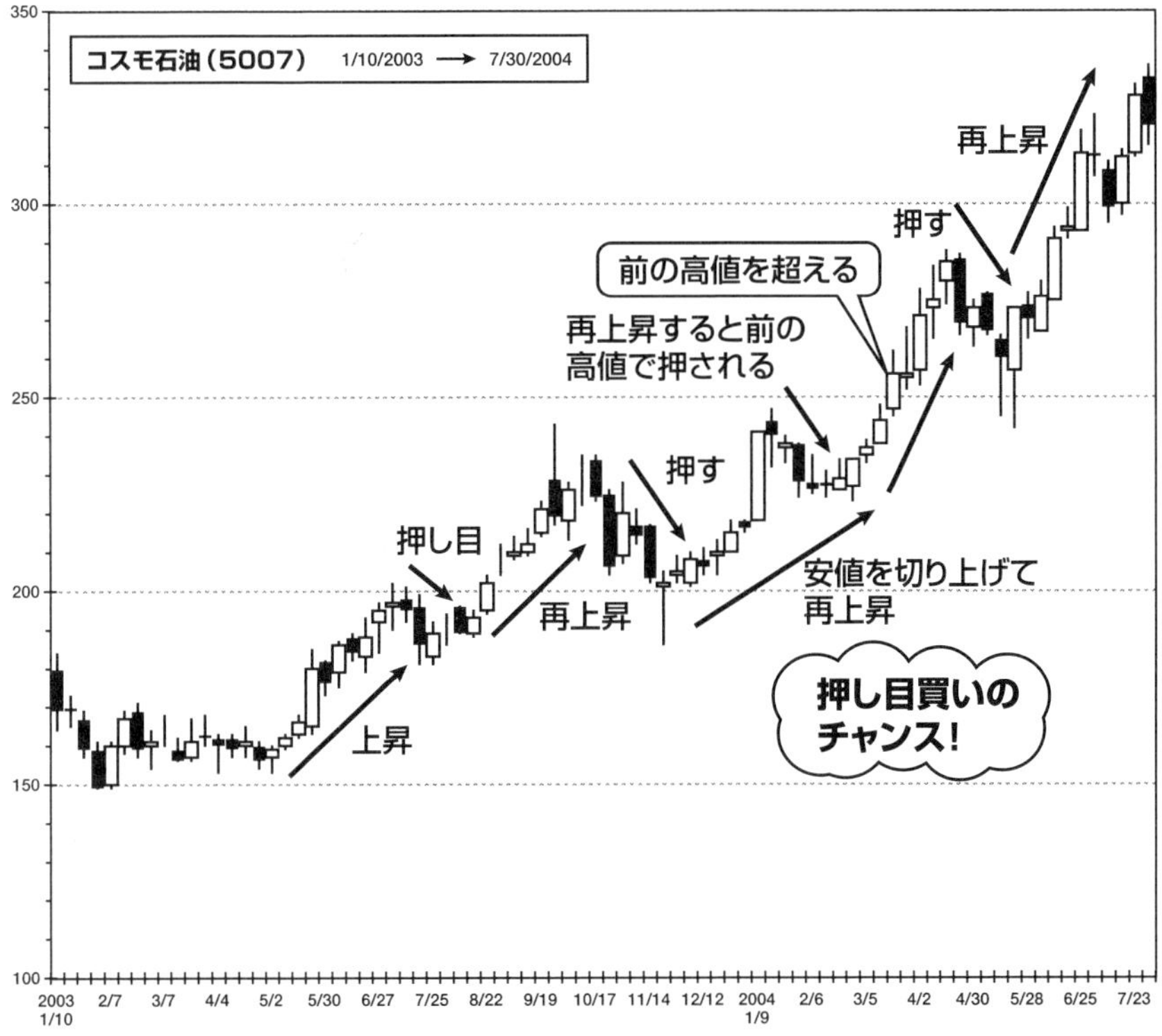
コスモ石油（5007）　1/10/2003 → 7/30/2004
350
300
250
200
150
100
上昇
押し目
再上昇
押す
再上昇すると前の高値で押される
安値を切り上げて再上昇
前の高値を超える
押す
再上昇
押し目買いのチャンス！
2003 1/10
2/7
3/7
4/4
5/2
5/30
6/27
7/25
8/22
9/19
10/17
11/14
12/12
2004 1/9
2/6
3/5
4/2
4/30
5/28
6/25
7/23

ことを前提にした「**押し目買い***」が有効です。「押し目買い」とは、上昇した株価がいったん下がり、前の安値を下回らないで再上昇した（いったん「**押し***」を入れた）ところを狙うというものです。

「押し目買い」をした後は、「前につけた高値を抜けるかどうか」が次の重大な注目点になります。これをクリアすれば、トレンド継続のシグナルですから、そのまま買い持ちを継続してOK。前の高値を抜けないようならそこでいったん手仕舞う、といった売買シナリオも立てられます。

下降トレンドの場合は、いったん株価が上昇しても上値が前の高値に及ばず、また下落に転じたところが、「**戻り売り***」のシグナルです。

＊**戻り売り**：下落相場で、一時的に株価が小幅に上げることを「戻し」というが、その小さな上げ局面の天井付近で売ることを「戻り売り」という。

5 「サポートライン」「レジスタンスライン」という目印

❖「サポートライン」と「レジスタンスライン」

「押し目買い」や「戻り売り」のタイミングをつかむうえで有効な目印となるのが、「**トレンドライン**」と呼ばれる線です。上昇トレンドの場合、これまで描いてきた安値を線で結びます。これを「**サポートライン**」といい、株価が下落してもこの線の近辺で下げ止まって再上昇すれば、これまでのトレンドが継続する可能性が示唆されます。

一方、下降トレンドの場合は、それまで描いてきた高値を線で結びます。これを「**レジスタンスライン**」といい、株価がいったん上昇してもこの線の近辺で再び下げに転じたら、下降トレンド継続の可能性が示唆されます。

サポートラインやレジスタンスラインは、安値

図*2-5-① サポートラインとレジスタンスライン

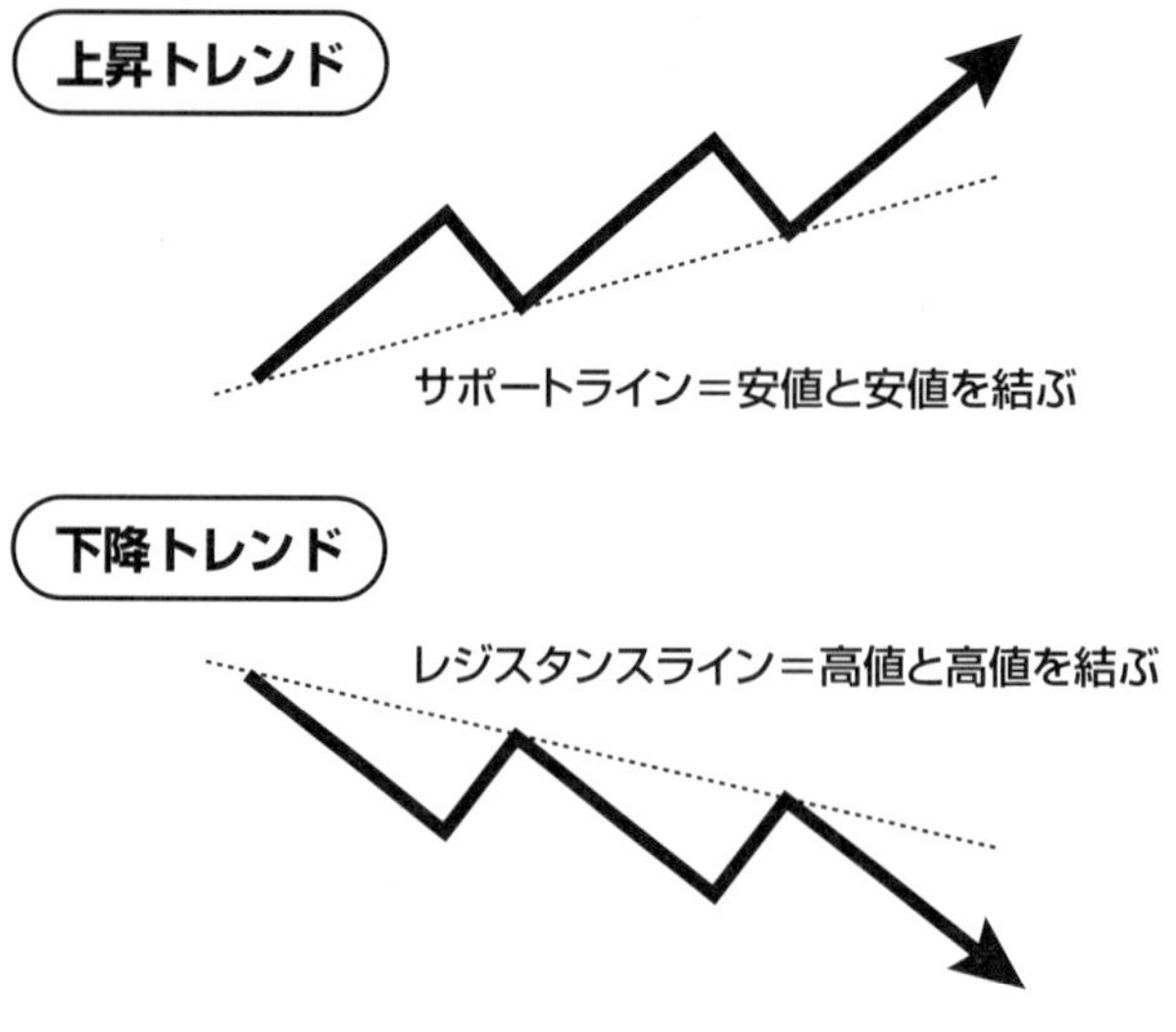

と安値、あるいは高値と高値の期間内にどのくらい株価が動いていたのか、時間に対する価格の変化度合いを示します。つまり、このラインの傾きは、株価上昇や株価下落の速度を表わしているといえます。

上昇トレンドの場合、株価がこれまでのサポートライン近辺まで下がって反転上昇すれば、そのサポートラインがそのまま延長される格好になります（図2-5-②a）。これは、それまでと株価の動きのペースが同じである、要するに、それま

図※2-5-②　トレンドの変化を察知する①

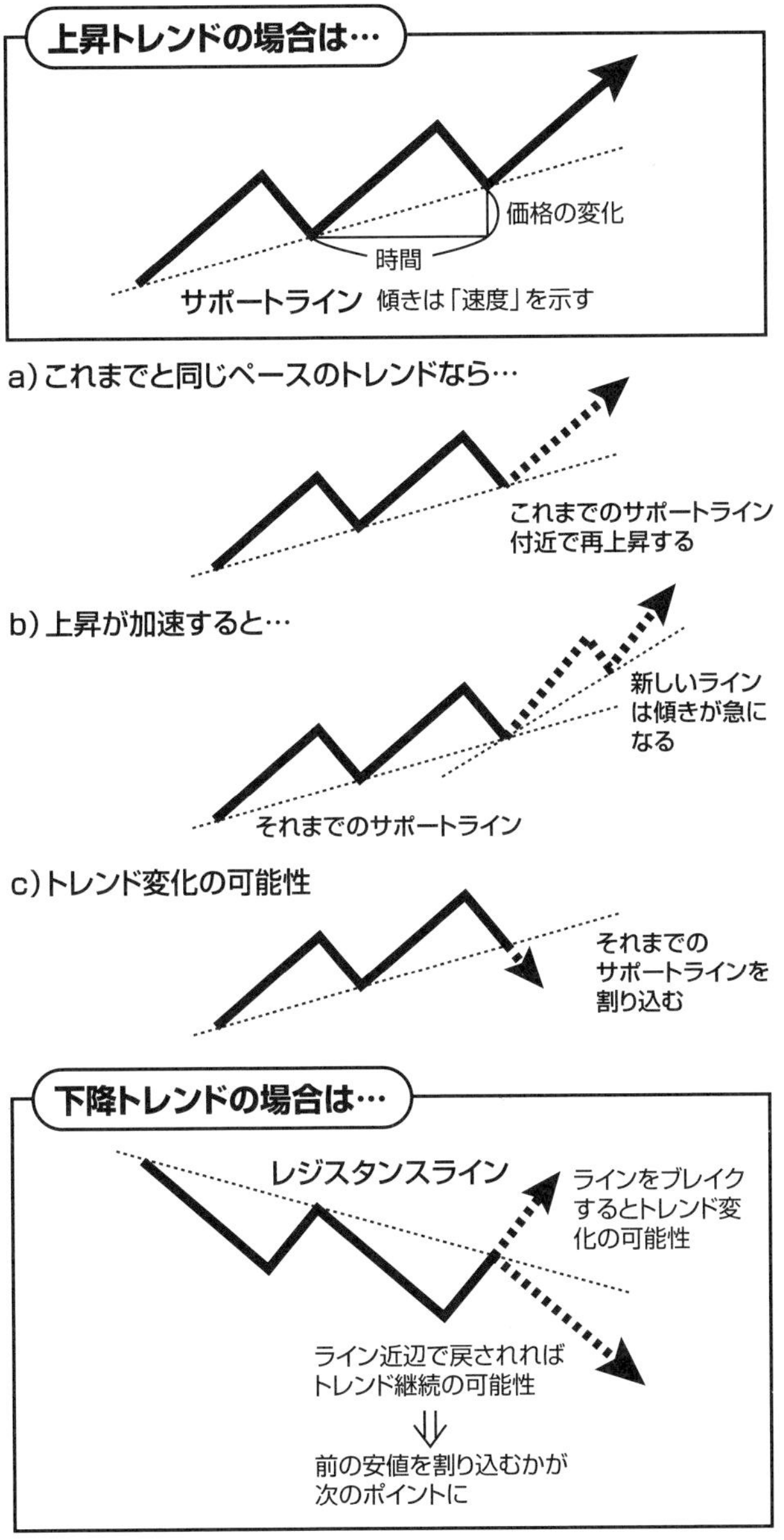

上昇トレンドの場合は…
価格の変化
時間
サポートライン
傾きは「速度」を示す
a) これまでと同じペースのトレンドなら…
これまでのサポートライン付近で再上昇する
b) 上昇が加速すると…
新しいラインは傾きが急になる
それまでのサポートライン
c) トレンド変化の可能性
それまでのサポートラインを割り込む
下降トレンドの場合は…
レジスタンスライン
ラインをブレイクするとトレンド変化の可能性
ライン近辺で戻されればトレンド継続の可能性
⇓
前の安値を割り込むかが次のポイントに

図＊2-5-③　トレンドの変化を察知する②

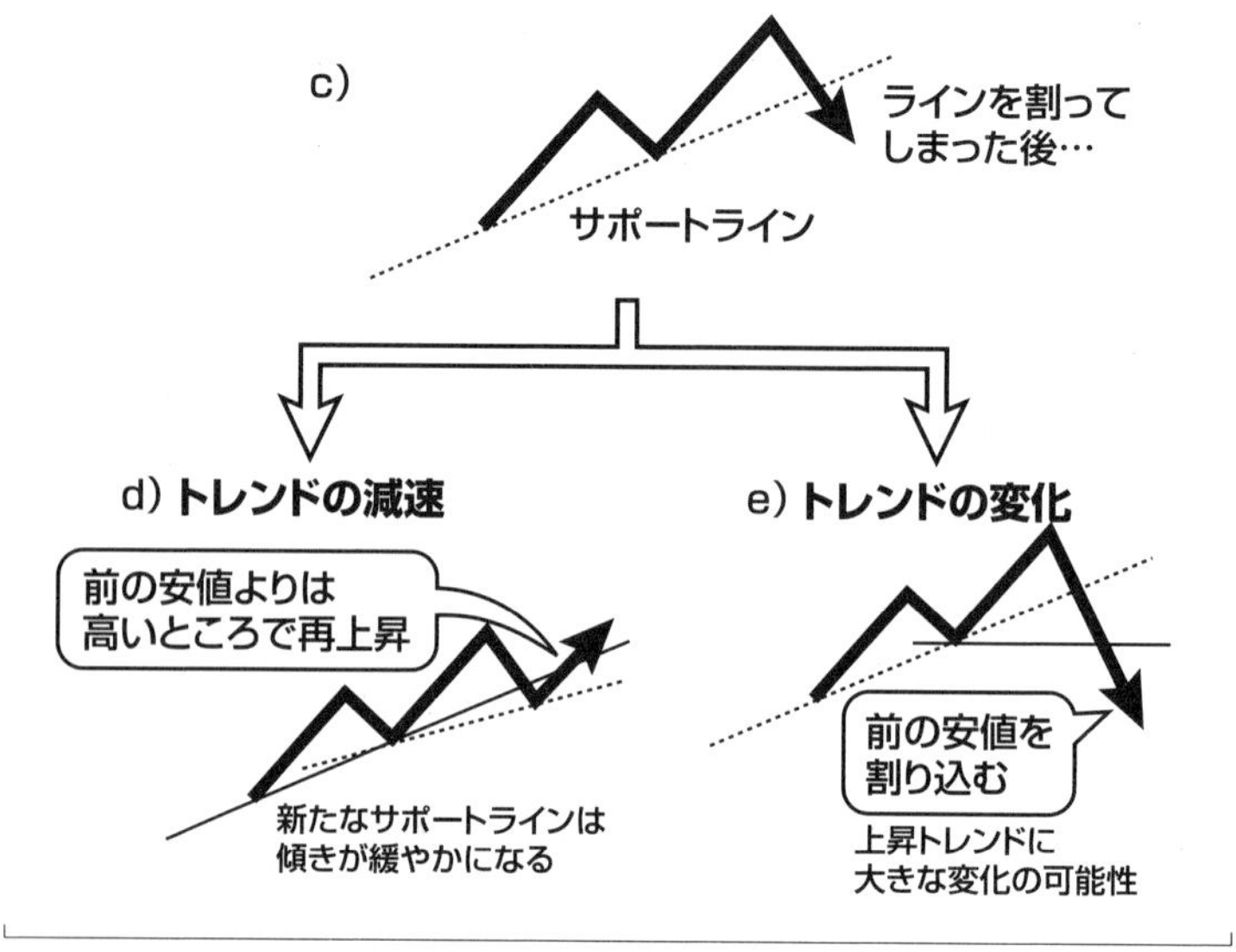
c)
ラインを割ってしまった後…
サポートライン
d) トレンドの減速
前の安値よりは高いところで再上昇
新たなサポートラインは傾きが緩やかになる
e) トレンドの変化
前の安値を割り込む
上昇トレンドに大きな変化の可能性

でと同じトレンドが継続していると考えられます。

これに対して、下がった株価がそれまでのサポートラインよりもだいぶ上で反転上昇して、さらに高値を更新していったとすると、**目先**＊のサポートラインはそれまでのものよりも傾きが急になります（前ページ図2-5-②b）。傾きが急になるということは、それまでよりも上昇のスピードがアップした（加速した）ことを示します。

逆に、サポートラインを割り込んでから反転上昇した場合には、新たに引かれるサポートラインは、それまでのものよりも傾きが緩やかになります（図2-5-③d）。前につけた安値よりも上で反転上昇していれば上昇トレンドが崩れたとはいえませんが、ここで上昇のスピードが鈍った可能性が示唆されます。

さらに、この反転上昇が前の高値まで届かず、そして再下落したときに、直近の安値よりも下がってしまうようだと（図2-5-③e）、それまでの上昇トレンドに注意信号が点灯します。

このように、サポートラインやレジスタンスラインを引いてみると、前の安値や前の高値をブレイクする以前に、トレンド変化の可能性を察知することができるのです。

＊目先：短期的な将来。

❖トレンドラインと「次の焦点」

ここで、先に紹介した「高値」「安値」、それにサポートラインやレジスタンスラインの見方についてまとめておきましょう。

まず、上昇トレンドにある株価がいったん下がりました。そうすると、どこで下げ止まるのかを見極めることが次のポイントになります。この先、2つの展開が考えられます。

ひとつは、それがサポートラインより上か、サポートラインの近辺で反転する動きです。この場合、次にポイントとなる地点は「前につけた高値」で、ここを抜けていけば、「上昇トレンド継続」と考えることができます。

一方、サポートラインを下回った場合ですが、次の焦点は「前につけた安値」より上で下げ止まるかどうか、になります。前につけた安値を下回っていけば、目先の上昇トレンドが反転した可能性が浮上してきます。

他方、サポートラインは割り込んだものの、前

図※2-5-④　トレンドラインを抜けた後の「焦点」

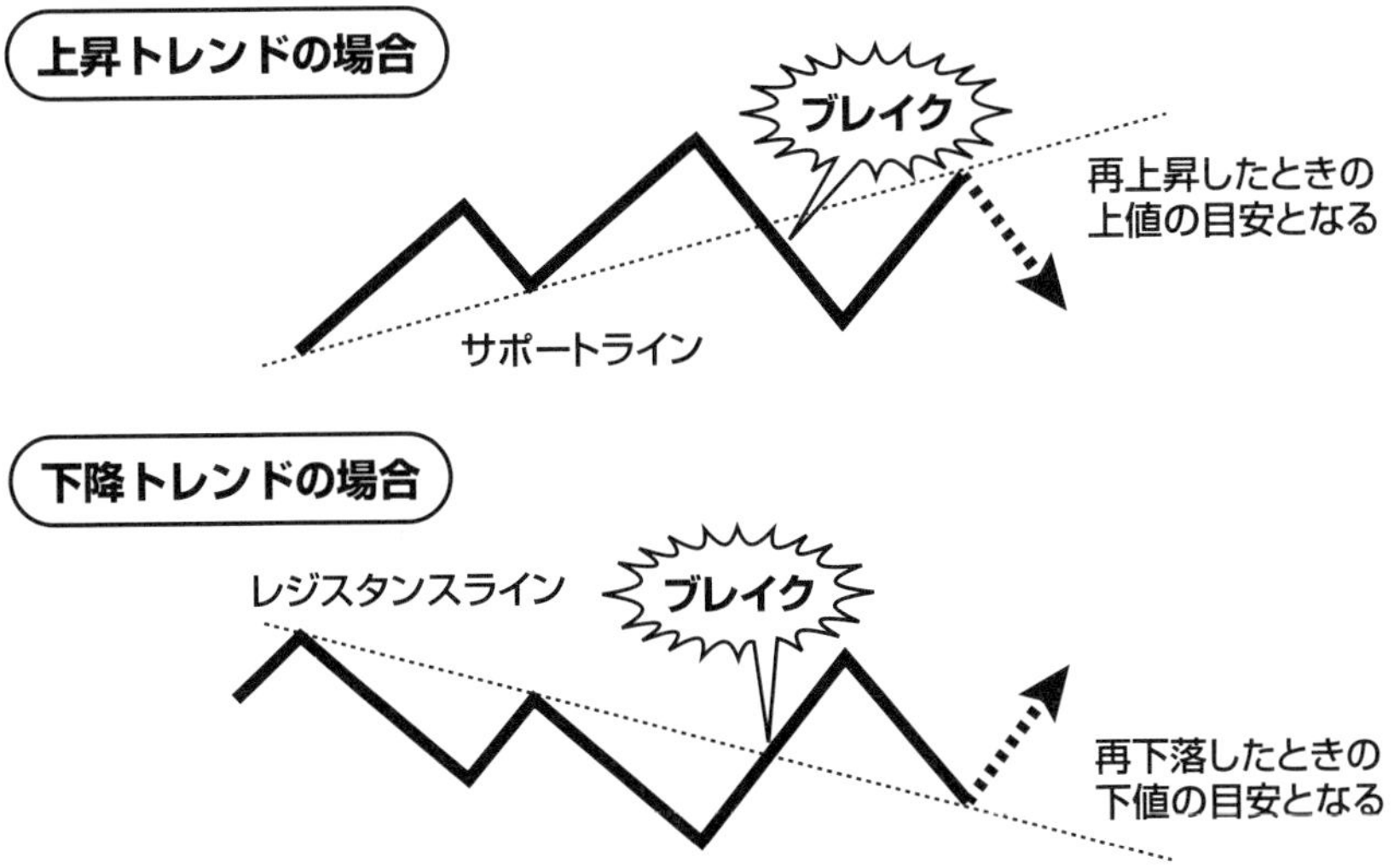
上昇トレンドの場合
ブレイク
再上昇したときの
上値の目安となる
サポートライン
下降トレンドの場合
レジスタンスライン
ブレイク
再下落したときの
下値の目安となる

の安値よりは上で下げ止まった場合、その後の上昇がどこまで行くか、つまり上値がどこまで伸びるかを注意深く見る必要があります。

この上値の目標値として、「いったん下に抜けたサポートラインを延長した地点」とする考え方があります。「高値」「安値」の話の中で出てきた「これまで下げ止まっていた地点（サポート）を下に抜けてしまうと、今度はそこがレジスタンスになる」というのと同じ考え方です。つまり、サポートラインをいったん割ってしまうと、今度はそれがレジスタンスラインに逆転する可能性があるということです。

もし、上昇に転じた株価が、先に割り込んだサポートラインを延長したところで反落した場合には、これまでのトレンドが転換した可能性も示唆されます。

❖出動は「目先の反転」を確認してから

「押し目買い」や「戻り売り」を狙う際に注意したいのは、「下げ止まった」あるいは「上げ止まった」かどうかの判断です。

たとえば、上昇トレンドにある株価がいったん下がったとします。この下がっている段階では、まだ「押し目買い」出動の判断はできません。下げている途中では「さらに下がる可能性」も示唆されているからです。

では、どんな状況になったら「下げ止まった」と考えられるのかというと、ここでローソク足の形や色が大きな意味を持ってきます。図2－5－⑤左上のように陰線が続いている状況では、まだ売り圧力のほうが強く、「下げている途中」と考えなければなりません。

下げが止まって上昇に転じるには、まず前日（週足チャートを見るならば前週）のローソク足より、安値も高値も切り上がるという状況が必要です。陽線が出て、さらに前のローソク足よりも上値・下値ともに切り上がるという形になったところで、下げ止まって上昇に転じた可能性が出てきます。

「下げ止まって反転上昇」を確認してから買うの

図※2-5-⑤　「下げ止まり」の確認はローソク足で

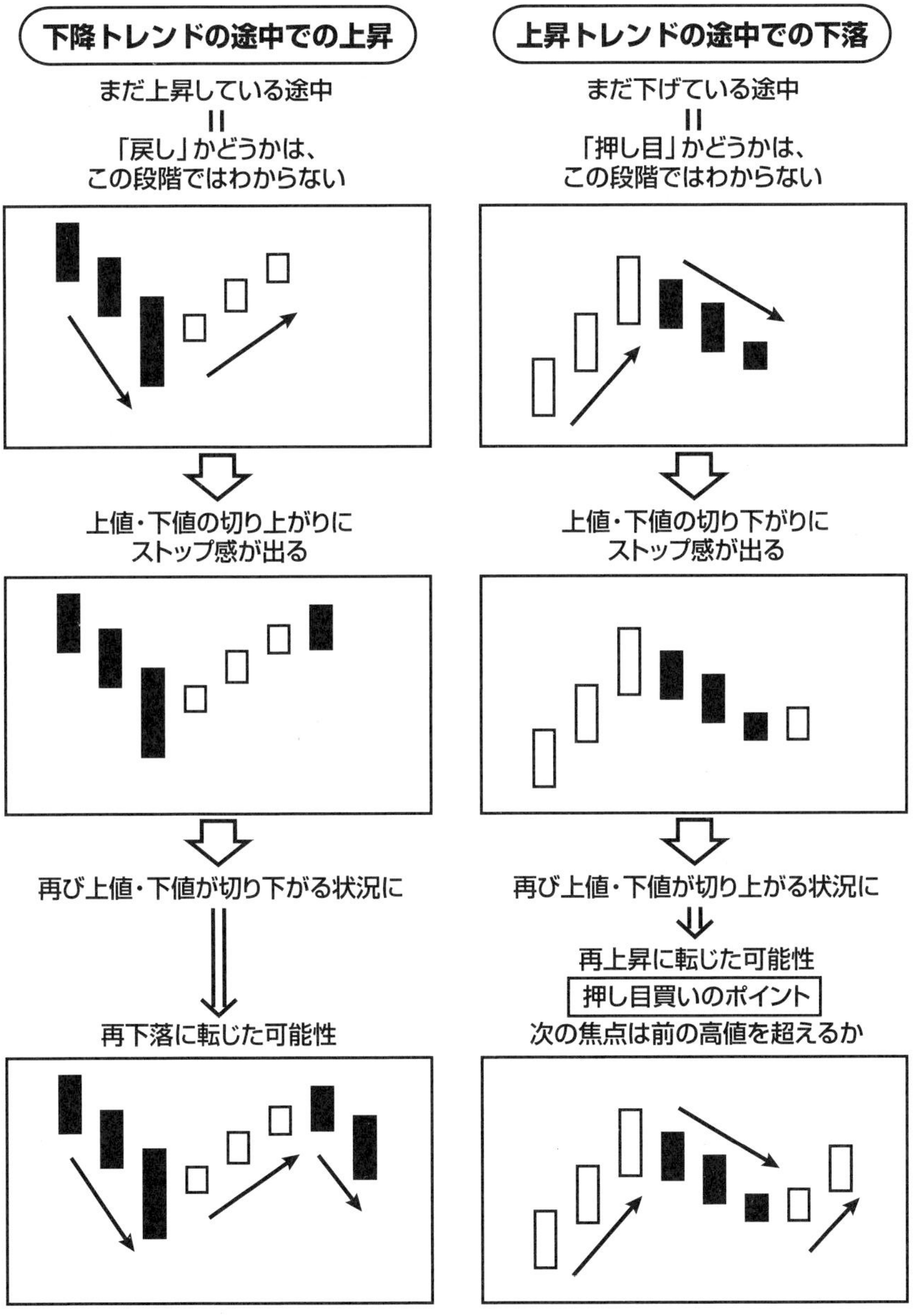
下降トレンドの途中での上昇
まだ上昇している途中
＝
「戻し」かどうかは、
この段階ではわからない
上値・下値の切り上がりに
ストップ感が出る
再び上値・下値が切り下がる状況に
再下落に転じた可能性
上昇トレンドの途中での下落
まだ下げている途中
＝
「押し目」かどうかは、
この段階ではわからない
上値・下値の切り下がりに
ストップ感が出る
再び上値・下値が切り上がる状況に
再上昇に転じた可能性
押し目買いのポイント
次の焦点は前の高値を超えるか

図*2-5-⑥　トレンドラインの実例

全日本空輸（9202）　1/10/2003 → 7/30/2004
前の高値をしっかり抜ける
(1)
(2)
(3)
Ⓐ
Ⓑ
Ⓒ
Ⓓ
⑴はⒶとⒷの安値を結ぶサポートライン。いったんラインを割り込んだが、Ⓑの安値より上で再上昇。ここでⒷとⒸの安値を結ぶ新たなサポートライン⑶が引ける。
⑵の上昇後は、おおむね⑴のラインより上で推移しているが、このラインを割った場合、Ⓓのサポートと⑶のサポートラインがポイントになる
375
350
325
300
275
250
225
200
175
150
2003 1/10
2/7
3/7
4/4
5/2
5/30
6/27
7/25
8/22
9/19
10/17
11/14
12/12
2004 1/9
2/6
3/5
4/2
4/30
5/28
6/25
7/23

が「押し目買い」の基本です。「戻り売り」ならば、「上げ止まって反落」を確認することがポイントになります。

　こうした「押し目買い」や「戻り売り」のポイントを抑えておけば、トレンドの初期段階に乗り遅れたとしても、焦ることはありません。

　延々と上げ続ける相場、下げ続ける相場はないのですから、どこかで押し目買いや戻り売りのチャンスはやってきます。チャートを見ていれば、そのチャンスをキャッチすることができるのです。

第3章

株価の動きのパターンをつかむ

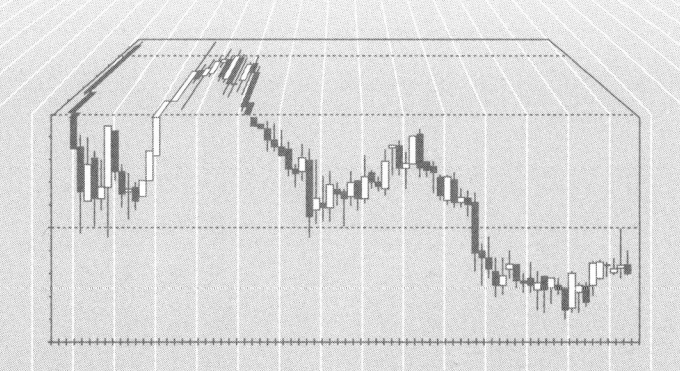

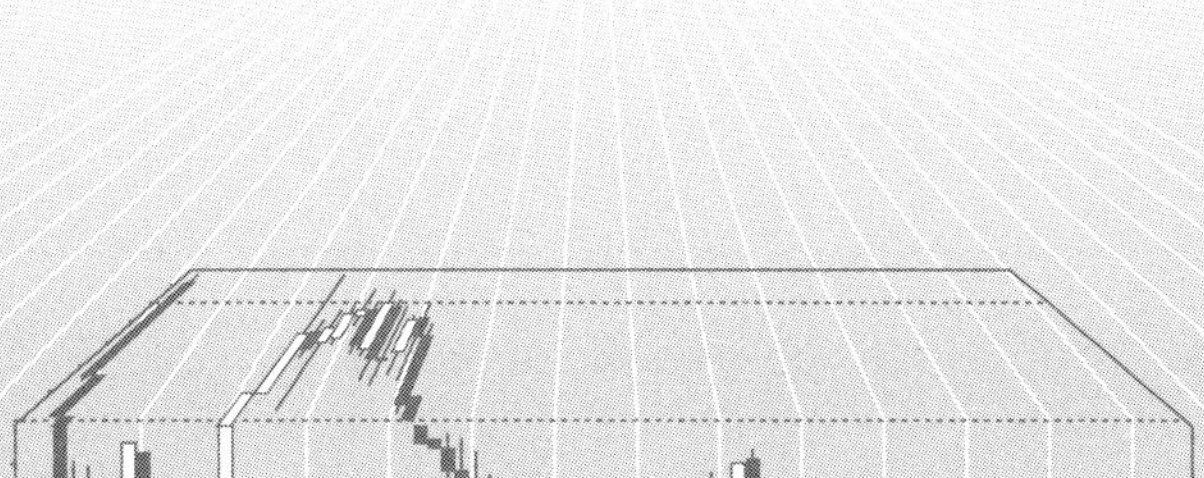

1 保合い状態の後にチャンスあり

❖トレンドが一服したとき出現するパターン

先に述べたように、株価のトレンドは「反転するまで継続する」というのが大前提となるのですが、継続しているトレンドも一直線に描かれるものではありません。「押し目」や「戻し」をつくるほか、ときにはトレンドの途中で株価がもみ合うような状態になることもあります。株価の動きとしては「横ばい」に似ていますが、こうした状態は「**保合《もちあ》い**」と呼ばれます。

保合いは、株価のトレンドが一服した状態と捉えることができます。たとえば、株価が調子よく上がってきたとしましょう。そうすると、その株を持っている人の中には「このあたりで売っておこうか」と考える人が出てきます。他方、その株を買おうと思っている人の中にも、株価がずっと上がっていれば「少し様子を見よう」と手控える人が出てくる可能性もあります。その結果、株価の上昇の勢いも鈍くなってきます。

とはいえ、この株に何らかの魅力があれば、下がったところで買いたい人がやってきますから、一挙に下降トレンドにもなりません。

となると、株価が上がれば売りが出てくる、下がれば買いが入るという動きになって、株価は上がったり、下がったりを繰り返します。これが「保合い」状態です。

❖ブレイクする局面がトレンドに乗る絶好機

株価が保合い状態のときに新規で買ったり売ったりしても、結局は小幅な上下を繰り返している

図*3-1-①　「保合い」状態はトレンドの途中に出現する

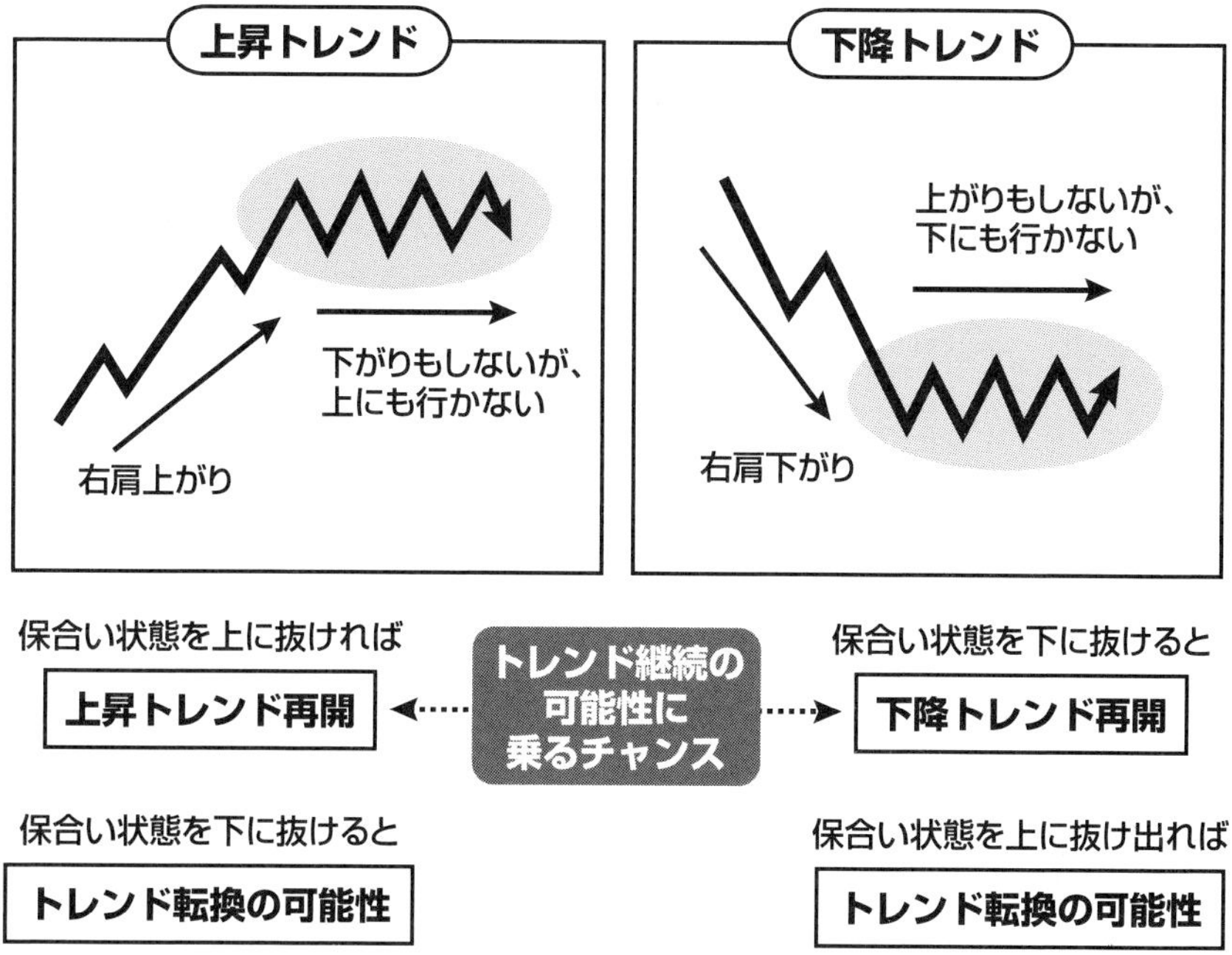
上昇トレンド
下がりもしないが、
上にも行かない
右肩上がり
下降トレンド
上がりもしないが、
下にも行かない
右肩下がり
保合い状態を上に抜ければ
上昇トレンド再開
トレンド継続の
可能性に
乗るチャンス
保合い状態を下に抜けると
下降トレンド再開
保合い状態を下に抜けると
トレンド転換の可能性
保合い状態を上に抜け出れば
トレンド転換の可能性

だけなので、なかなか大きく儲けることができません。短期的な売買で小さな値幅を狙うことも可能ですが、無理をしてここで参戦する必要もありません。

つまり、保合い状態は基本的には「売りでも、買いでもない」ということです。しかし、だからといって、この局面は無視していいというものでもありません。というのは、保合い状態は、いずれは上か、下か、のどちらかに株価が飛び抜ける形で終焉するからです。

上昇トレンドの途中で保合い状態となった場合、ここから株価が上に抜け出たところは「上昇トレンド再開」のシグナルとされます。ここで買い出動すれば、上昇トレンド継続の可能性に乗ることになるわけです。

一方、この保合い状態が展開される中で、最終的に売りの圧力が買いを上回ると、株価は下に抜け出ることになります。

図＊3-1-②　チャートに見る保合いパターン

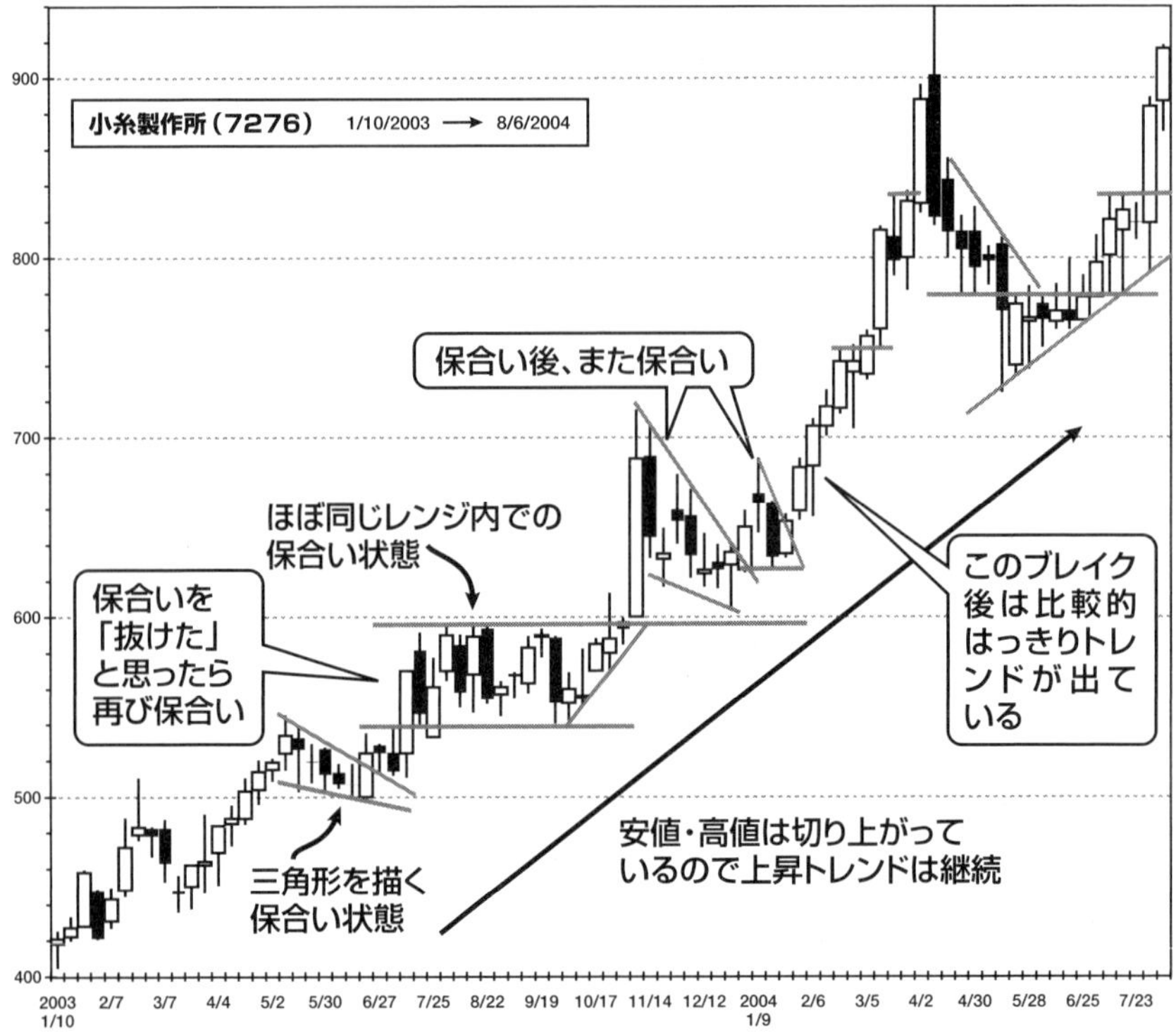
小糸製作所（7276）　1/10/2003 → 8/6/2004
900
800
700
600
500
400
保合い後、また保合い
ほぼ同じレンジ内での
保合い状態
保合いを
「抜けた」
と思ったら
再び保合い
三角形を描く
保合い状態
このブレイク
後は比較的
はっきりトレ
ンドが出て
いる
安値・高値は切り上がって
いるので上昇トレンドは継続
2003
1/10
2/7
3/7
4/4
5/2
5/30
6/27
7/25
8/22
9/19
10/17
11/14
12/12
2004
1/9
2/6
3/5
4/2
4/30
5/28
6/25
7/23

この場合は、その保合い状態がそれまでの上昇トレンドの目先のピークで、トレンドが転換した可能性が示唆されます。

　下降トレンドの途中での保合い状態の場合は、株価がここを下に抜け出ると「下降トレンド再開」のシグナル、株価が上に飛び抜けると下降トレンドが転換した可能性が示されることになります。

　いろいろなチャートを見るとわかりますが、保合いのパターンはよく出現します。トレンドというのは、一本調子で継続するものでもないのです。これは見方を変えれば、トレンドの初期段階に乗れなくても、後にいくらでもチャンスがある、ということでもあります。その意味でも、保合い状態という株価パターンは大注目なのです。

2 「三角保合い」のパターンと売買シグナル

❖上値ラインと下値ラインを引いてみる

相場でよく出現するのは、株価が三角形を描くような格好でもみ合うケースです。このパターンは「**三角保合い（トライアングル）**」と呼ばれます。

このパターンを確認するときには、保合い状態になっている株価の上値（高値）を結ぶ線と、下値（安値）を結ぶ線を引いてみます。この**上値ライン**と**下値ライン**が次第に近づくような格好になっているのが三角保合いです。

この「三角保合い」は、上値ライ

図※3-2-①　「三角保合い」ブレイクのシグナル

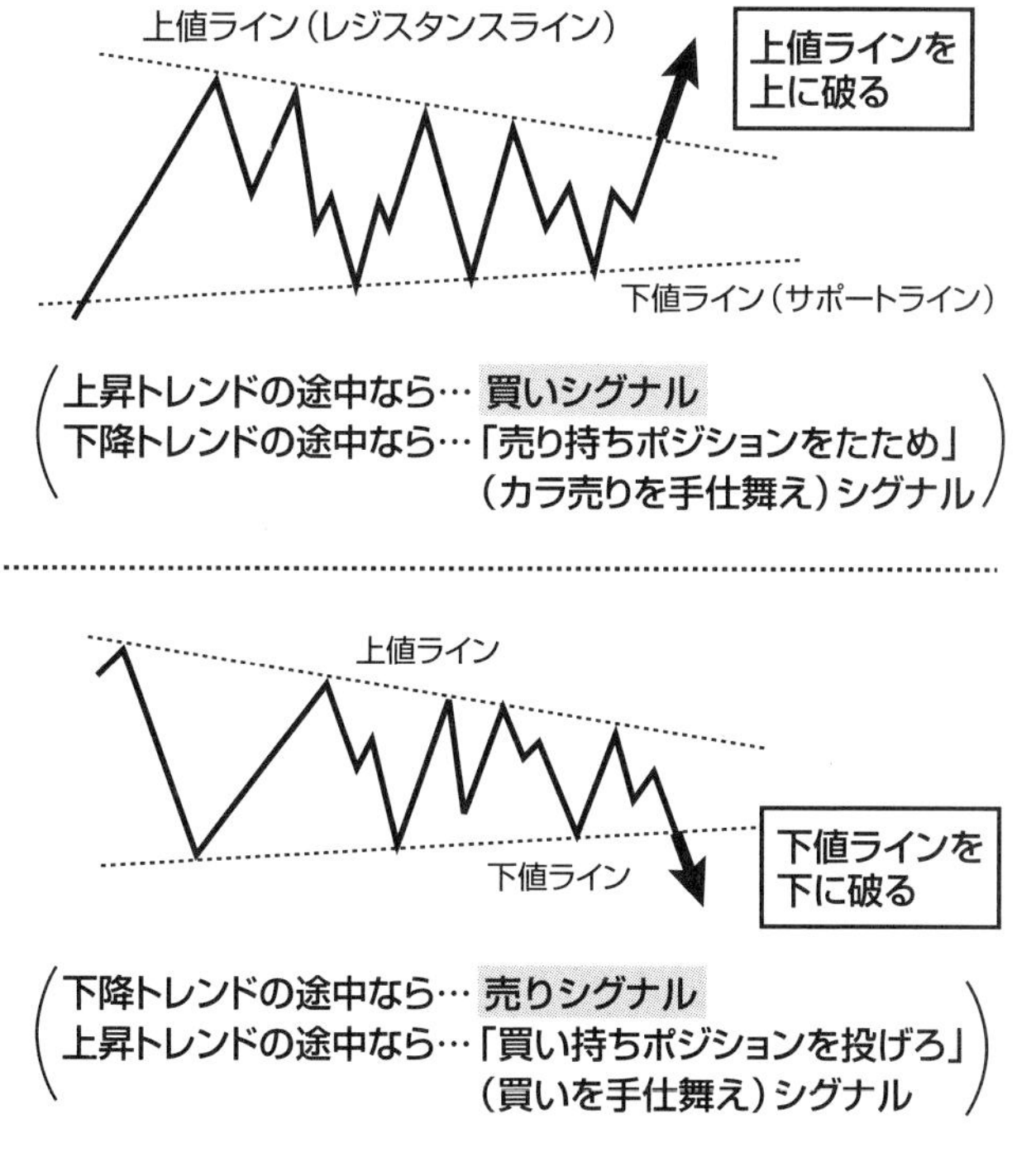
上値ライン（レジスタンスライン）
上値ラインを
上に破る
下値ライン（サポートライン）
上昇トレンドの途中なら…買いシグナル
下降トレンドの途中なら…「売り持ちポジションをたため」
（カラ売りを手仕舞え）シグナル
上値ライン
下値ライン
下値ラインを
下に破る
下降トレンドの途中なら…売りシグナル
上昇トレンドの途中なら…「買い持ちポジションを投げろ」
（買いを手仕舞え）シグナル

ンと下値ラインを延長していくと、どこかで交差します。その地点を三角保合いの最終地点と捉えます。そして、その最終地点までの間で、三角形を崩すような動きが出たら、そこが**「保合いブレイク」**のポイントです。

上昇トレンドの途中で出現した「三角保合い」の場合、上値ラインを結んだ線を上に抜け出たところを「上昇トレンド再開→買い出動シグナル」と捉えます。

逆に、下値ラインを破るような下げがあった場合には、先に述べたとおり、それまでの上昇トレンドの転換を示唆するシグナルです。

保合い状態の上値を結んだ線は先に紹介したレジスタンスライン、下値を結んだ線はサポートラインと同じ意味だと考えればわかりやすいでしょう。

❖ブレイクしたときのローソクの形に注目

実際のローソク足チャートで「保合いブレイク」のシグナルをキャッチするには、そのブレイクを示すローソク足の形を注意して見る必要があります。

上昇トレンドの途中の保合いから上にブレイクした場合（買いシグナル）であれば、このときのローソク足が陽線であり、また、引値《ひけね》（終値）でしっかりと上値ラインを抜けていることが肝心です。

*__寄付__《よりつき》の株価が上値ラインを超えていても、*__大引__《おおび》__け__の株価がラインを超えていなければ、陰線で上値ラインを超えている格好になってしまいます。これでは「しっかり抜けた」とはいえません。

また、***ザラバ**の高値が上値ラインを超えていても、大引けで上値ラインより下ならば、ローソク足は「ヒゲだけがちょっと抜けた」という形になります。これもまた、しっかりしたブレイクとはいえません。

一方、保合い状態を大陰線を描いて下にブレイクしたときには売りシグナルです。もし、買い持ちしている株がこの状態になったときには「投げろ！」のシグナルになります。

＊寄付：１日の最初の取引のこと。
＊ザラバ：取引時間中のこと。１日の取引は休み時間をはさんで、「前場《ぜんば》」と「後場《ごば》」に分けられる。前場の終わりを「前引《まえび》け」、後場の終わりを「大引《おおび》け」という。

図※3-2-②　ブレイク時のローソク足の形に注意する

上昇トレンド途中の場合

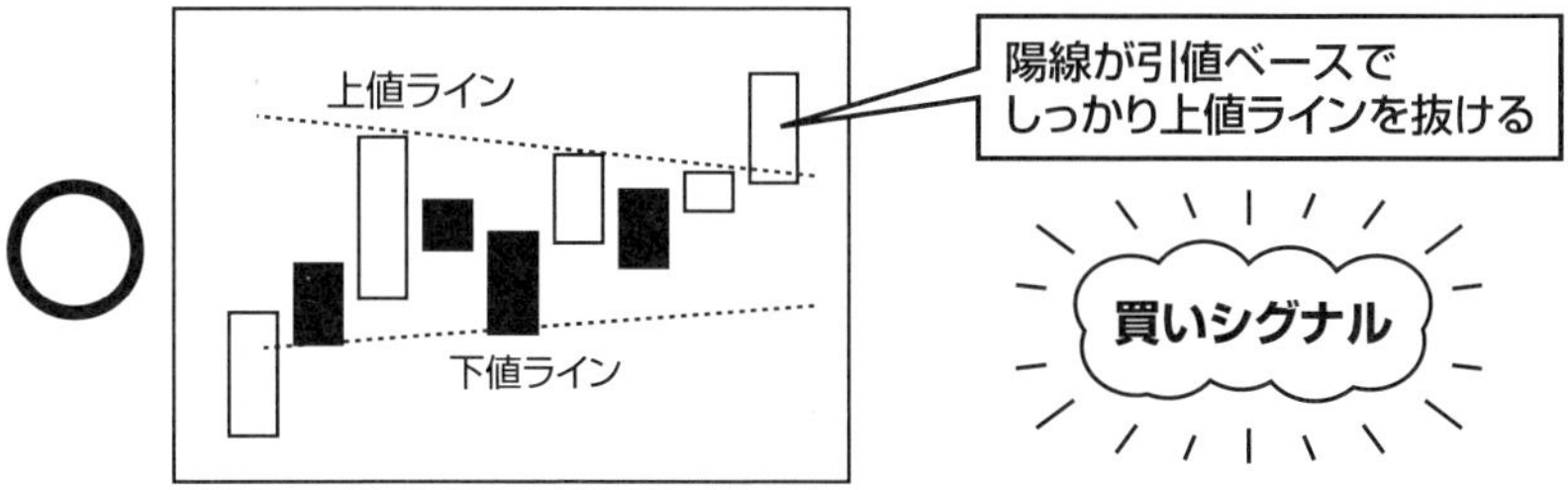

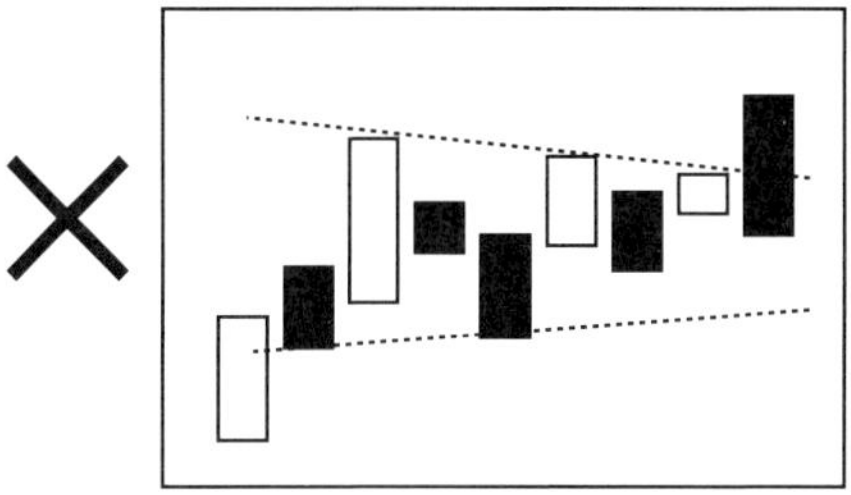

始値が上値ラインより上でも引値ベースで下がれば陰線に。「しっかりと抜けた」とはいえない

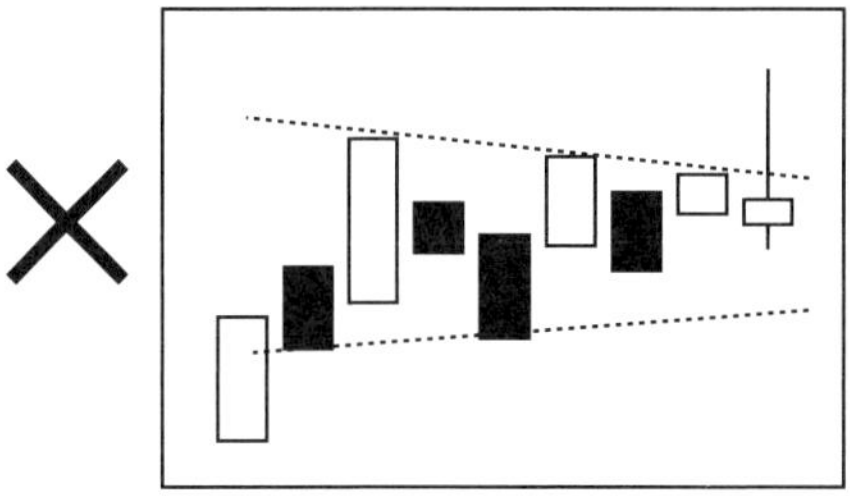

ザラバの高値で上値ラインを抜けても、引けまでに戻されてしまうと、「上ヒゲ」だけがラインを抜けた形になる

<「買い持ちポジションを投げろ」（売り）のシグナルの例>

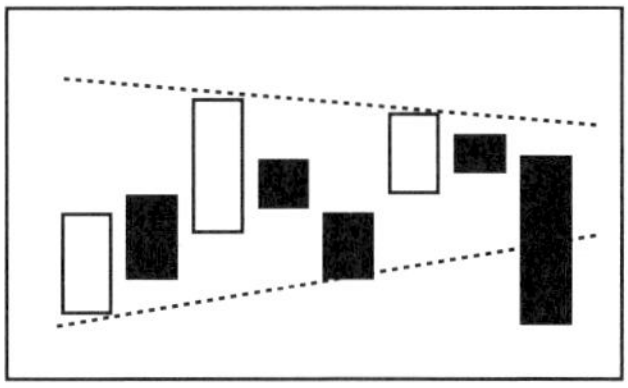

陰線でしっかりと下値ラインを破ってしまう

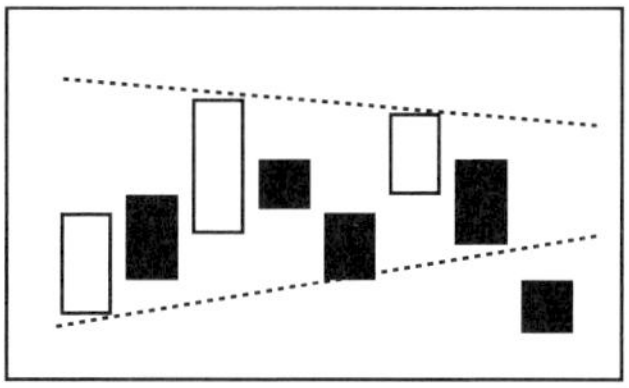

下値ラインを飛び越えるように空間をあけてローソク足がラインの下に行く

3 保合いブレイク後の目標値

❖保合いにはこんな形もある

保合いには、三角保合いのほかにもいろいろなパターンがあります（図3－3－①）。

株価がある一定の値幅の間で上下を繰り返しているパターンは「**レクタングル**」と呼ばれます。この場合、上値ラインと下値ラインはほぼ平行になります。

また、株価が急上昇または急落した後、小さな保合いを形成するケースもあります。このとき描かれる保合い状態は、ちょうど旗のような格好になることから、「**フラッグ**」とか「**ペナント**」と呼ばれます。

いずれの保合いパターンも、三角保合いと同様、上値を結んだ線がレジスタンスライン、下値を結んだ線がサポートラインとなります。よって、上値ラインをブレイクしたら買いシグナル、下値ラインをブレイクしたら売りシグナルと捉えます。

ところで、保合いのパターンとしては、もみ合う値幅がだんだん大きくなって、三角保合いの逆の形になることもあります。このパターンは「**ブロードニング・フォーメーション**」などと呼ばれますが、相場の天井圏で出現するときには通常、反落のパターンと捉えられます。

❖保合いを抜けた。その後はどうなる？

上昇トレンドの途中で保合いが出現し、それが上にブレイクしたときには、「上昇トレンド再開」と捉えますが、このとき、保合いブレイク後の上昇がとりあえずどのくらいの値幅になりそうか、そ

図＊3-3-①　保合いのパターン

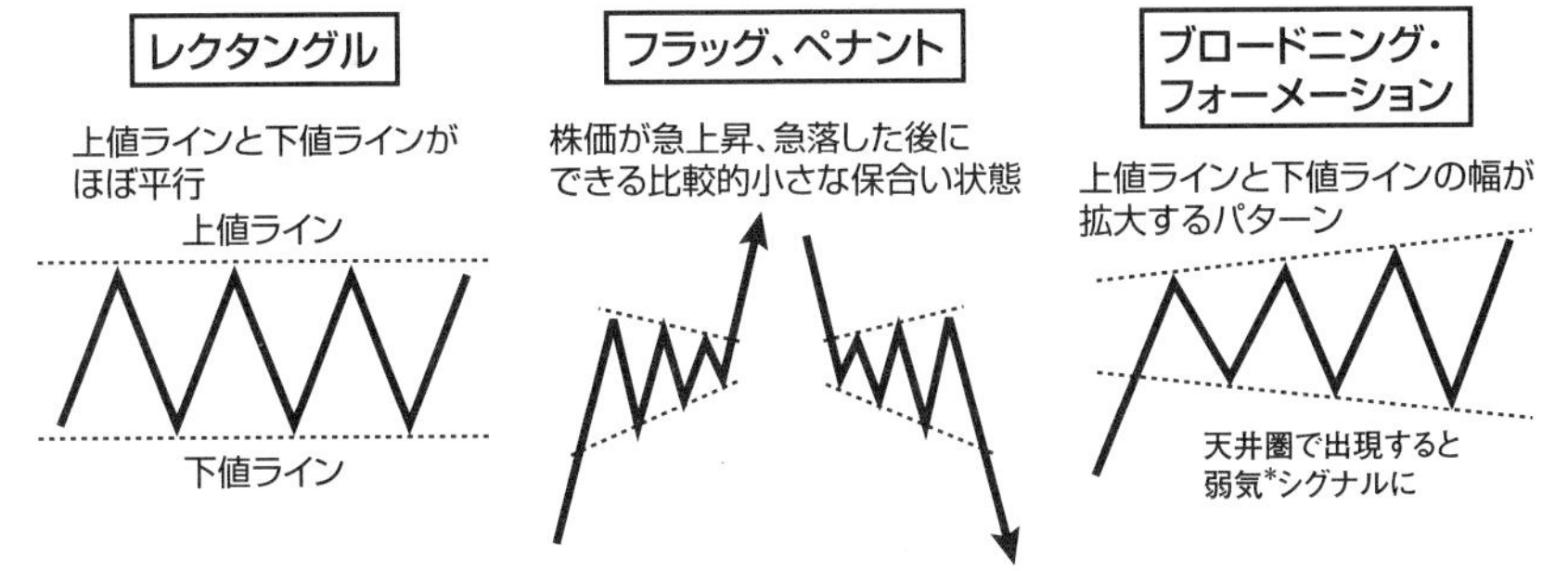
レクタングル
上値ラインと下値ラインがほぼ平行
上値ライン
下値ライン
フラッグ、ペナント
株価が急上昇、急落した後にできる比較的小さな保合い状態
ブロードニング・フォーメーション
上値ラインと下値ラインの幅が拡大するパターン
天井圏で出現すると弱気＊シグナルに

図＊3-3-②　保合いブレイク後の目標値

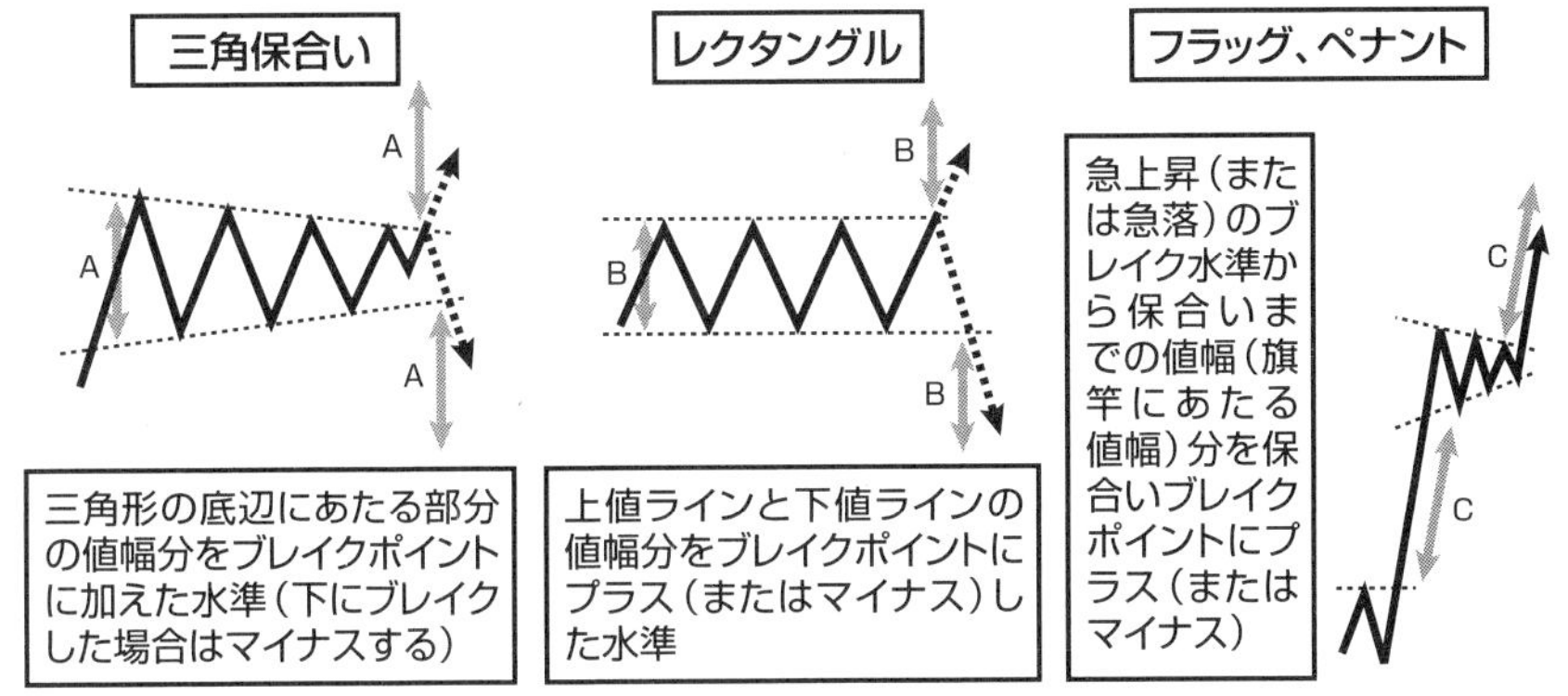
三角保合い
A
A
A
三角形の底辺にあたる部分の値幅分をブレイクポイントに加えた水準（下にブレイクした場合はマイナスする）
レクタングル
B
B
B
上値ラインと下値ラインの値幅分をブレイクポイントにプラス（またはマイナス）した水準
フラッグ、ペナント
急上昇（または急落）のブレイク水準から保合いまでの値幅（旗竿にあたる値幅）分を保合いブレイクポイントにプラス（またはマイナス）
C
C

のメドをつける方法があります（図3―3―②）。

三角保合いを上にブレイクした場合、三角形の底辺と捉えられる値幅分をブレイク地点より上にプラスした水準が「上値の第一の目標値」です。下値ラインをブレイクした場合も同様に、三角形の底辺の値幅をブレイク地点から下に伸ばした水準が「下値の第一の目標値」とされます。

レクタングルでは、上下の値幅分をブレイク地点に加えたところが、ブレイク後の第一の目標値と考えます。

急上昇や急落の後に出現するフラッグやペナントでは、急上昇および急落が始まった水準からフラッグやペナントが形成された水準までの距離（旗竿に相当する部分の長さ）が、ブレイク後の目標値とされます。

＊弱気：相場の先行きが悲観的なこと。反対に楽観的な見通しを「強気」という。

4 天井圏・底値圏を示唆するパターンには共通点がある

❖トレンドの〝行き詰まり〟を捉える

「トレンドは反転するまで継続する」という大前提からすれば、トレンドに乗った後、最も警戒すべきポイントは、トレンドの「転換」ということになります。

いつトレンドが反転するのか、相場の天井や大底を「ここだ」と予測することは、残念ながら困難です。ただ、トレンドが反転するのなら、トレンドは継続しないということですから、「トレンド継続」を示唆するシグナルの逆がチャート上に現れるのではないかと考えることができます。

たとえば、上昇トレンドが継続しているのであれば、高値は更新されていきます。とすると、高値を更新しなくなるのはトレンド継続が疑わしくなったと考えられます。はっきりと「反転」を示すものではないとしても、これは大きな目印です。

サポートラインやレジスタンスラインとの関係でいえば、上昇してきた株価がいったん下がっただけでは反転とはいえません。まず、どこで下げ止まるのかがポイントです。

ここで、サポートライン近辺で再上昇すればトレンド継続が示唆されますが、その後、前につけた高値を更新しなければ、トレンド継続かどうかかは判断できません。

また、この後、株価が下がっては上がる、しかし高値は抜けないという状況が繰り返されると保合い状態になりますが、ここでもやはり、上値をブレイクしなければ、上昇トレンドの継続にはなりません。

図＊3-4　トレンド反転のプロセス

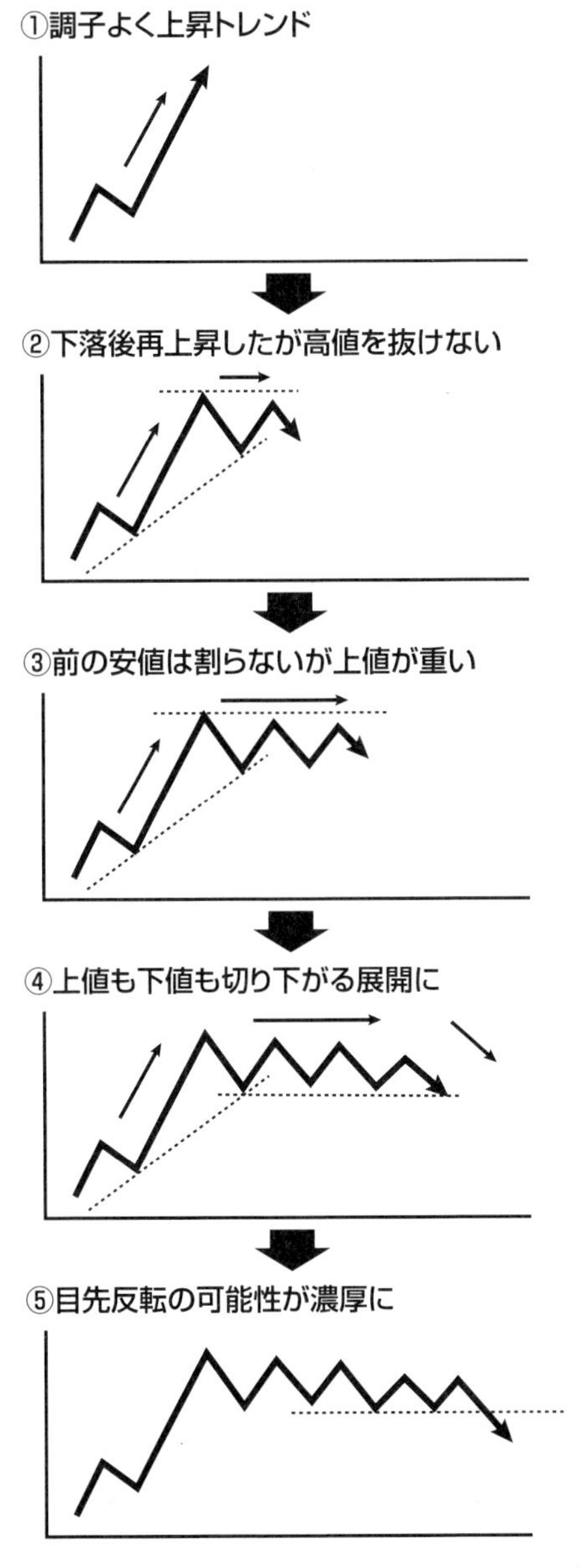
①調子よく上昇トレンド
②下落後再上昇したが高値を抜けない
③前の安値は割らないが上値が重い
④上値も下値も切り下がる展開に
⑤目先反転の可能性が濃厚に

一概にはいえませんが、トレンドが反転するときには「ずっと上昇トレンドにあった株価が、ある日突然、一直線の下降トレンドに転換する」というケースはそう多くはありません。よく見られるのは、高値をつけて下がった後、何度か高値更新にトライするものの成し遂げられず、次第に上値も下値も切り下がっていくという展開です。下降トレンドからの反転ならばその逆になります。

結局、トレンドの反転とは、それまでのトレンドを継続させる力が不足し、勢いが衰え、行き詰まってしまうことに端を発しているのです。

先に「高値」「安値」は重要な意味があると述べましたが、この地点はトレンドの継続を見るポイント地点であると同時に、トレンド転換の可能性を探る地点でもあります。実際、天井圏や底値圏に出現しやすい株価のパターンといわれるものは、いずれも高値更新や安値更新の動きに注目したものなのです。

5 天井圏のパターン①

❖「ヘッド・アンド・ショルダー」型の反転

上昇してきた株価が**天井***をつけて、トレンドが反転するパターンの代表的なものの一つが、「**ヘッド・アンド・ショルダー**」型と呼ばれる形です。日本に古くからある言い方で「**三尊**」と呼ばれることもあります。

まず高値Ⓐをつけた株価が下がって再上昇します。この再上昇では高値を更新しⒷ、そのあと再度押しを入れるのですが、この下げでサポートとなるはずの以前の高値Ⓐを割り、さらに、それまでのサポートラインも下回ってしまいます。前の安値よりは高いところで反転上昇するものの、3度目Ⓒは最高値Ⓑを更新できずに下落に転じます（図3−5−①）。

この動きの結果、形成された形は、ちょうど「左肩・頭・右肩」のようになります。これがこのパターンの名の由来です。こうしたパターンを認識しておくことの意義は、「その後の目標値」の目安がつけられる点にあります。

「ヘッド・アンド・ショルダー」の場合、2度の押し目の安値を結んだ線（ちょうど首に当たる部分なので「**ネックライン**」と呼ばれます）と、中央の山の頂点との値幅分を、3度目の山からの下落でネックラインを下に抜けたブレイクポイントに加算したところが、第一の下値の目標値となります。

また、「ネックライン」を延長した線が、「ネックライン」を下にブレイクした後のレジスタンスとなるケースもあります。つまり、ここが戻しの目標値になるということです。

＊天井：相場の一番高いところ。反対が「底」。

図＊3-5-①　ヘッド＆ショルダー

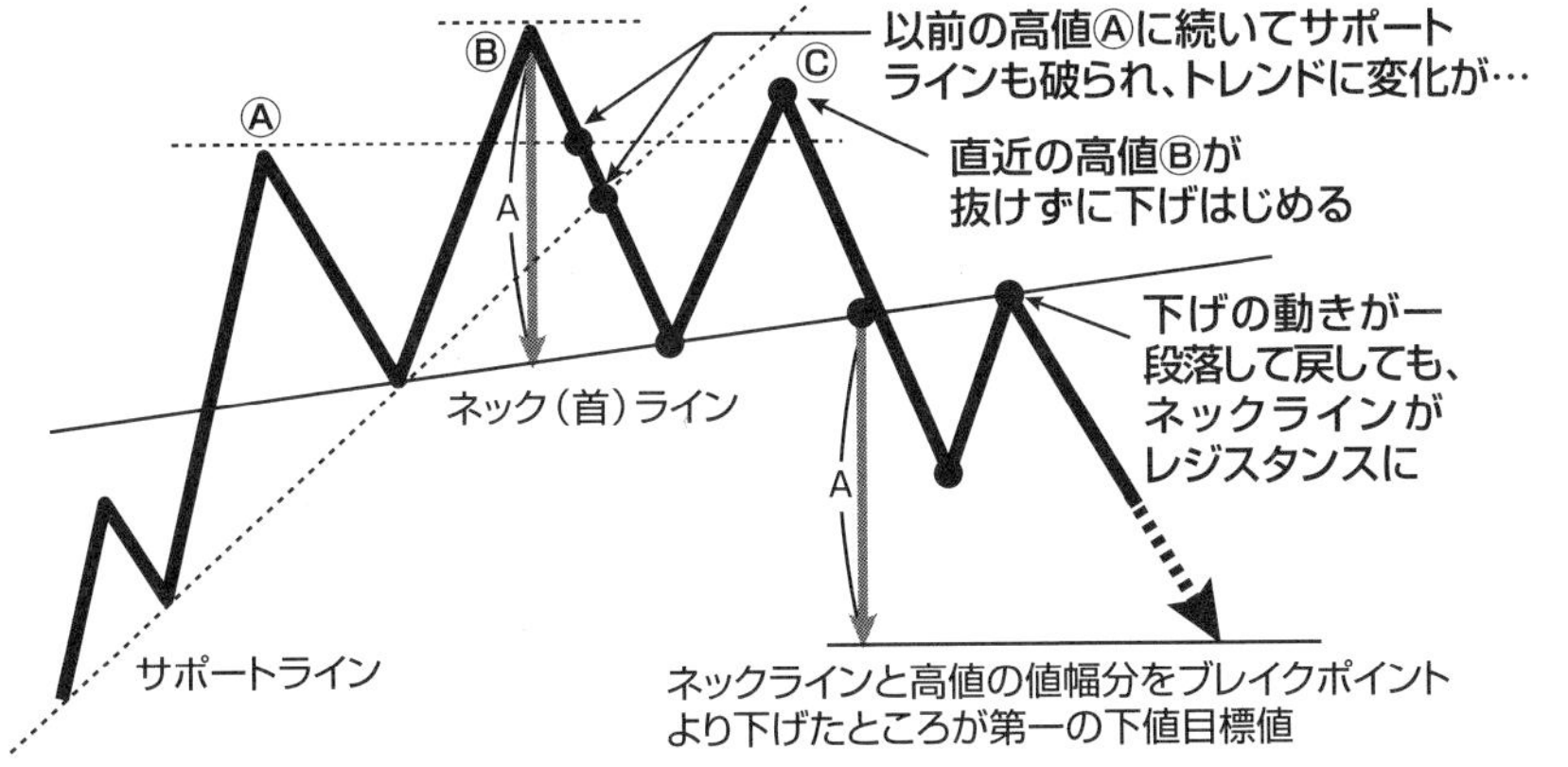
Ⓐ
Ⓑ
Ⓒ
以前の高値Ⓐに続いてサポート
ラインも破られ、トレンドに変化が…
直近の高値Ⓑが
抜けずに下げはじめる
下げの動きが一
段落して戻しても、
ネックラインが
レジスタンスに
A
ネック（首）ライン
A
サポートライン
ネックラインと高値の値幅分をブレイクポイント
より下げたところが第一の下値目標値

図＊3-5-②　トリプル・トップ

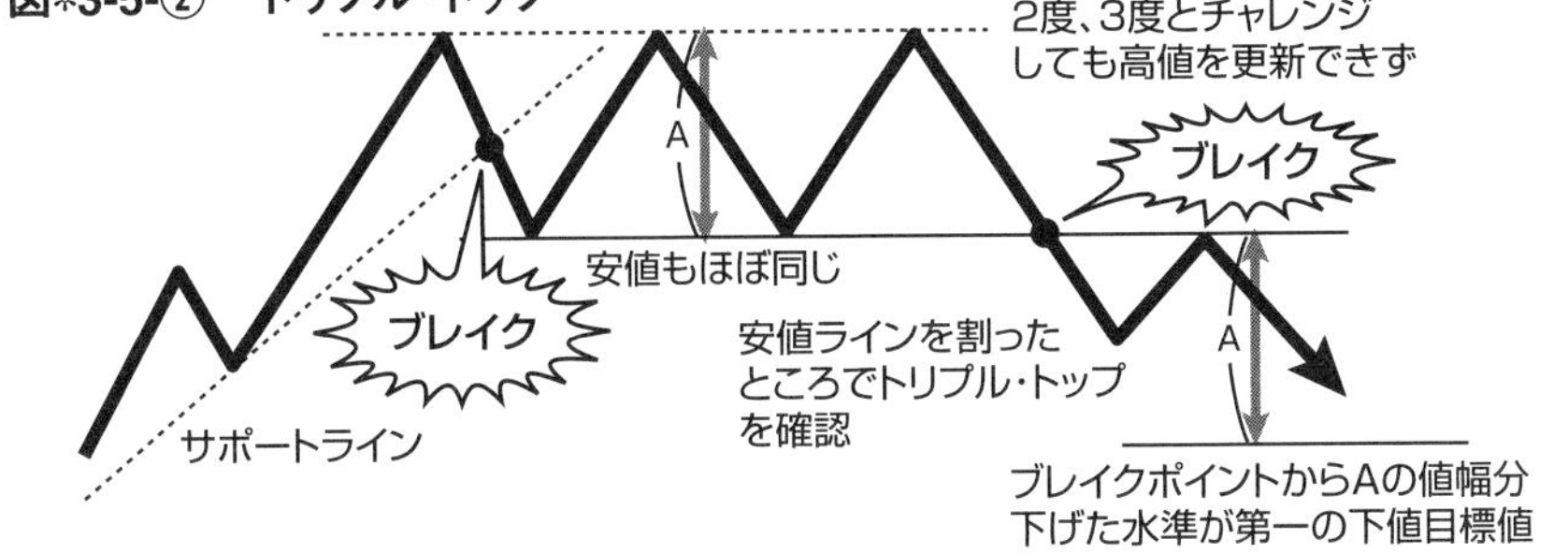
2度、3度とチャレンジ
しても高値を更新できず
ブレイク
A
安値もほぼ同じ
ブレイク
安値ラインを割った
ところでトリプル・トップ
を確認
A
サポートライン
ブレイクポイントからAの値幅分
下げた水準が第一の下値目標値

❖「トリプル・トップ」型の反転

3つの山を形成する天井圏のパターンとしては、このほかに「**トリプル・トップ**」と呼ばれるものもあります。

これは、同じような高さの山が3つ形成された後、反落していく形です。このパターンでも、2度の押し目で形成された2つの安値を結べば、先ほどのネックラインのような線を引くことができます（図3－5－②）。

このラインの水準と、山の頂点の水準の値幅分を、このラインを破った地点から下に下げたところが第一の下値目標値です。また、この安値ラインは、「ヘッド・アンド・ショルダー」と同様、目先の戻しの目安にもなります。

6 天井圏のパターン②

❖「ダブル・トップ」型の反転

もう一つ、天井圏のパターンで有名なのが「**ダブル・トップ**」と呼ばれる形です。同じような高値水準の山を2つ描いてから反落するパターンで、2つの山の間の安値の水準から山のピークまでの値幅分を、安値から水平に引いたラインから下に下げたところが第一の下値の目標値とされます。

また、このラインが、目先の戻しの目安になる点は、前㌻で紹介した「トリプル・トップ」などと同様です。

ただし、この「ダブル・トップ」や、あるいは「ヘッド・アンド・ショルダー」「トリプル・トップ」などはわかりやすい形なのですが、「山が2つできたから」「山が3つだから」ということで即、天井圏からの反落だと考えるのは早計です。

いずれの場合も、下がったときにサポートラインを下回ることが第一条件です。さらに、いくつかの山を形成する際にできたネックラインをブレイクする下げがあって初めて、これらのパターンが完成します。

もし、山が2つ、3つ形成されたとしても、安値を割り込む下げがなければ、上下にもみ合っている状態と捉えます。この段階では、これが天井圏を形成する動きであるかどうかはわかりません。上昇トレンドの途中の保合い状態である可能性もあるのです。

後者であった場合、これを上にブレイクしたら「買いシグナル」になります。ですから、ネックラインのブレイクを確認する前に、「これで上昇相場も終わりだ」と判断してカラ売りをするのは危険です。

❖「ラウンディング・ソーサー」型の反転

そのほか、天井圏のパターンとして、ちょうどお皿をひっくり返したような「ラウンディング・ソーサー（ソーサー・トップ）」型と呼ばれるものもあります。これは、高値圏で上にも行かず下にも行かず、という推移を繰り返している間に、湾曲した形で天井が形成されるパターンで、この状態から株価が下に抜け出たところがトレンド反転の確認になります。

図＊3-6-①　ダブル・トップ

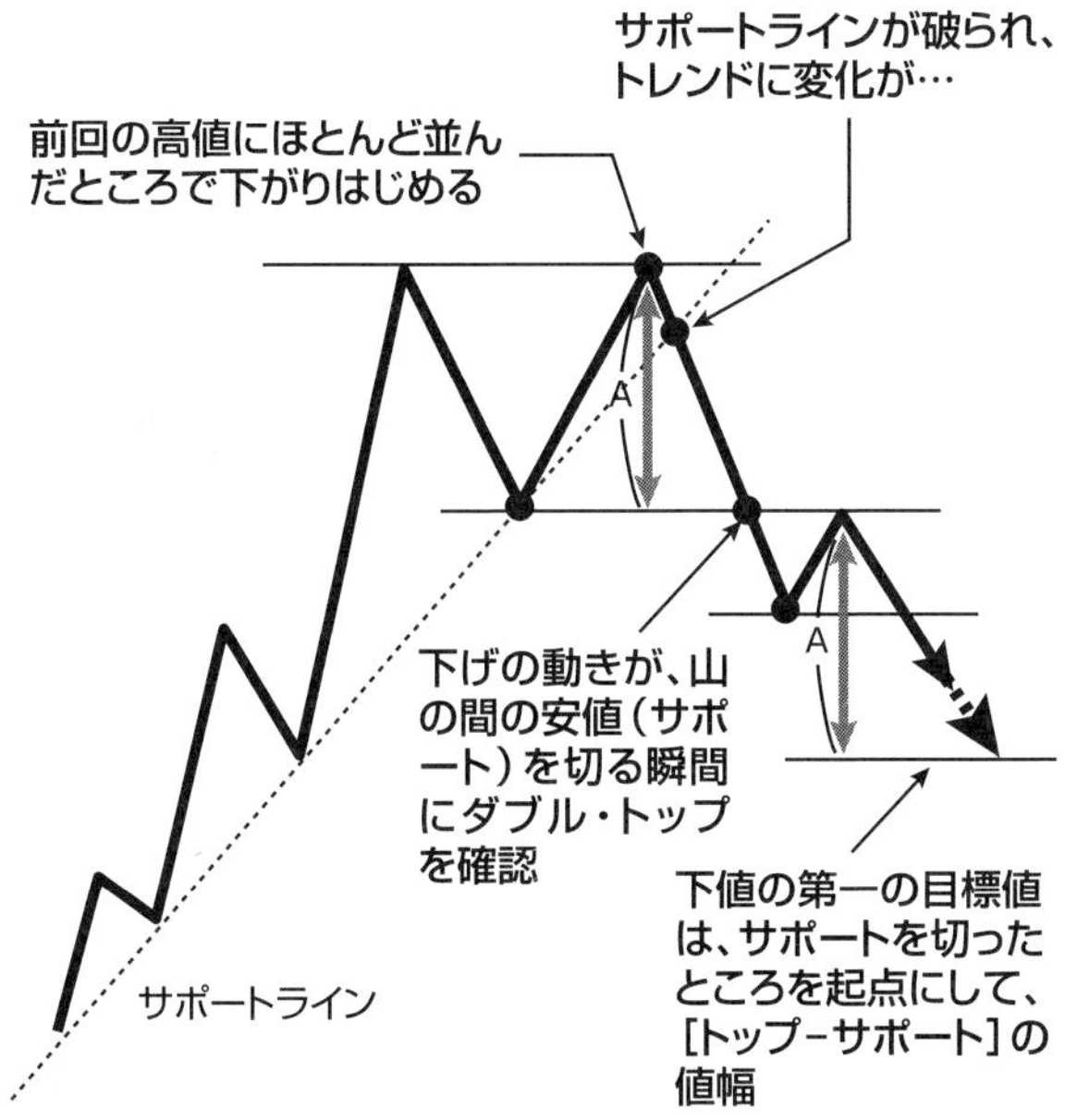
サポートラインが破られ、
トレンドに変化が…
前回の高値にほとんど並んだところで下がりはじめる
A
A
下げの動きが、山の間の安値（サポート）を切る瞬間にダブル・トップを確認
下値の第一の目標値は、サポートを切ったところを起点にして、［トップ−サポート］の値幅
サポートライン

図＊3-6-②　ラウンディング・ソーサー（ソーサー・トップ）

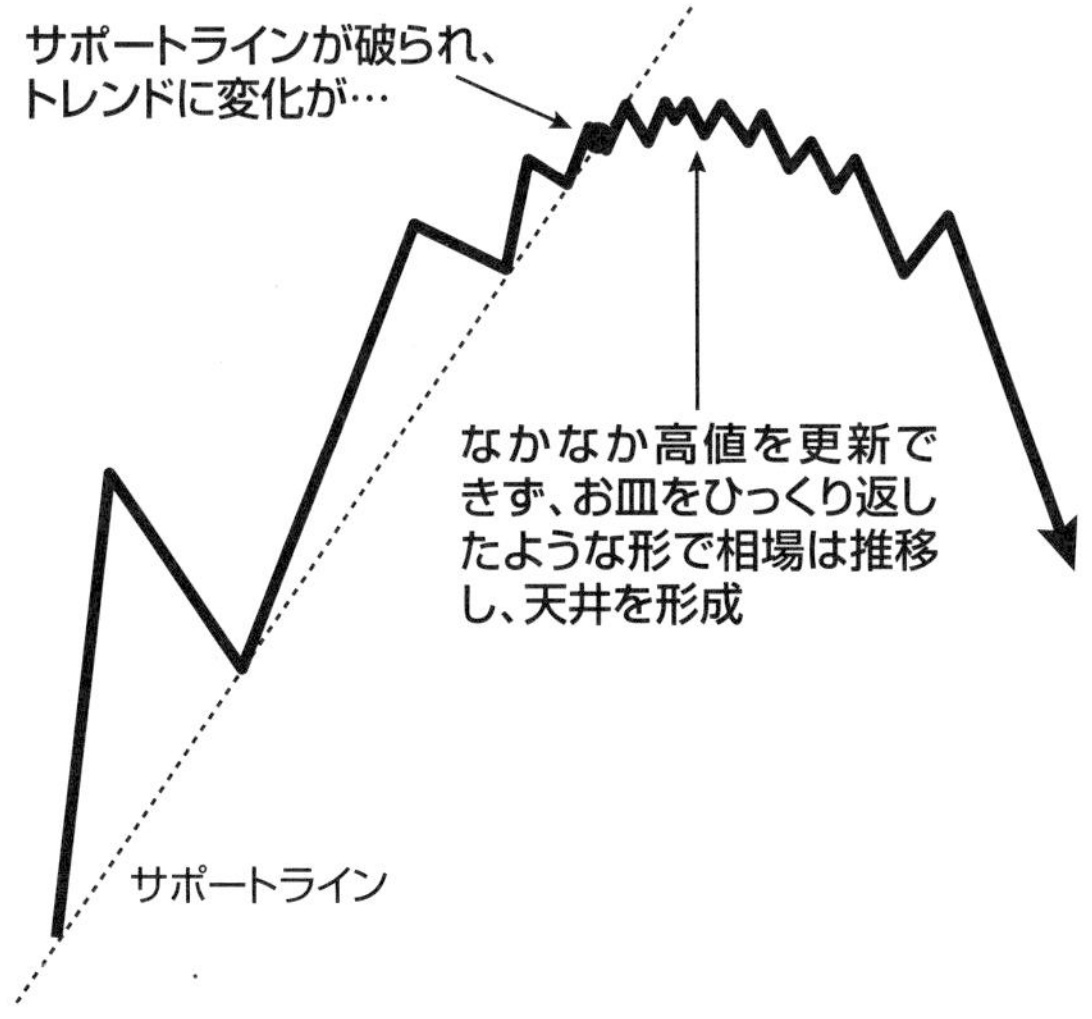
サポートラインが破られ、
トレンドに変化が…
なかなか高値を更新できず、お皿をひっくり返したような形で相場は推移し、天井を形成
サポートライン

7 底値圏のパターン

❖天井圏のパターンの逆バージョン

底値圏で出現する株価のパターンとしては、「**逆ヘッド・アンド・ショルダー**（**逆三尊**ともいわれます）」型があります（図3-7-①）。

これは先に見た「ヘッド・アンド・ショルダー」の逆パターンで、下がってきた株価がいったん底をつけて上昇に転じ、再び下落して前の安値を更新します。その後、再上昇するときには、前の高値までは及ばないものの、それまでのレジスタンスラインは上抜けます。そして3回目につける底は2回目よりも浅く、そこからネックラインを抜けて上昇していくという形です。

このパターンも、最終的にネックラインを抜けて上昇していくことが条件です。なお、目標値の考え方やいったん下げたときの押し目の目安も、「ヘッド・アンド・ショルダー」の逆パターンです。

「**トリプル・ボトム**（図3-7-②）」「**ダブル・ボトム**（図3-7-③）」は、同じような安値を3回、2回とつけるパターンです。株価が簡単には上昇しない状態ですが、下値が堅く、下げ止まり感が出てきます。この後、前の高値のラインを抜けて上昇していくと、底値圏のパターンが完成します。

そのほか、底値圏での「**ラウンディング・ソーサー（ソーサー・ボトム）**（図3-7-④）」も有名なパターンです。底値圏にいながら、時間が経つにつれじわじわと上昇してお椀の底のような形を描きます。

このお椀型を形成している時間が長いほど、大きなエネルギーを貯めているという解釈もあります。そしてついに株価が上に抜け出したとき、その勢いがよいほど先行きの上昇が期待できると捉えます。

図＊3-7-①　逆ヘッド・アンド・ショルダー

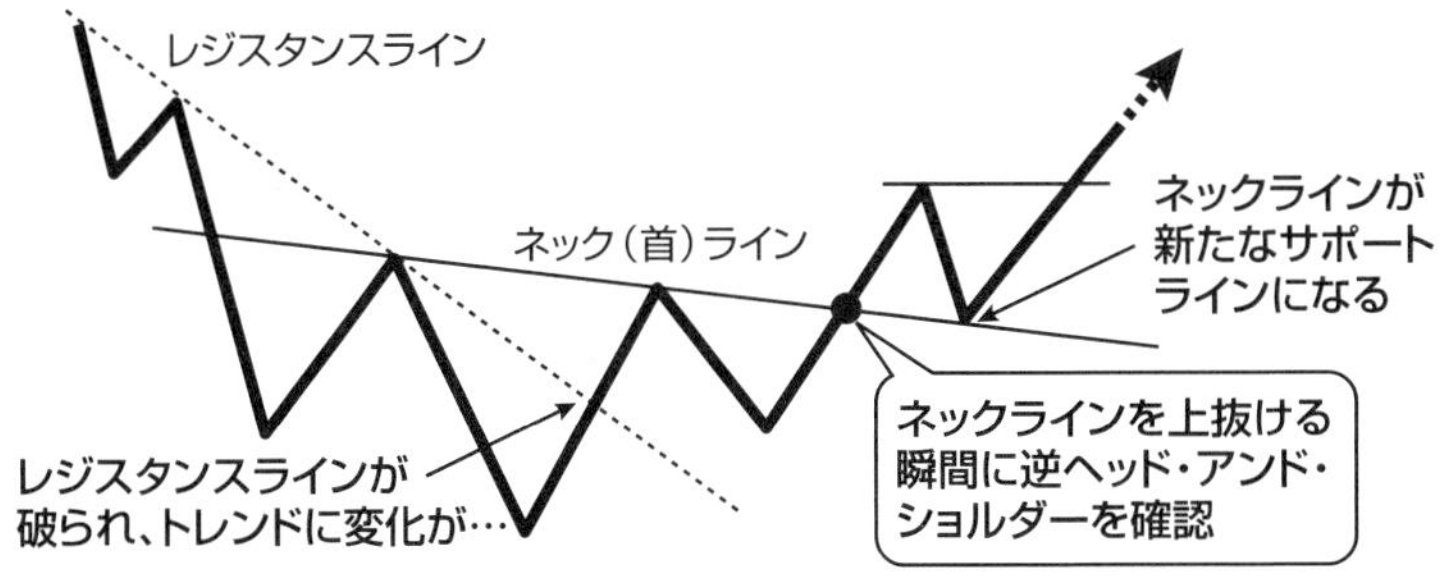
レジスタンスライン
ネック（首）ライン
ネックラインが
新たなサポート
ラインになる
ネックラインを上抜ける
瞬間に逆ヘッド・アンド・
ショルダーを確認
レジスタンスラインが
破られ、トレンドに変化が…

図＊3-7-②　トリプル・ボトム

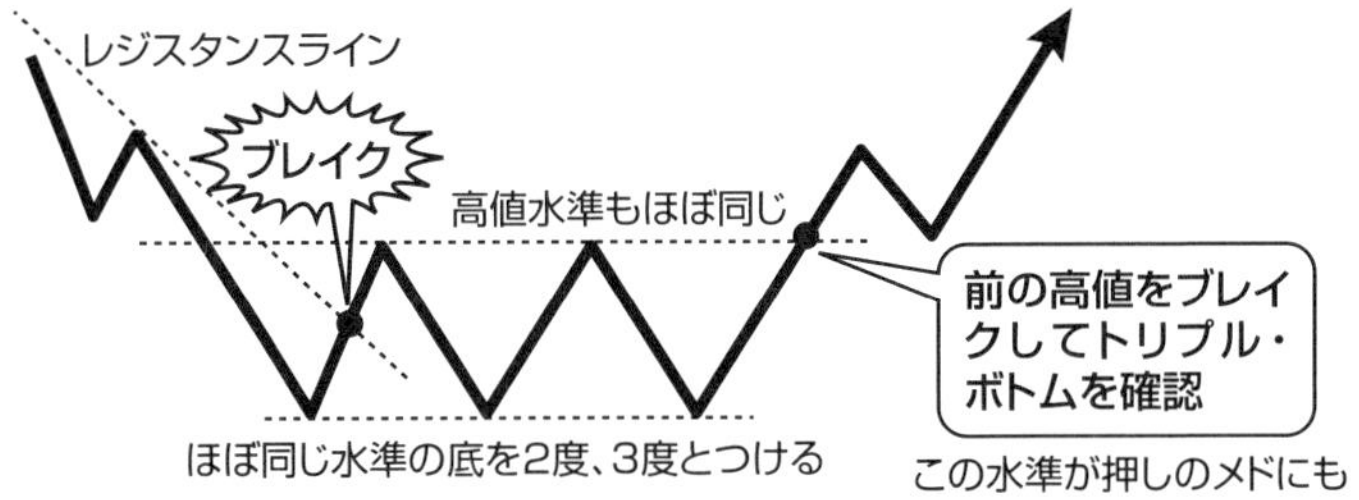
レジスタンスライン
ブレイク
高値水準もほぼ同じ
前の高値をブレイ
クしてトリプル・
ボトムを確認
ほぼ同じ水準の底を2度、3度とつける
この水準が押しのメドにも

図＊3-7-③　ダブル・ボトム

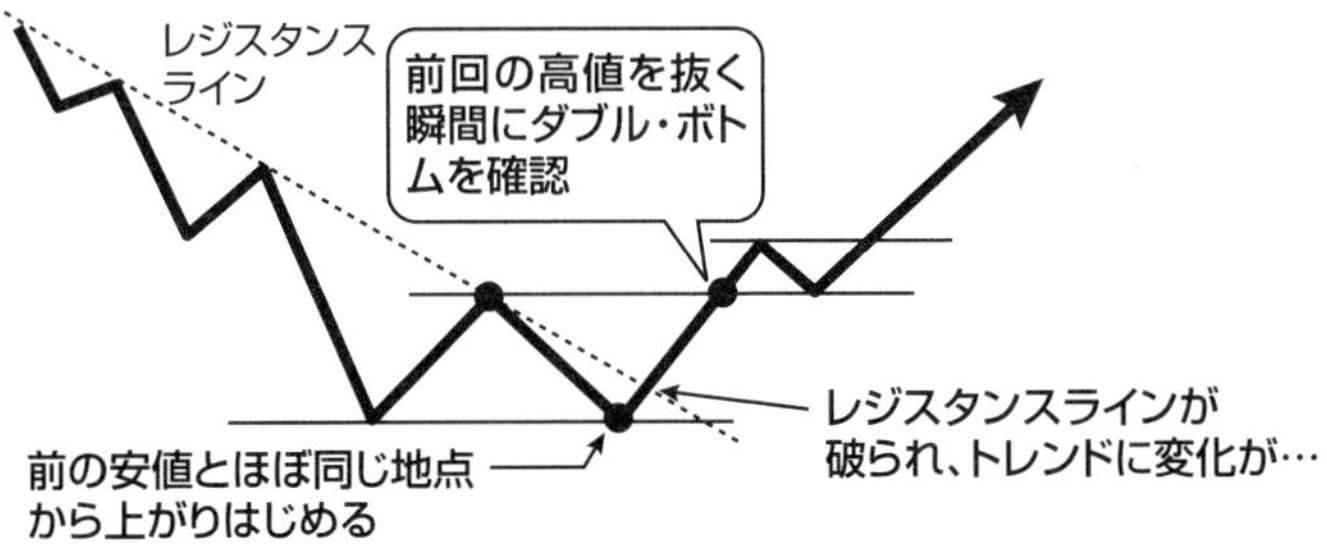
レジスタンス
ライン
前回の高値を抜く
瞬間にダブル・ボト
ムを確認
レジスタンスラインが
破られ、トレンドに変化が…
前の安値とほぼ同じ地点
から上がりはじめる

図＊3-7-④　ラウンディング・ソーサー（ソーサー・ボトム）

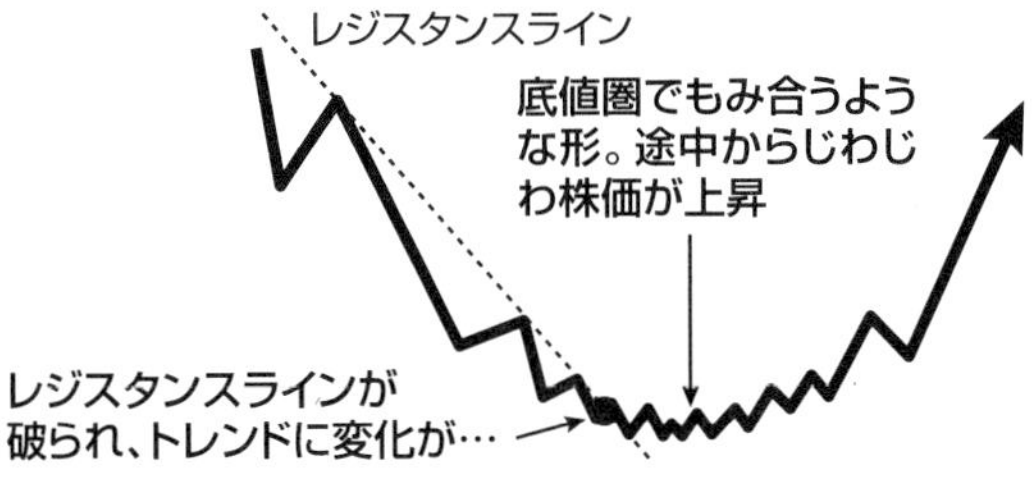
レジスタンスライン
底値圏でもみ合うよう
な形。途中からじわじ
わ株価が上昇
レジスタンスラインが
破られ、トレンドに変化が…

8 実際にトレンドを分析してみよう

❖トレンドの読み方をまとめると……

ここで、株価の動きとトレンドのシグナルについてまとめておきましょう（図3―8―①）。

まず、株価がずっと下がってきたとします。安値を更新している間は「下降トレンド継続」です。いったん、安値を更新せずにもみ合うような展開になりました。ここは基本的には様子見です。

このもみ合い状態を上下どちらに抜けるかが最大の注目点です。このもみ合い状態を下に抜けていけば「下降トレンド再開」、安値を更新せずにレジスタンスラインを上に抜けた場合には、トレンド転換の可能性あり、となります。

何度か底をつけたけれども安値を更新しない、という状況から株価が上に出てきました。次の焦点は、「前につけた高値を抜けるか」です。ただし、ここで高値を抜けても、まだ上昇トレンドに転換したとは言い切れません。

次は、その上昇がいったん下落に転じたとき、「どこで下げ止まるか」に注目します。これが前の安値より高い位置で再上昇すると、トレンド転換の可能性が高まります。

前の安値より高い位置で再上昇したら、この時点でサポートラインが引けます。そうすると、その先は「前の高値を更新できるか」と「下がったときにサポートラインを割り込まないか」がポイントになります。下がってもサポートラインは下回らず、さらに上昇したときに高値を更新していくと、目先、上昇トレンドに転換した可能性がより濃厚になっていきます。

図*3-8-①　トレンドとシグナルのまとめ

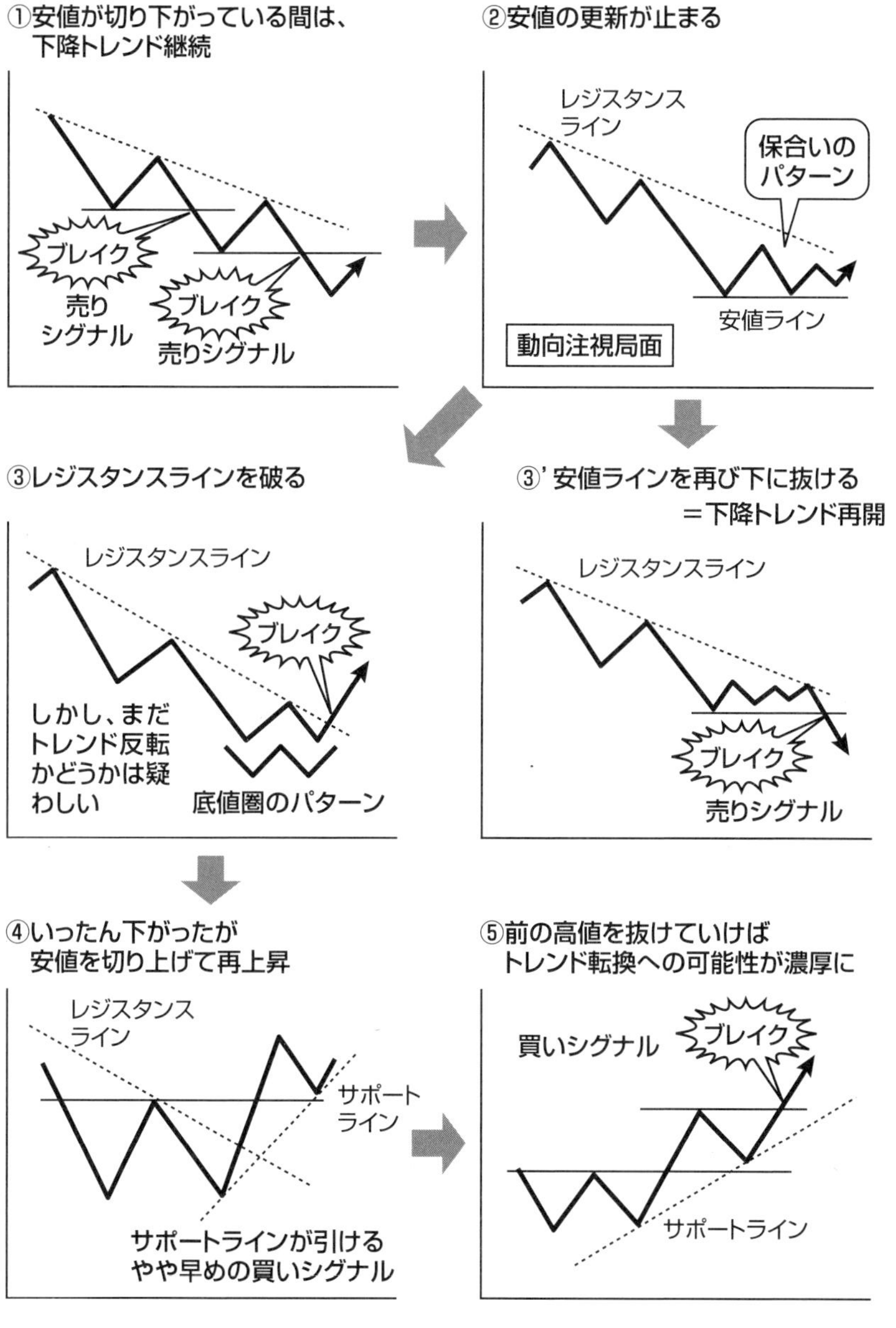

①安値が切り下がっている間は、
下降トレンド継続
ブレイク
売り
シグナル
ブレイク
売りシグナル
②安値の更新が止まる
レジスタンス
ライン
保合いの
パターン
安値ライン
動向注視局面
③レジスタンスラインを破る
レジスタンスライン
ブレイク
しかし、まだ
トレンド反転
かどうかは疑
わしい
底値圏のパターン
③' 安値ラインを再び下に抜ける
＝下降トレンド再開
レジスタンスライン
ブレイク
売りシグナル
④いったん下がったが
安値を切り上げて再上昇
レジスタンス
ライン
サポート
ライン
サポートラインが引ける
やや早めの買いシグナル
⑤前の高値を抜けていけば
トレンド転換への可能性が濃厚に
買いシグナル
ブレイク
サポートライン

❖ケーススタディ①――三井住友FG（8316）の株価のトレンドを読んでみる

図3―8―②を見てください。①は長期的な下降トレンドのレジスタンスラインですが、２００３年4月末から始まった反転上昇でこのレジスタンスラインは破られています。ここで、①の下降トレンドは終了した可能性が出てきます。

その後、②をサポートラインとする上昇トレンドを描いてきましたが、２００１年秋までの下げ止まりポイントだった③の水準（80万円）が強いレジスタンスになり、２００４年5月以降は下落に転じています。

この下落で②のサポートラインも割っています。つまり、②をサポートラインとする上昇トレンドは崩れました。さらに、サポートになると考えられる２００３年の高値④（過去の高値はレジスタスですが、それを上に抜けた後にはサポートになる）を割り込みはじめています。

次のサポートと考えられるのは⑤の水準ですが、現状の下げはここが射程に入ってきている状況にあります。

この先の注目点は、まず現状の下げがどこで止まるかです。⑤の水準の下は⑥の水準がサポートと考えられるので、④と⑥の間というのが当面の下げ止まりの目安と考えられます。下げ止まって上昇に転じた場合は、２００３年4月末の大底と、今度下げ止まった地点を結ぶことによって、新しいサポートラインを引くことができます。

⑤のラインがサポートとなって下げ止まり、再上昇した場合には、今度は④を超えていけるかが第一のポイント、その次は前回レジスタンスとなった③のエリアを超えられるかが重大なポイントになります。

現状の下げが、⑤よりも下げてしまい、⑥がサポートになった場合には、再上昇後は⑤の水準、そして④の水準がポイント地点になります。

少し長いスタンスでいえば、再上昇後、ともかく③のエリアを超えられるかどうか――。これが大きな焦点です。

図＊3-8-②

三井住友フィナンシャルグループ（8316）1/17/2000 → 8/6/2004
1800000
1600000
1400000
1200000
1000000
800000
600000
400000
200000
0
①
②
③
④
⑤
⑥
2000 1/7
3/31
6/23
9/14
12/8
2001 3/2
5/25
8/17
11/9
2002 2/1
4/26
7/19
10/11
12/30
2003 3/28
6/20
9/12
12/5
2004 2/27
5/21

❖ケーススタディ②――イオン（８２６７）の株価のトレンドを読んでみる

次ページ図３−８−③を見てください。このチャートに掲載した以前からの株価の推移も含めて見ると、長期的には上昇トレンド①が継続しています。

２００３年３月からは、②をサポートラインとする上昇トレンドを描いてきましたが、このラインは２００４年４月から続く下げで破られてしまいました。また、サポートである２００３年の高値ライン③も破られています。

現状は下げ止まり地点を模索中です。次のサポートとなる④（２００２年の高値ライン）まで下げていますが、直近の大きな陰線を見ると、まだ、この段階で下げ止まりを確認できたとはいえません。

下げ止まり地点の目安としては、２００３年秋以降にもみ合っていたレンジである⑤〜

図※3-8-③

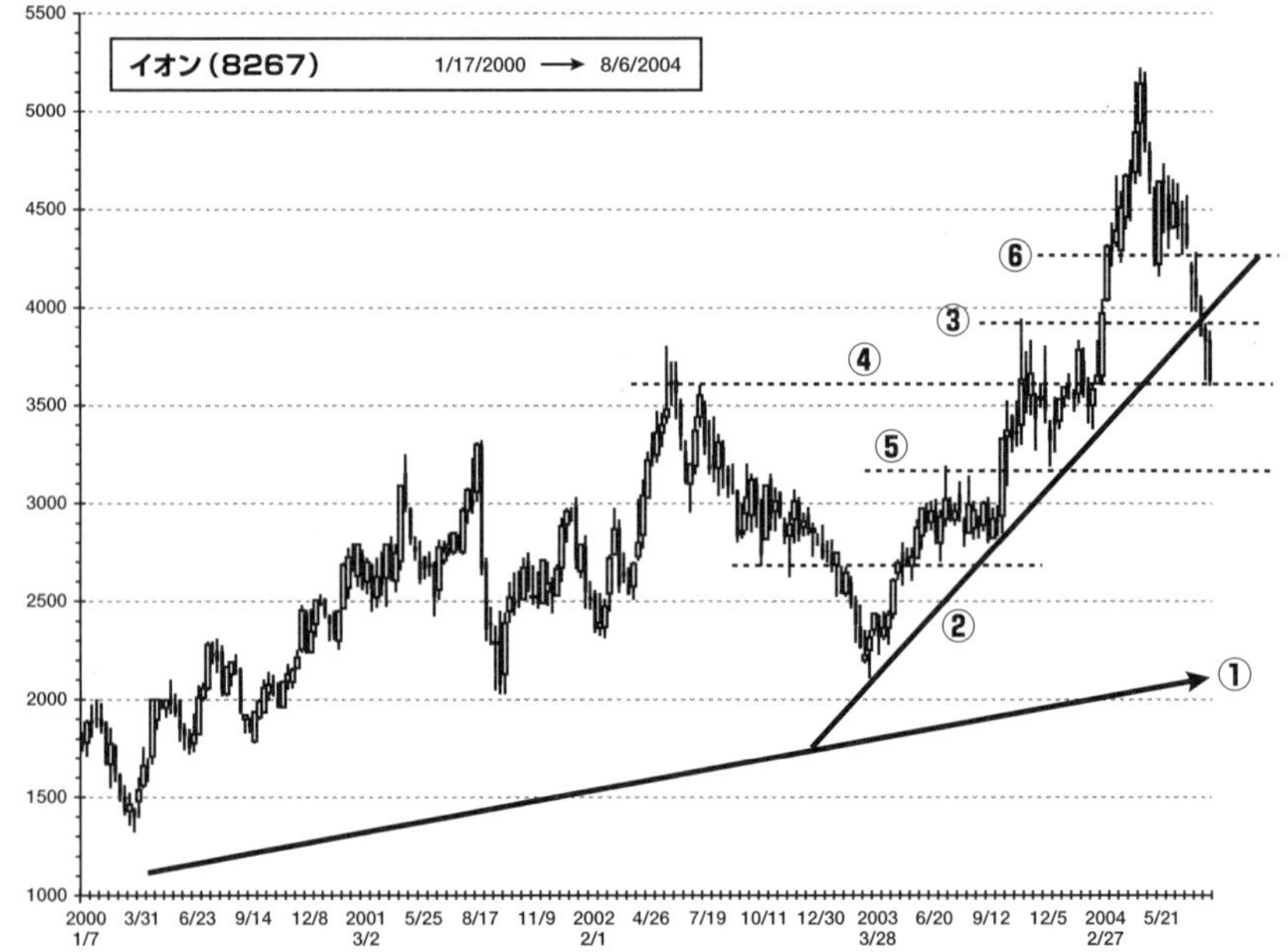

③の値幅が考えられます。

長期的な上昇トレンドの中にあるので、買い候補銘柄として注目してもよさそうですが、買うのであれば、⑤のサポート近辺で下げ止まったところを確認してからか、または⑥を抜けて高値更新にトライする動きが出た局面を狙いたいところです。

目先的には、③のライン近くまで戻して再下落したところを戻り売り（カラ売り）するというやり方も有効でしょう。

第 4 章

移動平均線で
売買タイミングをキャッチする

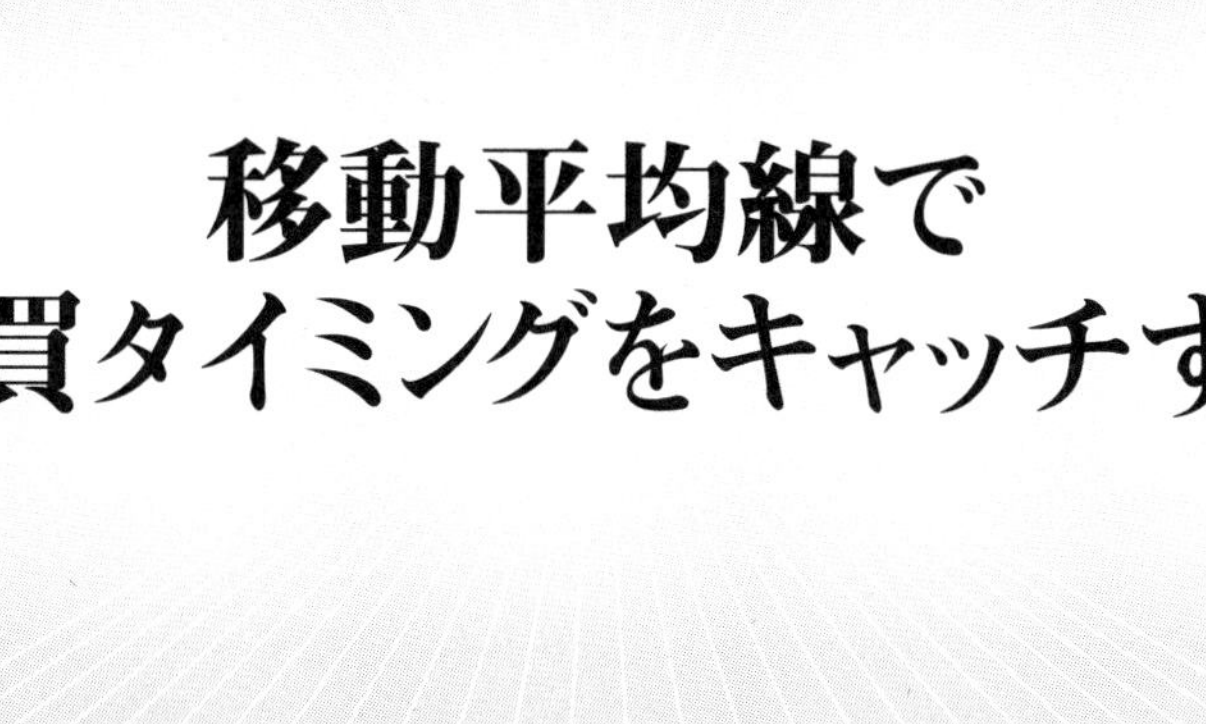

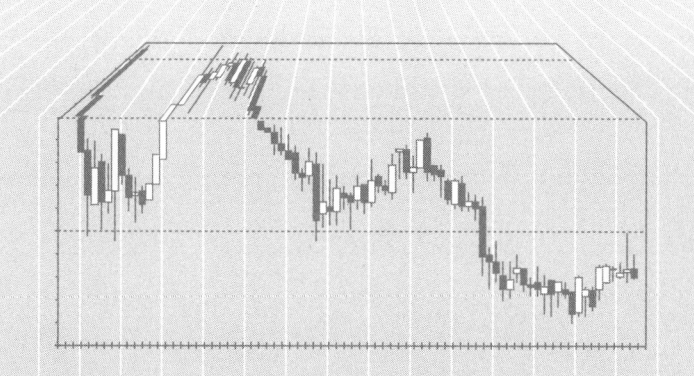

1

「移動平均線」を見れば簡単にトレンドがつかめる

❖移動平均にはどんな意味がある？

株価のトレンドや転換点を探るために、株価や出来高などのデータを加工した数値を指標化したものを総称して「**テクニカル指標**」といいます。

テクニカル指標にはさまざまなものがありますが、その中でも「**移動平均**」は、最も広く投資家に利用されている指標のひとつといえます。

「移動平均」とは、株価の平均をとる期間を決めて、新しい株価データが追加されるごとに、その平均値を移動させるものです。

たとえば「5日移動平均」という場合、今日から数えて過去5日分の株価（通常は終値）の平均をとります。翌日もまたその時点から過去5日分の平均をとることになるので、一番古い株価が除

図＊4-1-①　移動平均の計算例（5日移動平均の場合）

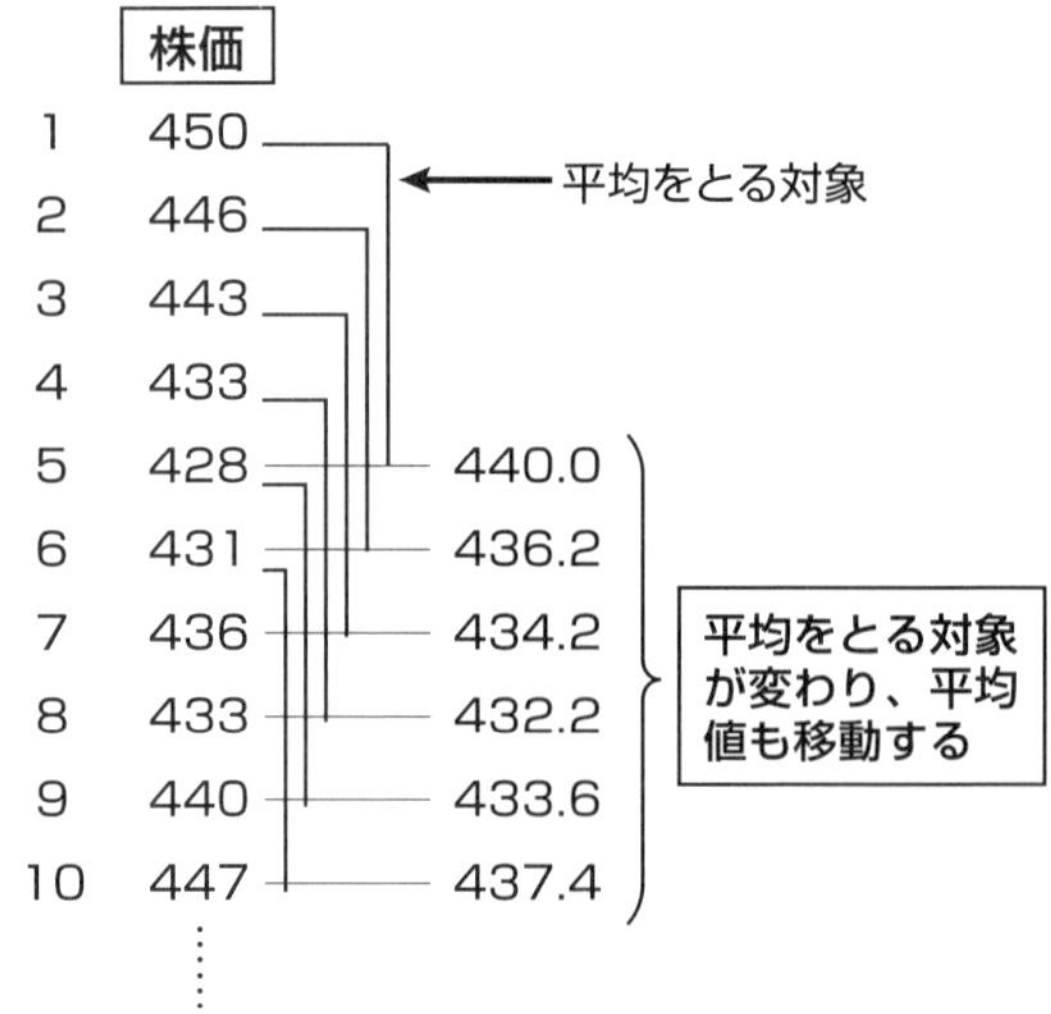

	株価	
1	450	
2	446	← 平均をとる対象
3	443	
4	433	
5	428	440.0
6	431	436.2
7	436	434.2
8	433	432.2
9	440	433.6
10	447	437.4
……		

図＊4-1-②　移動平均線の入ったチャート

沖電気工業（6703）　7/5/2002 ⟶ 7/30/2004
移動平均線が右肩下がりで株価の上に位置する
⇓
株価のトレンドは下向き
移動平均線が右肩上がりで株価の下に位置する
⇓
株価のトレンドは上向き
13週移動平均線
500
450
400
350
300
250
200
150
2002 7/5
8/9
9/13
10/18
11/22
12/27
2003 1/31
3/7
4/11
5/16
6/20
7/25
8/29
10/3
11/7
12/12
2004 1/16
2/20
3/26
4/30
6/4
7/9

外されて、最新の1日分の株価データが加算されます。

　こうして更新されていく「移動平均」の値は、一定期間の株価の変動を均《なら》したものになります。そうすると、この「移動平均」の推移を見れば、細かな株価変動に捉われずに、傾向として株価がどういう方向に動いているかがわかります。この移動平均の値を線で結んだものが「**移動平均線**」です。

　先にサポートライン、レジスタンスラインというトレンドラインを紹介しましたが、この「移動平均線」もまた、株価のトレンドを示す線といえます。インターネットなどで入手できる株価チャートには、たいてい株価とともに移動平均線が描かれていますが、これは株価のトレンドを捉えやすくする便利な線なのです。

❖移動平均線は株価のトレンドを示す

　移動平均は、平均をとっている分だけ実際の株価の動きよりも遅れる格好になります。

株価が高値を更新していく状態、つまりトレンドが右肩上がりであれば、移動平均の値のほうが株価よりも安くなりますから、移動平均線は株価の推移の下に位置します。ですから、移動平均線が株価よりも下にあって、さらに移動平均線が右肩上がりになっていれば、「株価は上昇トレンドにある」と捉えられます。

逆に、株価が安値を更新していく状態では、移動平均の値のほうが株価よりも高くなります。よって、移動平均線が株価よりも上に位置していて、右肩下がりに推移していれば、株価は下降トレンドにあると捉えます。

また、株価のもみ合い状態が続いていれば、移動平均線も横ばうような動きになります。

このように、そのときの株価に対する移動平均線の位置と方向性を見れば、株価のトレンドが即座に把握できるのです。

❖株価と移動平均の位置関係の逆転に注目

「上昇トレンドならば移動平均線は株価の下に位置する」「下降トレンドなら移動平均線は株価より上」ということは、上昇トレンドが下降トレンドに転換するとき、それまでは株価の下に位置していた移動平均線が、株価よりも上に出るという逆転現象が必ず起きるはずです。

この現象が起きるには、それまで移動平均線より上にあった株価が、移動平均線を下に突き破っていく、という動きがなくてはなりません。

下降トレンドから上昇トレンドへの転換であれば、それまで移動平均線より下にあった株価が、移動平均線を上に突き抜けていく、という動きが必要です。

これは、先に紹介した「上昇トレンドにあった株価がサポートラインを下回る」「下降トレンドにあった株価が、レジスタンスラインを株価が上に抜ける」という現象と同じような意味になります。ただ、移動平均線の場合は、最新の株価データが加わるごとに平均線が柔軟に動いていくので、よりリアルタイムな「**トレンドラインのブレイク**」をキャッチできるのがメリットです。

2 移動平均線の活用法の基本

❖株価と平均線がクロスした後も重要

移動平均線の見方の第一の基本ともいえるのは、この株価と移動平均との位置関係の逆転です。このとき、株価は移動平均線を上または下に突き抜けていくので、チャート上では株価と移動平均線が交差する「**クロス**」が出現します。

ただし、株価が移動平均線とクロスしたからといって、「これで１００％トレンドが転換した」とは限りません。これもまたトレンドラインの考え方と同じですが、トレンドが現実に反転した場合には、株価と移動平均線の逆転した位置関係がその後も維持されていかなければなりません。

下降トレンドから上昇トレンドへの転換であれば、移動平均線よりも下にあった株価が移動平均線を上に跳びぬけた後（ここで「クロス」が出現）、株価は移動平均線よりも上に位置し続けるという展開です。株価がいったんは移動平均線の上に出たものの、すぐに再び移動平均線とクロスして移動平均線の下に来てしまえば、上昇トレンドではありません。

つまり、下降トレンドから上昇トレンドへの転換であれば、株価が移動平均線を上に抜けるという現象が起きた後、株価が下がったときに移動平均線との位置関係がどうなるかがポイントになります。

逆に、上昇トレンドから下降トレンドへの転換ならば、株価が移動平均線を下に抜けていった後、株価がいったん戻したときに双方の位置関係がどうなるか、に注目するのです。

図※4-2　株価の動きと移動平均線の位置関係に注目

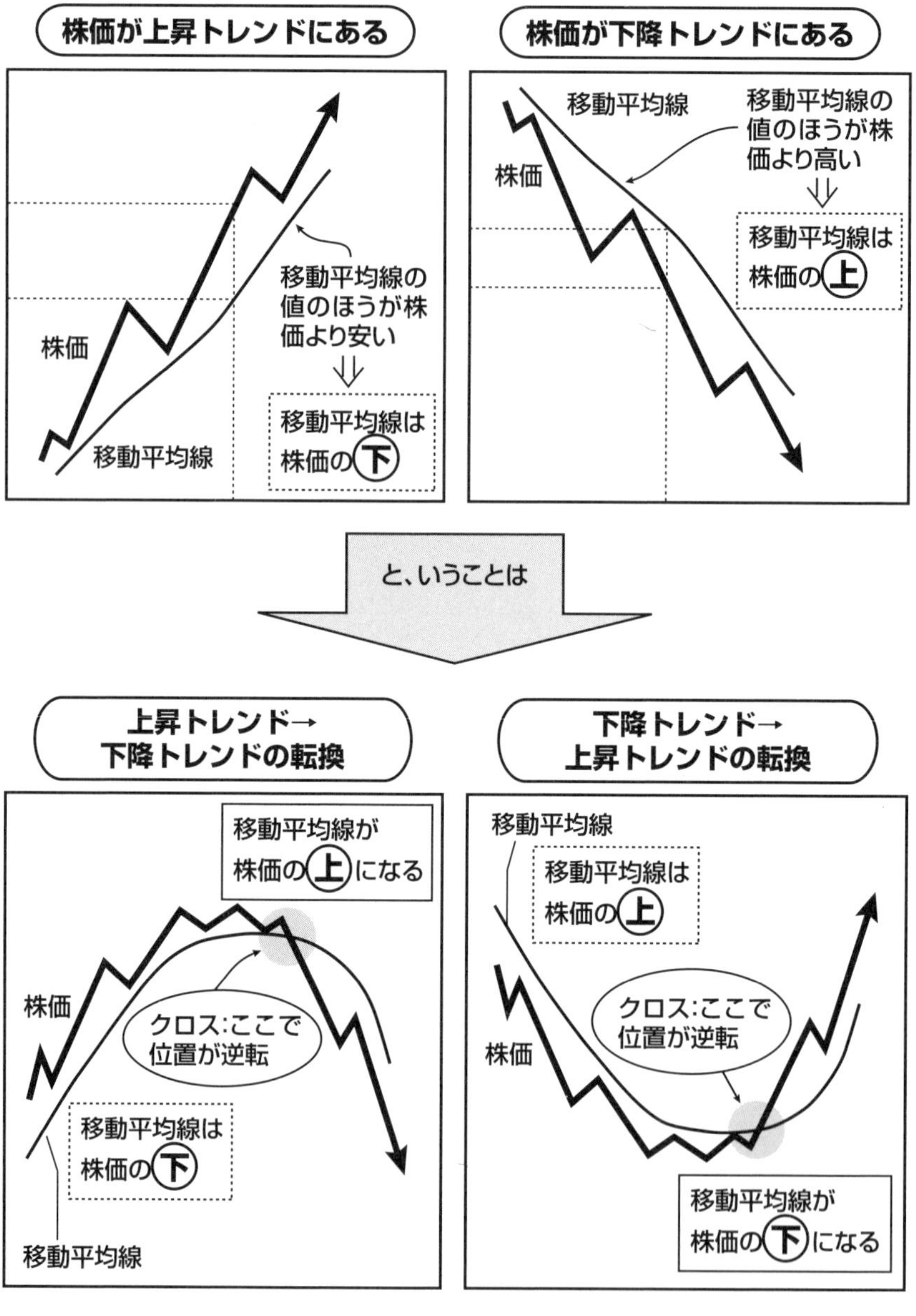

株価が上昇トレンドにある
株価
移動平均線
移動平均線の
値のほうが株
価より安い
⇓
移動平均線は
株価の下
株価が下降トレンドにある
移動平均線
株価
移動平均線の
値のほうが株
価より高い
⇓
移動平均線は
株価の上
と、いうことは
上昇トレンド→
下降トレンドの転換
移動平均線が
株価の上になる
株価
クロス:ここで
位置が逆転
移動平均線は
株価の下
移動平均線
下降トレンド→
上昇トレンドの転換
移動平均線
移動平均線は
株価の上
株価
クロス:ここで
位置が逆転
移動平均線が
株価の下になる

3　移動平均線の代表的な8つのシグナル

❖グランビルの8法則

移動平均線の使い方として最も有名なのは、ジョセフ・グランビルが1960年代に提唱した「グランビルの8法則」といわれるものです。

図＊4-3-①　トレンドの転換を示唆するシグナル

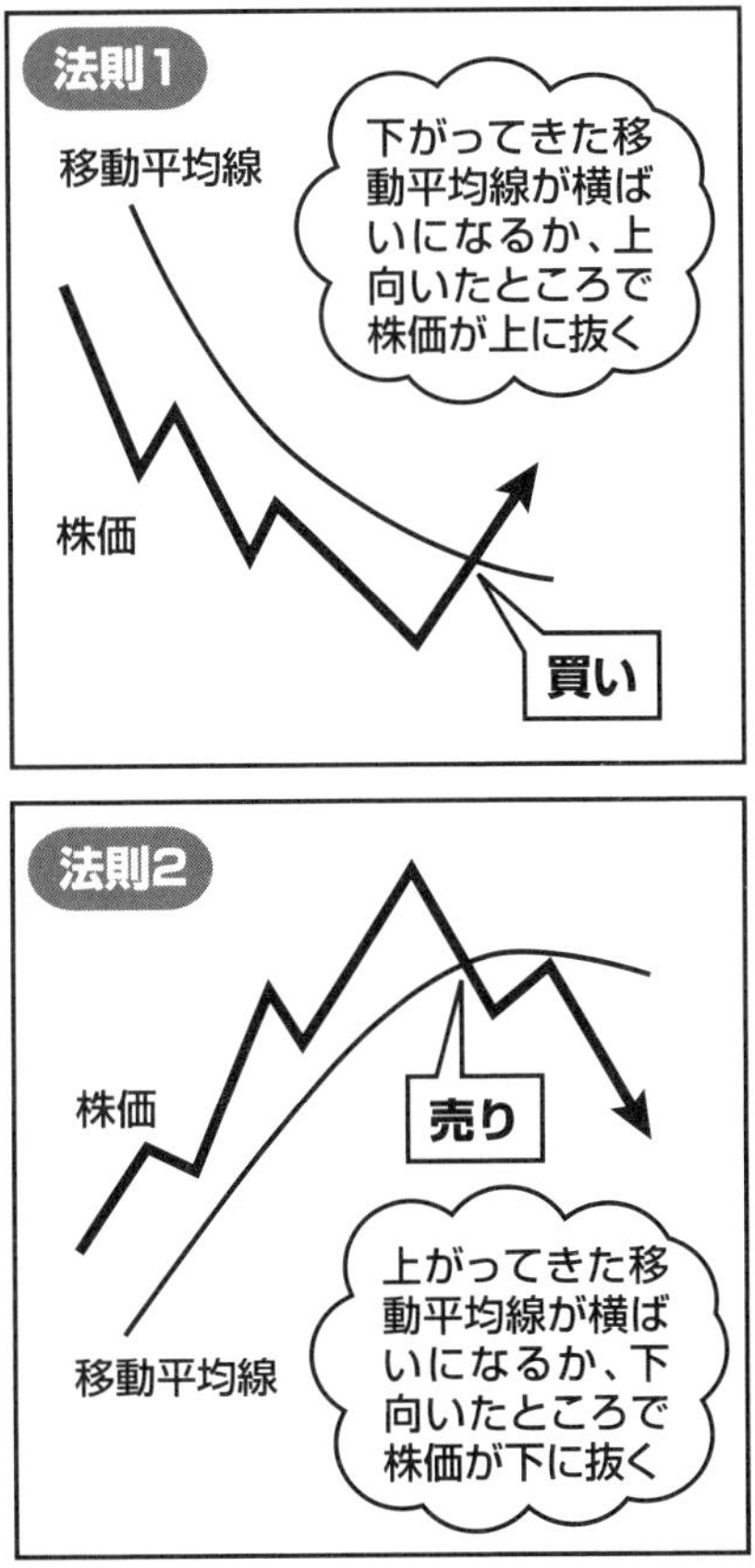
法則1
移動平均線
下がってきた移動平均線が横ばいになるか、上向いたところで株価が上に抜く
株価
買い
法則2
株価
売り
上がってきた移動平均線が横ばいになるか、下向いたところで株価が下に抜く
移動平均線

ちなみに、グランビルは移動平均線の創始者ともいわれているのですが、一説によれば、移動平均線と似たような考え方は戦前から日本にあり、それがアメリカに伝わったという話もあります。

グランビルの8法則のうち、1と2はトレンド転換を示唆するサイン、3、4、5、6は押し目買いや戻り売りのサイン、そして7、8は相場の行きすぎをキャッチする、**逆張り**＊的なサインです。

法則1・法則2

●法則1＝下がってきた移動平均線が横ばいにな

＊逆張り：相場が悪いときに買い、よいときに売ること。反対が「順張り」。

るか、上昇してきたところで、株価が平均線を上に抜けていく。
下降トレンドから上昇トレンドへの転換を示唆する買いシグナルです。

●法則2＝上昇してきた移動平均線が横ばいになるか、下降してきたところで、株価が平均線を下に抜けていく。
上昇トレンドから下降トレンドへの転換を示唆する売りシグナルです。

この2つの法則には、「移動平均線が横ばいになるか、上昇してきた（または下降してきた）ところで」という条件がついています。つまり、単に株価が移動平均を上または下に突き抜けるだけではシグナルとはいえないということです。

図※4-3-② 押し目買い、戻り売りのシグナル

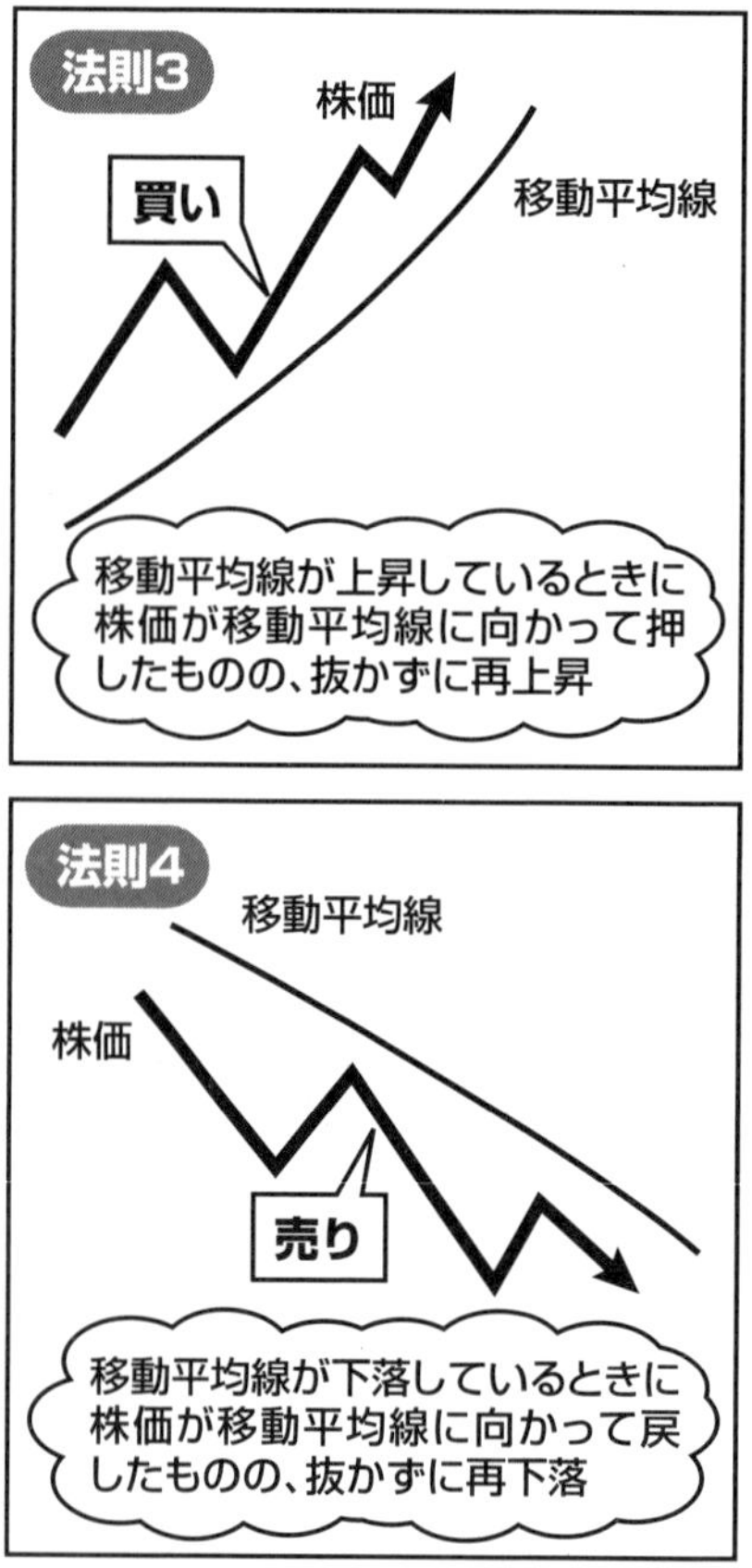
法則3
株価
買い
移動平均線
移動平均線が上昇しているときに株価が移動平均線に向かって押したものの、抜かずに再上昇
法則4
移動平均線
株価
売り
移動平均線が下落しているときに株価が移動平均線に向かって戻したものの、抜かずに再下落

法則3・法則4

●法則3＝移動平均線が上昇基調にある途中で、株価が移動平均線の方向に向かって下げたものの、移動平均線とクロスせずに再上昇に転じる。
上昇トレンドの途中にあることを前提とした押し目買いのシグナルです。

●法則4＝移動平均線が下落基調にある途中で、株価が移動平均線の方向（上）に向かって上昇したものの、移動平均線とはクロスせずに再度下落に転じる。
下降トレンド途中での戻り売りのシグナルです。

法則5・法則6

●法則5＝移動平均線が上昇基調にある途中で、株価が移動平均線の方向に向かって下がって平均線とクロスし、いったんは株価が下に出たものの、すぐに株価が再上昇して平均線の上に出る。

これも上昇トレンド途中の押し目買いのシグナルです。

●法則6＝移動平均線が下落基調にある途中で、株価が移動平均線の方向に向かって上昇して平均線とクロスし、いったんは株価が平均線の上に出たものの、すぐに株価が再下落して平均線の下に行く。

下降トレンドの途中の戻り売りのシグナルです。

この法則5と法則6は、株価が移動平均線とクロスしても、平均線が上昇（または下降）している途中にあって、なおかつクロス後にすぐに株価が平均線よりも上（または下）に来た場合は、トレンド反転ではなく、逆に、トレンド継続である、といっています。法則1および法則2も、株価と移動平均線とのクロスに注目したシグナルでしたが、トレンドの判断はまったく逆になります。

図＊4-3-③　押し目買い、戻り売りのシグナル

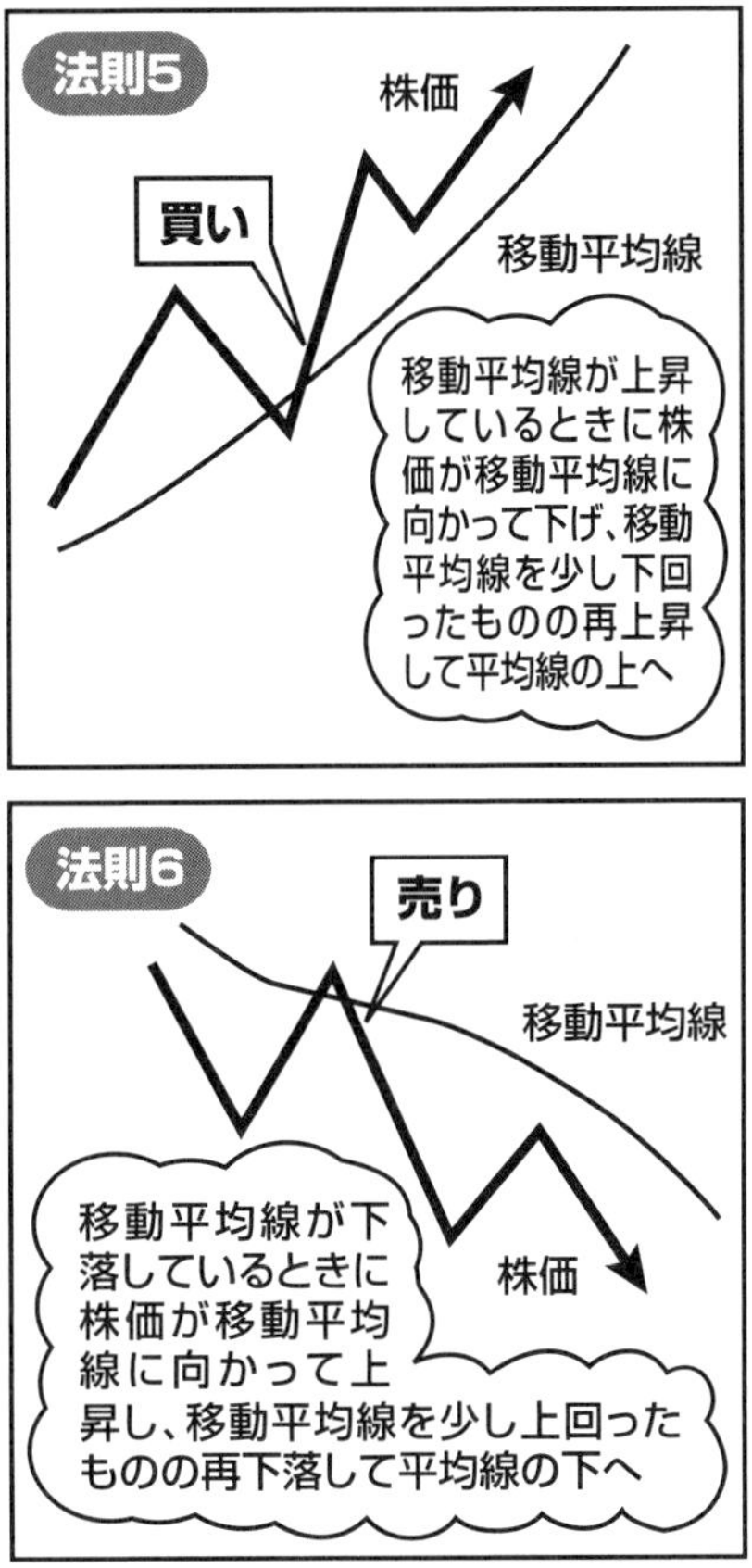
法則5
株価
買い
移動平均線
移動平均線が上昇しているときに株価が移動平均線に向かって下げ、移動平均線を少し下回ったものの再上昇して平均線の上へ
法則6
売り
移動平均線
株価
移動平均線が下落しているときに株価が移動平均線に向かって上昇し、移動平均線を少し上回ったものの再下落して平均線の下へ

法則7・法則8

●法則7＝株価、移動平均線ともに上昇基調にある途中で、株価が急上昇して移動平均線との乖離が著しく拡大する。

相場の行きすぎを示す

シグナルであり、一時的な戻しがあると捉えて、ここは短期的な「売り」と捉えます。

●法則8＝株価、移動平均線ともに下落基調にある途中で、株価が急落して移動平均線と著しく乖離する。

　相場の「売られすぎ」を示すシグナルであり、一時的な戻しがあるとして、ここは短期的な「買い」と捉えます。

　法則7と法則8は、「急上昇したところは短期的に売り」「急落したところは短期的に買い」と

図✻4-3-④　相場の行きすぎを示唆するシグナル

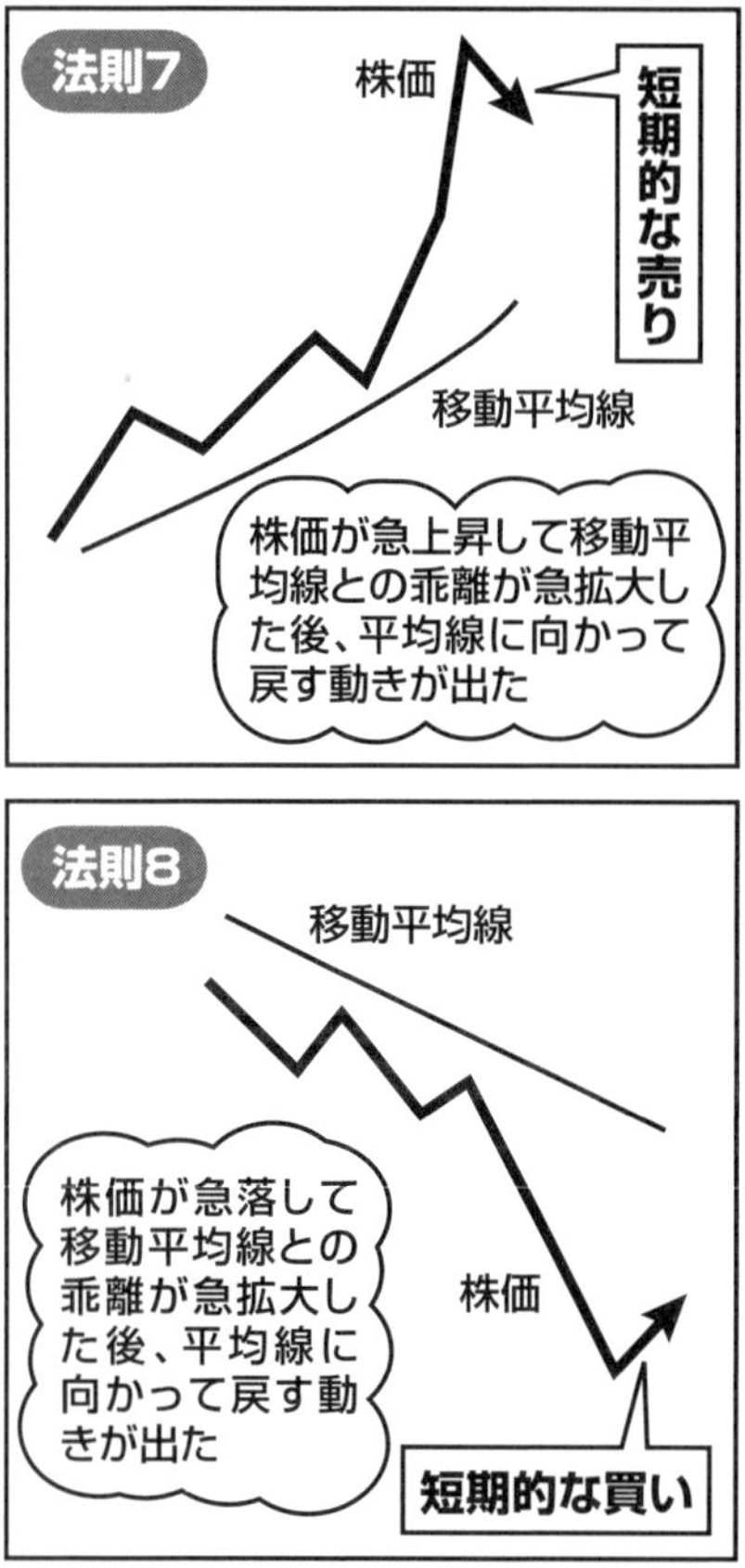

法則7
株価
短期的な売り
移動平均線
株価が急上昇して移動平均線との乖離が急拡大した後、平均線に向かって戻す動きが出た
法則8
移動平均線
株価
株価が急落して移動平均線との乖離が急拡大した後、平均線に向かって戻す動きが出た
短期的な買い

いっているようですが、急上昇している途中で売る、あるいは、急落している途中で買う、とは考えないでください。

　たしかに、急激に上昇・下落した株価はいつかは戻る局面があります。ですから、すでに買い持ちしている株を売る、すでに売り持ちしている株を買い戻すというシグナルと考えるのであれば問題はありません。

　しかし、新規で買う、または売るとなると、これは慎重にする必要があります。「いつかは戻す」といっても、それがいつになるのかはわからないからです。相場状況によっては、急騰や急落が数日続くこともあります。その途中で新規で売ったり、買ったりしてしまうと、戻す局面がやってくるまで損失が膨れあがるだけになってしまいます。

＊ポジション：株を買って持っている状態が「買い持ち（ポジション）」、信用取引で株を先に売り、まだ買い戻していない状態が「売り持ち（ポジション）」。両方ある状態が「両建て（ポジション）」。

図*4-3-⑤　チャートに現れる「グランビルの法則」のシグナル

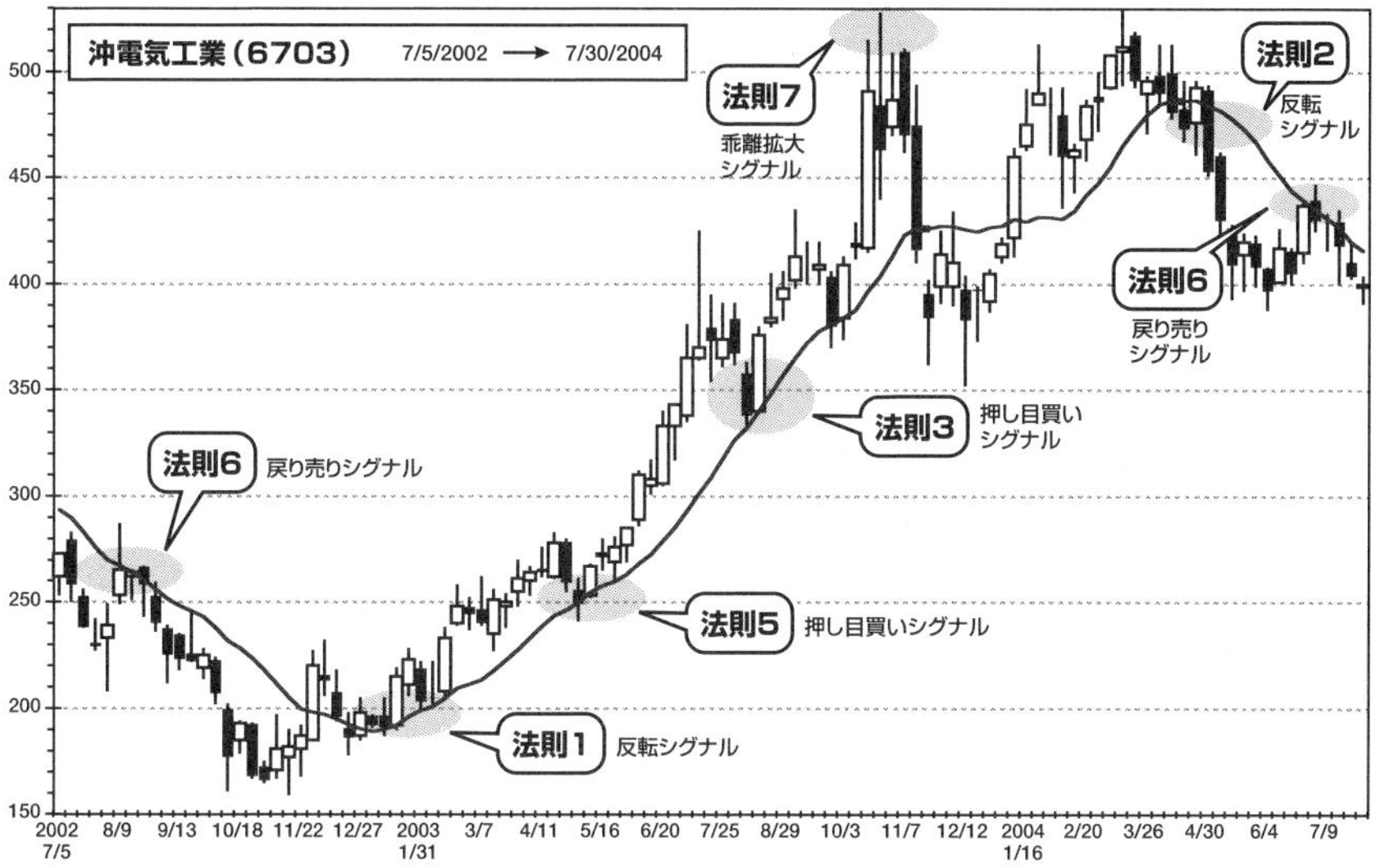
沖電気工業（6703）　7/5/2002 → 7/30/2004
法則7
乖離拡大
シグナル
法則2
反転
シグナル
法則6
戻り売り
シグナル
法則3
押し目買い
シグナル
法則6　戻り売りシグナル
法則5　押し目買いシグナル
法則1　反転シグナル
500
450
400
350
300
250
200
150
2002
7/5
8/9
9/13
10/18
11/22
12/27
2003
1/31
3/7
4/11
5/16
6/20
7/25
8/29
10/3
11/7
12/12
2004
1/16
2/20
3/26
4/30
6/4
7/9

新規で買ったり、売ったりするならば、急騰や急落のあと、戻す動きが出てからです。さらに、その**ポジション***は短期で手仕舞うのが基本です。

なお、株価と移動平均の値が何%離れたら「著しい拡大」なのかという点について、グランビルは具体的には言及していません。

一般的には、株価と13週移動平均との乖離が30%程度、26移動平均との乖離ならば40%程度などともいわれますが、値動きが軽い**中小型株***の場合、このくらいの乖離率は、相場がさほど過熱していなくても出現します。また、**大型株***でもたとえばトレンドの初期段階など、相場全体に勢いがあるときには、それほど過熱感がなくてもこの程度の**乖離率**になることがあります。

結局のところ、それぞれの銘柄の性格や相場状況による、ということになるのですが、新規で順張り的なポジションをとる（上昇している銘柄を買う、下落している銘柄を売る）ときには、乖離率が高まっているほど目先の反落（または戻し）の警戒を強めるべし、と捉えればよいでしょう。

＊**中小型株**：発行済み株数や時価総額が中小規模の株。東京証券取引所では、50円額面に換算したときの発行済み株数2億株以上を「大型株」、6000万株以上2億株未満を「中型株」、6000万株未満を「小型株」としている。

4

平均をとる期間はどのくらいがいいのか

❖平均する期間が違えばシグナルも異なる

移動平均には、平均をとる期間によってたくさんの種類があります。たとえば5日間の株価の平均をとったものは「**5日移動平均**」、75日ならば「**75日移動平均**」になります。また、週足チャートでは、「**13週移動平均**」や「**26週移動平均**」がよく掲載されています。

図＊4-4-① 移動平均期間が違うとシグナルの出方が異なる

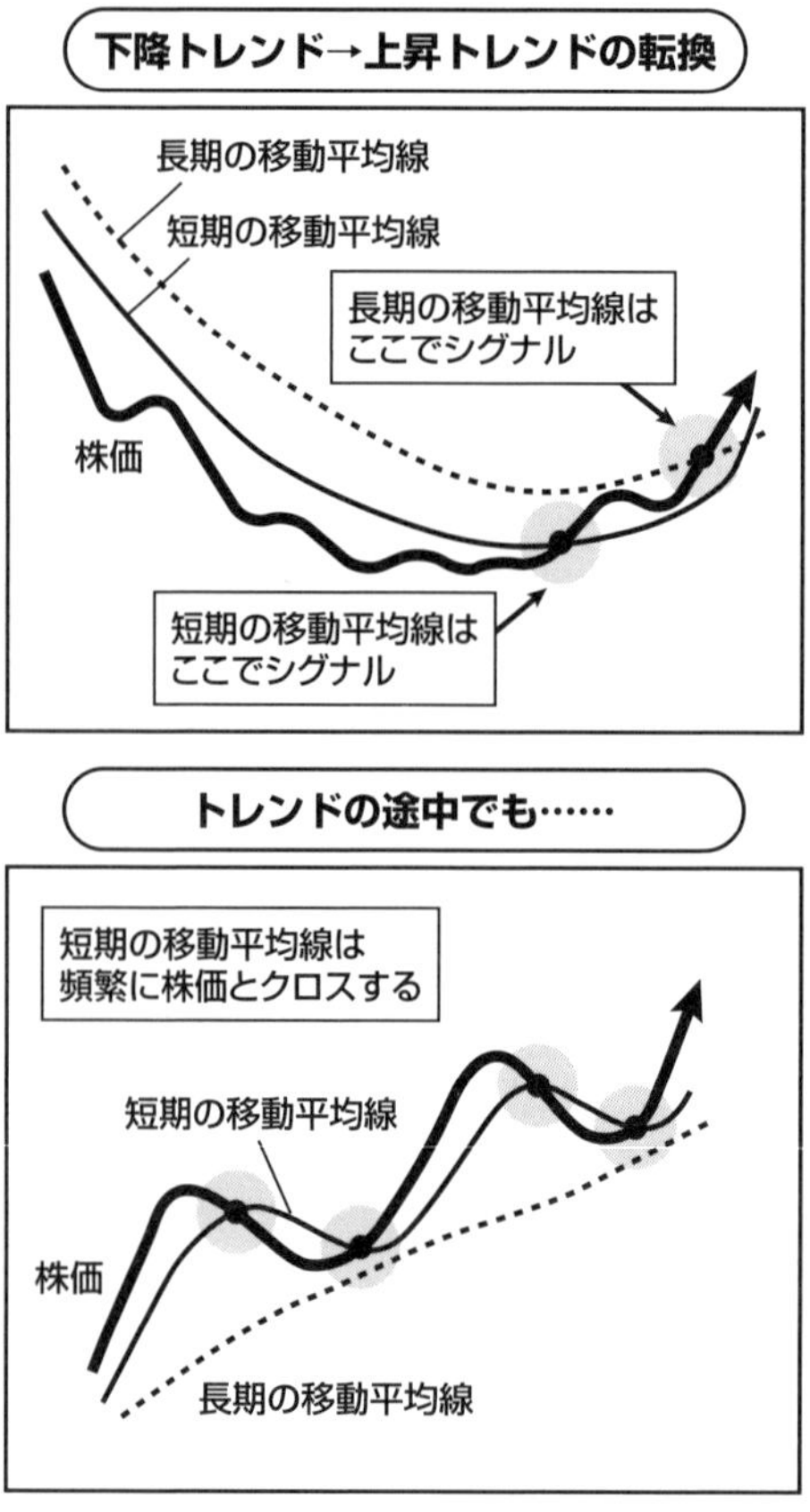

下降トレンド→上昇トレンドの転換
長期の移動平均線
短期の移動平均線
長期の移動平均線は
ここでシグナル
株価
短期の移動平均線は
ここでシグナル
トレンドの途中でも……
短期の移動平均線は
頻繁に株価とクロスする
短期の移動平均線
株価
長期の移動平均線

ともかく、ありとあらゆる期間の移動平均線を引くことが可能なわけですが、では、どんな期間の移動平均を参考にすればよいのでしょうか。

まず、平均する期間が短いほうが移動平均線の動きと株価の動きが近くなります。そのため、株価のちょっとした変動ですぐに平均線とクロスするというシグナルが出ます。逆に、平均する期間が長くなるほど株価の動きより遅れて動きます。株価のちょっとした変動ではシグナルが出ません。

　したがって、短期的なスタンスで細かなトレンドを頻繁に狙っていきたい場合はより短い移動平均を、じっくりと大きなトレンドを狙いたい場合には長めの移動平均を参考にするのがよいだろうと、基本的には考えることができます。

❖移動平均期間によって売買成果に差が出る

「投資スタンス」というのは自分で決めるものですが、その判断基準のひとつとして「ベストの移動平均期間があるなら、それに自分の投資スタンスを合わせる」という考え方もできます。そうすると、まず平均する期間によって、そのシグナルに基づいた売買の結果がどのくらい違うのかを知っておく必要があります。

　そこで、実際に平均する期間を変えてシミュレーションをしてみました。銘柄は野村ホールディングスで、計算期間は1998年1月から2004年7月までです。この期間中、「株価が移動平均を上回ったら買う。株価が移動平均を上回っている間は買い持ち継続」、「株価が移動平均を下回ったら買い持ちを手仕舞って、売り持ちにポジションを転換し、株価が移動平均を下回っている間は売り持ち継続」という機械的なトレード（取引）を繰り返したとします（グランビルの法則では「移動平均線が横ばいになるか、上昇してきた局面で」といった条件がつきますが、シミュレーションの都合上、単純にクロスしたところをシグナルとしています）。

　その結果を示したのが次ページ図4－4－②ですが、平均する期間がたった1日違うだけでパフォーマンスに大きな差が出ます。移動平均のクロスに忠実に売買していると、パフォーマンスがマイナスになることもある、という結果です。

❖銘柄によっても適した平均期間は異なる

　この結果には、野村ホールディングスの場合は、超短期の移動平均のほうが有効そうだ、ということが現れていますが、銘柄によってはどんな期間の移動平均で試してみてもさっぱりパフォーマンスが上がらないものもあります。

とすると、まずは注目している銘柄について、移動平均のシグナルを参考にできるのかどうか、そして、どのくらいの平均期間がよいのかを検証してみることが重要になります。

この検証を自分でするのはむずかしそうですが、今日、ネット証券の中には「このテクニカル指標を用いて売買したら、どういうパフォーマンスになっていたか」というシミュレーションができる機能を提供しているところもあります（Ｍｅネット証券、松井証券など）。そうした情報サービスを活用すれば、実戦で使える移動平均を見つけるヒントになるでしょう。

図*4-4-② 移動平均の期間によってパフォーマンスはこんなに違う（野村ホールディングスの場合）

移動平均期間	累積損益率	トレード回数	トレード当たり損益
2	428.0	721	0.59
3	370.4	551	0.67
4	244.5	477	0.51
5	120.5	428	0.28
6	102.2	376	0.27
7	150.6	344	0.44
8	62.7	329	0.19
9	17.1	324	0.05
10	58.1	293	0.20
15	▲72.6	261	▲0.28
20	68.9	208	0.33
25	34.4	174	0.20
30	▲59.4	156	▲0.38
40	22.5	138	0.16
50	▲13.5	124	▲0.11
75	33.8	84	0.40
100	17.9	78	0.23
150	▲27.3	72	▲0.38
200	▲36.1	54	▲0.67
250	▲126.2	68	▲1.86

1998年1月～2004年7月の株価データでシミュレーションした。

・株価が移動平均を上回ったら買い
・株価が移動平均を上回っている間は買い持ち継続
・株価が移動平均を下回ったら買い持ちポジションをたたんでさらに新規で売り
・株価が移動平均を下回っている間は売り持ち継続

というルールで売買をした場合の累積パフォーマンス(%)を示している。

5 「2本の移動平均線のクロス」は有効か

❖超メジャーなシグナル「ゴールデン・クロス」と「デッド・クロス」

移動平均線と株価のクロスをシグナルとして売買してもパフォーマンスが上がらないという場合、その理由のひとつは「移動平均線と株価が頻繁に絡んでしまう局面でパフォーマンスを落とす」ことにあります。

実際、グランビルの法則1や2に沿って売買をする場合でも、株価が移動平均線を上に抜けて反転上昇かと思って買ったところが、すぐに株価が平均線より下に来てしまうというようなことが起こります。

一瞬だけシグナルが出たものの、すぐにシグナルが打ち消されるような動きは「**ダマシ**」と呼ばれますが、この「ダマシ」にひっかからず、同時に、株価と移動平均線が頻繁に絡むような局面にも対応する策として考えられたのが、平均する期間が異なる2本の移動平均線を用いる方法です。

2本の移動平均線を用いたシグナルとして最も有名なのが「**ゴールデン・クロス**」と「**デッド・クロス**」と呼ばれるものです。

「ゴールデン・クロス」は、株価が底値圏から上昇してきたときに、平均する期間の短い移動平均線（**短期線**）が、平均する期間の長い移動平均線（**長期線**）を上に抜けていく、その交差局面を「買い」とするシグナル。「デッド・クロス」は、株価が天井圏から下落してきたときに、短期線が長期線を下に抜けていく、その交差局面を「売り」とするシグナルです。

図*4-4-①　ゴールデン・クロスとデッド・クロス

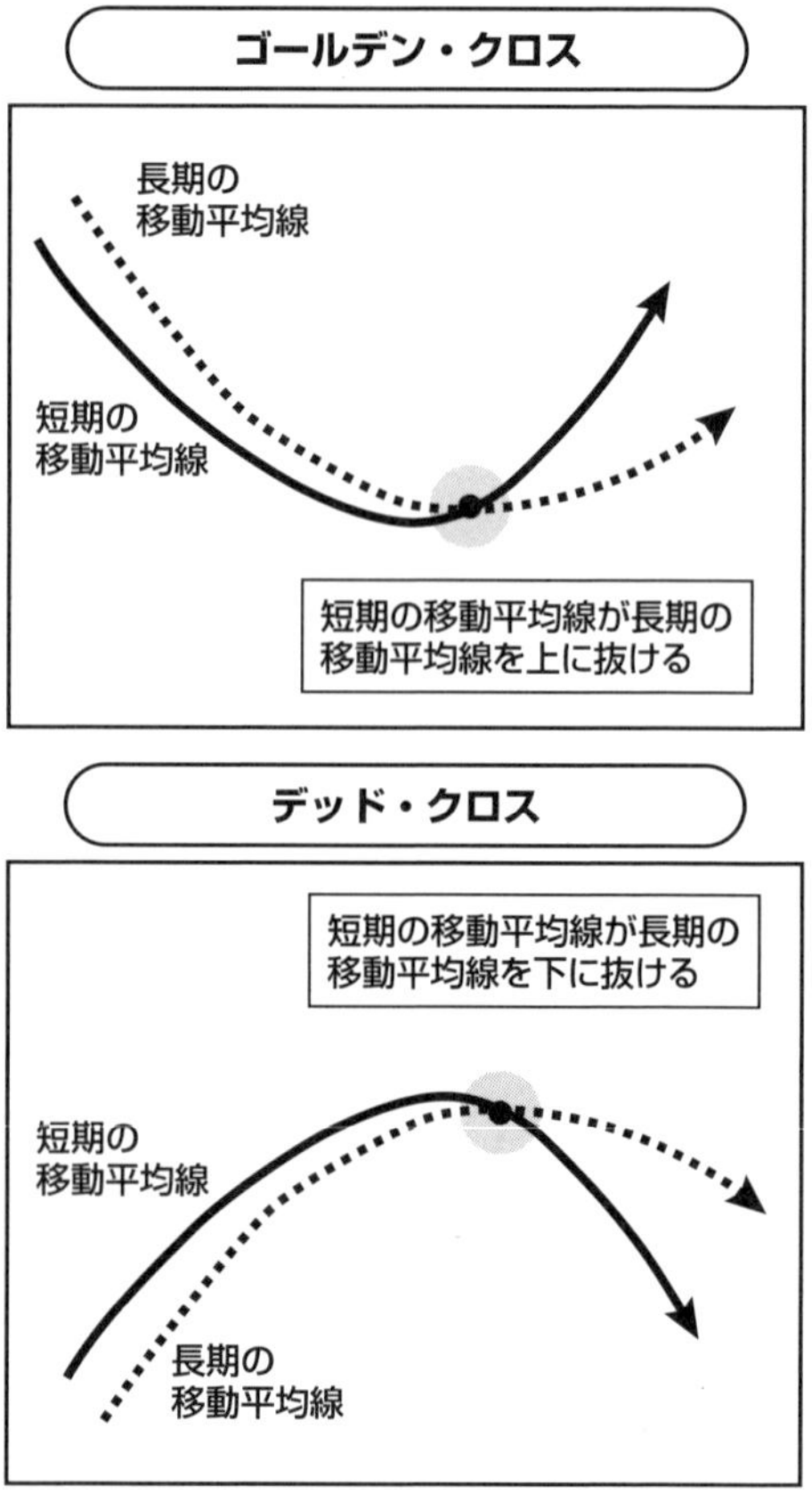

❖大相場の前には必ずクロスが出現するが……

典型的な上昇相場のプロセスにおける株価、短期の移動平均線、長期の移動平均線の関係は、①まず株価が短期線を上に抜ける、②次に株価が長期線を上に抜ける、③短期線が長期線を上に抜けていく、といった流れになります。ゴールデン・クロスは、このプロセスのうち、3番目で出動せよ、というシグナルですから、出動時期はそれだけ遅くなってしまいます。

言い換えれば、これで慎重な出動が可能になるということですから、「ダマシ」に引っかからずに大きなトレンドだけを捉えることが可能になります。たしかに、**大相場***の前には必ずゴールデン・クロスやデッド・クロスが出現し、その大相場のおいしい部分も狙えます。

しかし、大相場といわれるような状況はそんなに頻繁にやってくるものではありません。トレンドが出ていても上下の振幅が激しい状況では、クロスのシグナルが頻繁に出てしまい、悪くすれば、1本の移動平均のシグナルよりも遅れるために「株価が高値にあるときに買いシグナルがようやく出る」「株価が安値にあるときに売りシグナル

＊大相場：長期間続いたトレンドのこと。とくに上げ相場で用いる。

図＊4-5-②　13週移動平均、26週移動平均、ゴールデン・クロス、デッド・クロスをシグナルに売買すると…（ソニー）

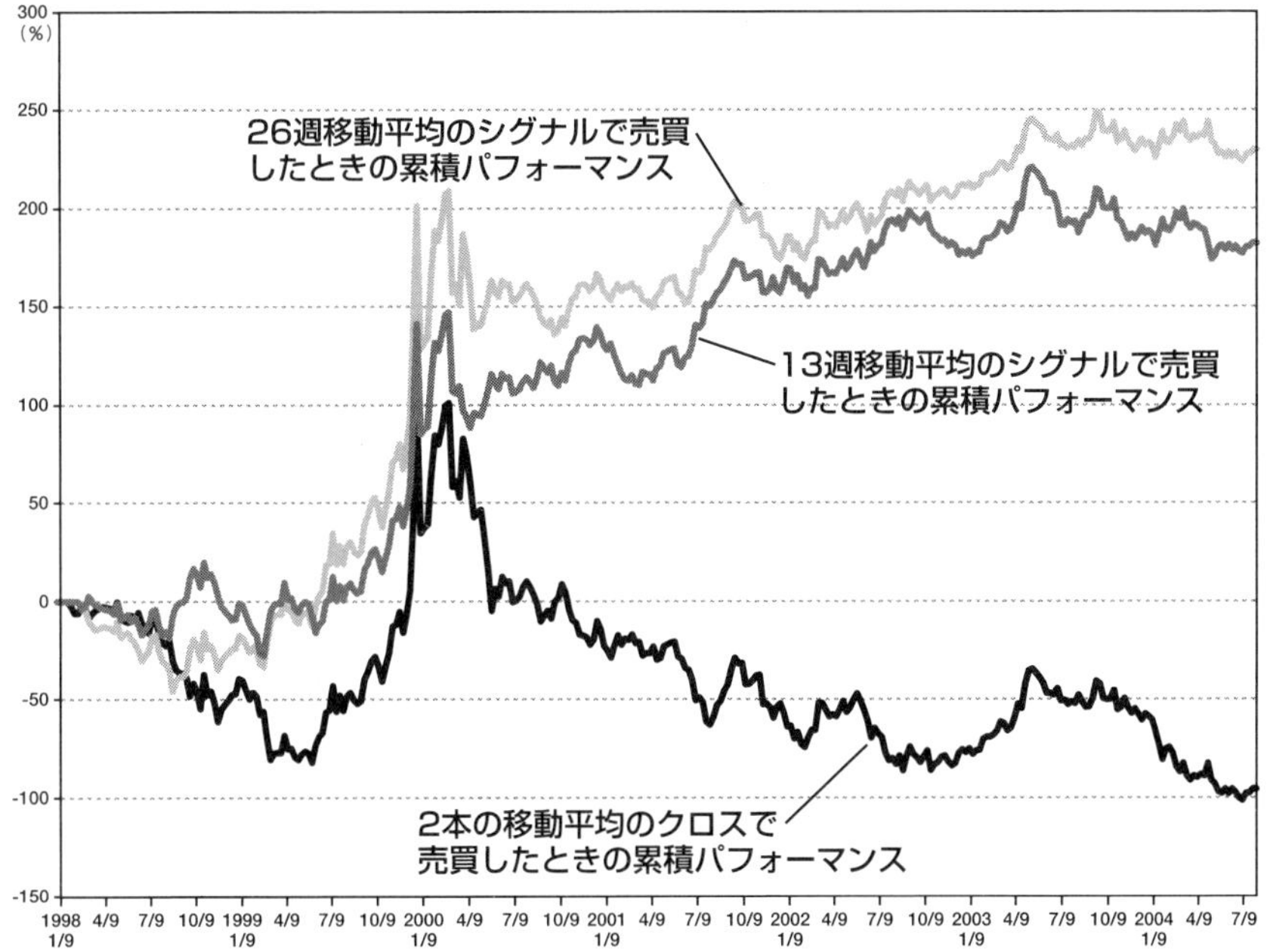

が出る」ということにもなってしまいます。

図4−5−②は、ソニーについて13週移動平均線1本をシグナルにした場合、26週移動平均線1本をシグナルにした場合、そして13週移動平均線と26週移動平均線のクロスをシグナルにした場合の累積パフォーマンスの推移です。

これを見ると、1本の移動平均のシグナル（株価が移動平均を抜ける）の場合は、そこそこのパフォーマンスであるのに対して、2本の移動平均のクロスをシグナルにした場合はまったくよくありません。1999年から2000年のネットバブルの大相場では大きく利益をあげているのですが、それ以外はパフォーマンスを落とす一方になっています。

もちろん、これはソニーという銘柄の一例で、銘柄が違えばまた異なる結果が出てくるでしょう。ただ一つ確実なこと

図＊4-5-③　ソニー(6758)の株価の推移と13週・26週移動平均線(1998年1月～2004年7月)

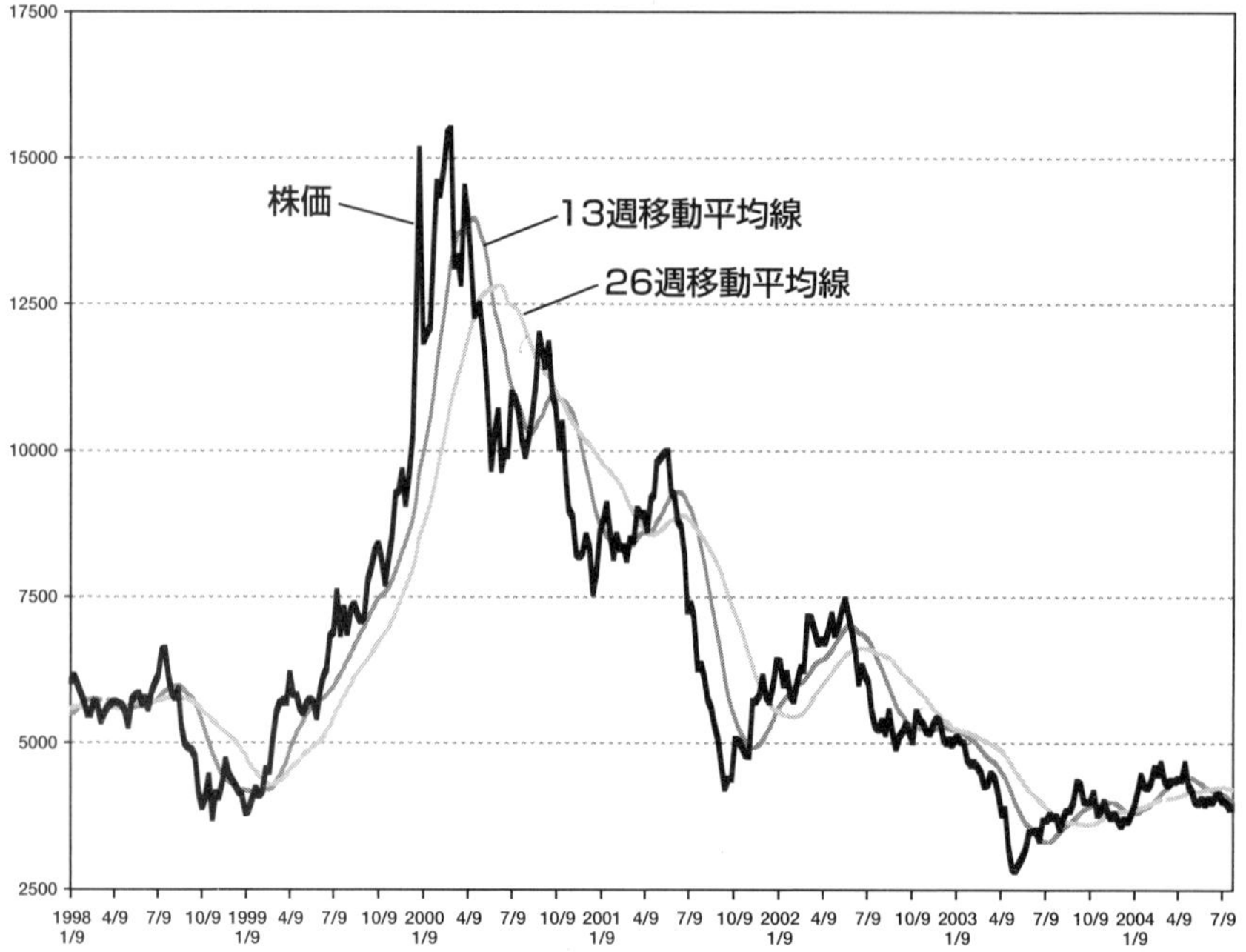

は、「大相場になる前には、２本の移動平均線のクロスが出現する」のですが、「クロスが出たら大相場になる」わけではないということです。

ゴールデン・クロスやデッド・クロスのシグナルは、チャート上で見るとズバリはまっているような印象を受けますが、実際には、本当にはまっているものもあれば、はまっているように見えるだけのものもある、ということです。

移動平均線、あるいはゴールデン・クロス、デッド・クロスに限らず、テクニカル指標のシグナルを参考にするときには、この点を強く意識しておく必要があるのです。

第５章

相場の流れを読むヒント

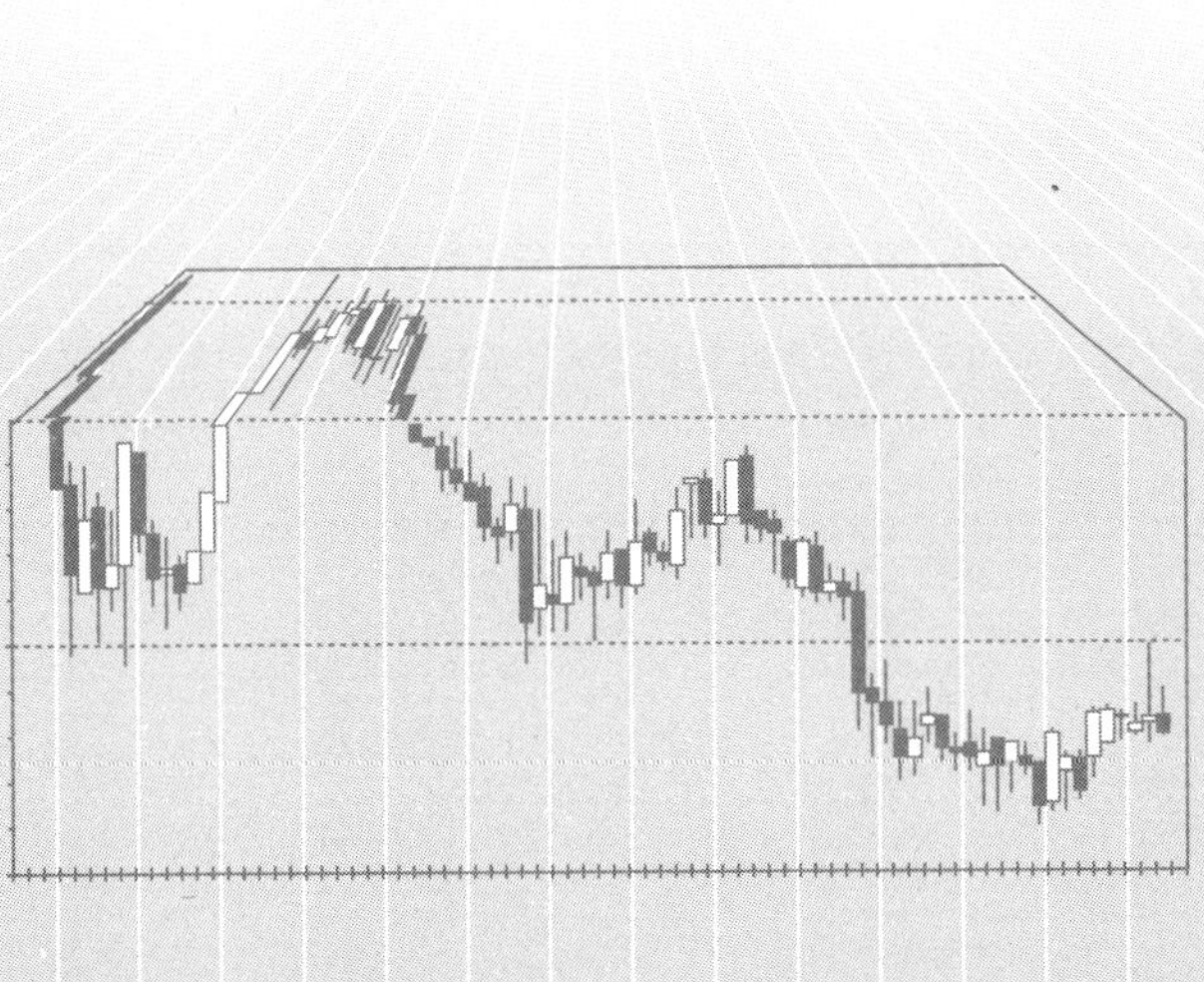

1 ローソク足も売買判断のヒントになる

❖シグナルの確度を高める工夫

前章までは、株価の推移からトレンドの継続や反転を示唆するシグナルを見てきました。これが一番の基本になるのですが、実際には、株価のトレンドはシグナルが示すとおりにならないこともあります。「絶対確実なシグナル」とはいわないまでも、少しでもシグナルの確かさを高めることはできないのか。ここが次の段階の大きなポイントになります。

そこで考えられるアプローチのひとつは、株価の推移だけでは見えない、その価格形成の背景を探る、という方法です。

たとえば、「前日の終値が４９５円だった株価が、今日は10円上がって５０５円だった」という場合、この前日比10円高が形成されるパターンとして、いろいろな状況が考えられます（図5―1）。

寄付は前日より安い４９０円だったものの、ザラバで値上がりして５０５円になったというケースもあるでしょう（①）。

あるいは、寄付は前日比より20円も高い５１５円だったのに、売り物に押されて結局は５０５円で引けたという状況も考えられます（②）。

寄付は４９５円、ザラバで大幅に値上がりして５２５円まで行ったけれども、最終的には５０５円だったのかもしれません（③）。

この３パターン、同じ「前日比10円高」でも、その後の展開を考えるうえで、だいぶ違った印象になります。超短期で売買しようというスタンスの人にとってはなおさらでしょう。

❖変化は1本のローソク足から始まる

この〝印象〟は、自分だけが受けるわけではない、という点がまた重要です。多くの市場参加者が株価の動きを見ています。寄付は張り切っていたのに、売り圧力がどんどん増してきた状況を見たら、その株を持っている人の中には「結構売りたい人が多いのね。それなら早く売ったほうがいいかも」と思う人が出てくる可能性もあります。

こうした価格形成の背景をうかがい知ることができるのが、ローソク足の形です。始値・高値・安値・終値という4本値を一つの形で表わしたローソク足には、さまざまな情報が込められています。その情報によって価格が形成された背景を推測できるということは、トレンドのシグナルに乗るか否かの判断に役立つ、ということです。

どんな大きな変化も、トレンド転換も、いつも1本のローソク足から始まります。その最初の1本のローソク足が出たときに「これこそ変化の始まりだ」とは判断できませんが、後々見てみると、たしかに「変化」を示唆する形をしているものです。

図＊5-1　同じ「前日比10円」でも背景が違う

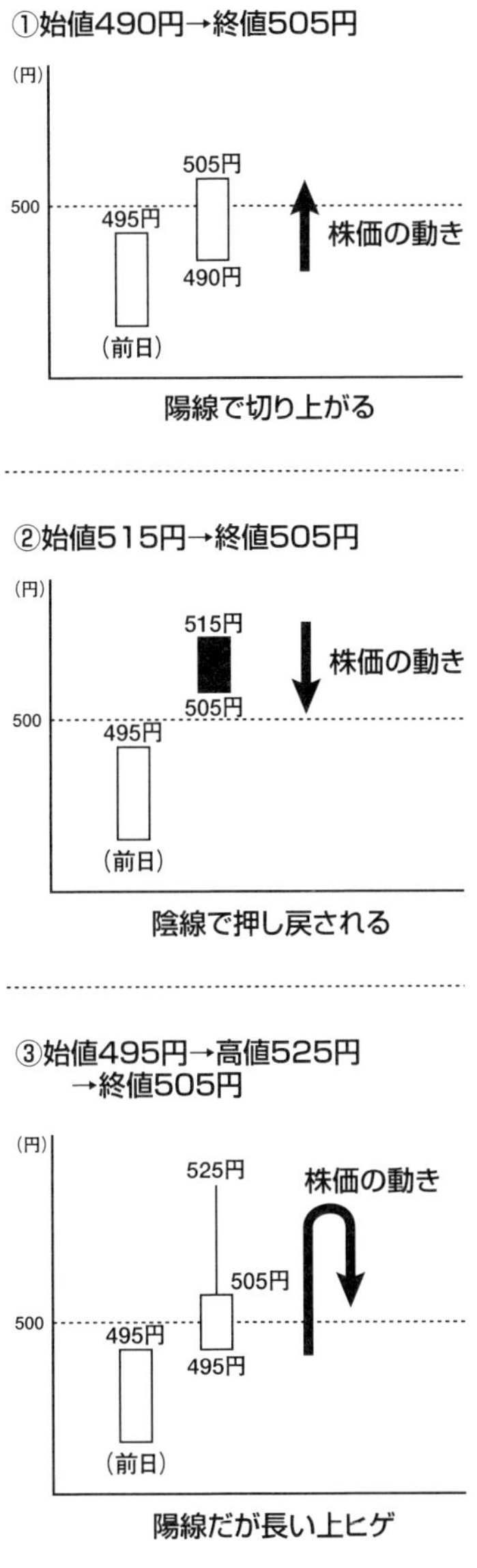
①始値490円→終値505円
(円)
500
505円
495円
490円
株価の動き
(前日)
陽線で切り上がる
②始値515円→終値505円
(円)
515円
505円
500
495円
株価の動き
(前日)
陰線で押し戻される
③始値495円→高値525円→終値505円
(円)
525円
株価の動き
505円
500
495円
495円
(前日)
陽線だが長い上ヒゲ

2 1本のローソク足の解釈

❖「陰」「陽」で相場の明暗を読む

日本人が開発したローソク足の素晴らしいところは、まず株価の動きを「陽線」と「陰線」で表わし、きわめて強い印象をもって視覚的に訴えかけるようにした点ではないでしょうか。

さらに、陽線・陰線の形状が、株価の動向をより明確にイメージさせます。

たとえば、始値よりも終値が大幅に高かった場合には、長い陽線が描かれます。これは「より明るい」「すごく勢いが強い」ことを示します。同じ陽線でも短い陽線だと、「ちょっと明るいかな」「弱くはない」という程度で、やや積極性は薄らぎます。

一方、終値が始値よりも大幅に下がった場合に描かれる長い陰線は、「とても暗い」「すごく不気味」という感じになりますし、短い陰線は「なんとなく弱いのかな」といった雰囲気になります。

このように、陽線・陰線の柱の長さは、方向性に加えて、その方向へ進む勢いが示されています。

なお、柱の長いローソク足は「**大陽線**」「**大陰線**」と呼ばれますが、「いくら以上の長さならば『大』がつく」という基準はありません。そのほかのローソク足よりも大きいか、小さいか、要は、「平常と比べてどのくらい勢いが強いのか」を把握することに意味があるのです。

❖ヒゲで「明」「暗」の度合いに差が出る

陽・陰の区別に加えて、ローソク足では「高値」「安値」をヒゲで示しています。このヒゲがまた優れていて、これによって、結果としての陽・陰

図＊5-2　ローソク足の形の基本パターン

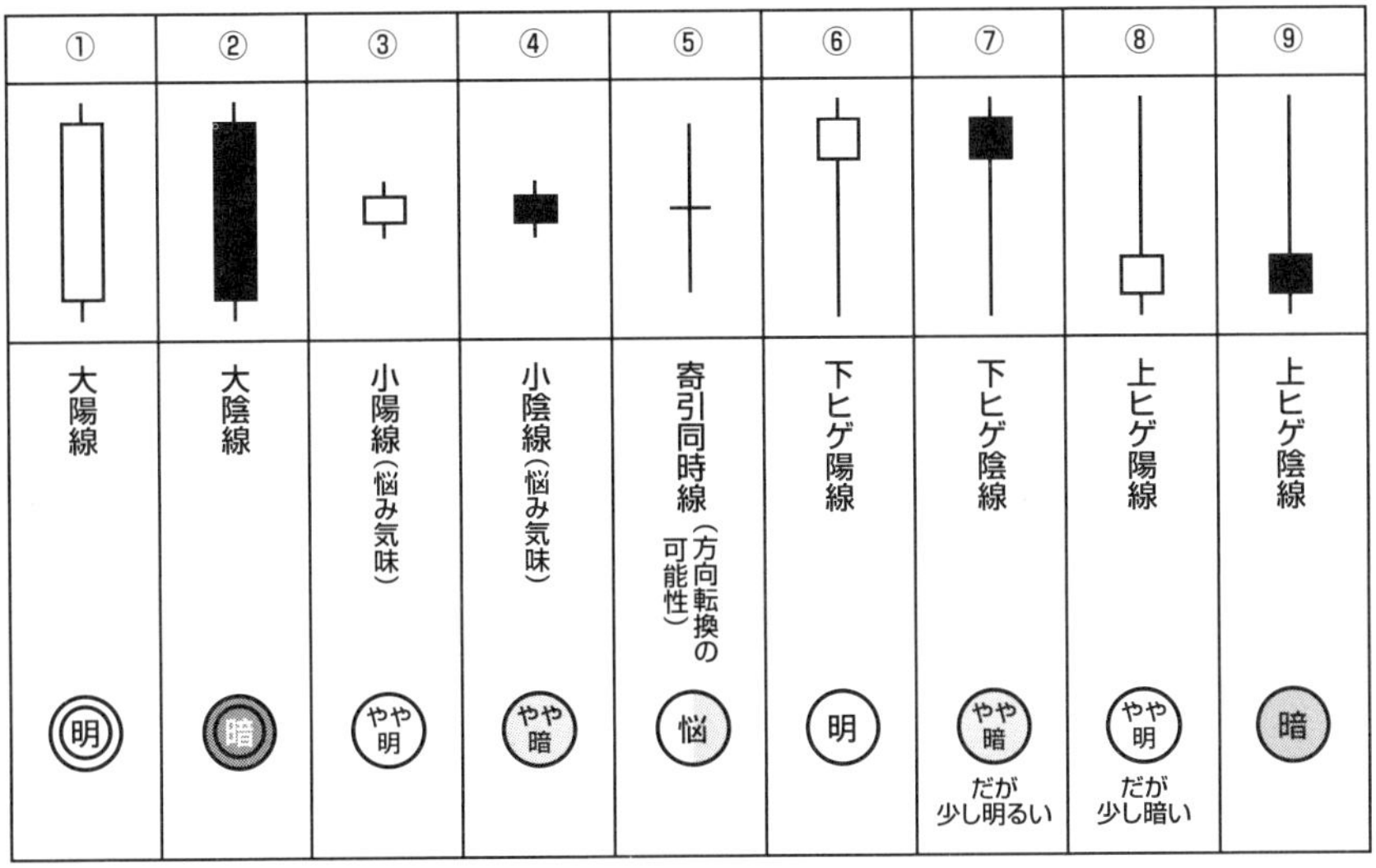

	①	②	③	④	⑤	⑥	⑦	⑧	⑨
名称	大陽線	大陰線	小陽線（悩み気味）	小陰線（悩み気味）	寄引同時線（方向転換の可能性）	下ヒゲ陽線	下ヒゲ陰線	上ヒゲ陽線	上ヒゲ陰線
評価	明	暗	やや明	やや暗	悩	明	やや暗だが少し明るい	やや明だが少し暗い	暗

だけではない、そこに至るまでの紆余曲折をも推測することが可能なのです。

たとえば、陽線でも柱が短く、しかも上ヒゲが長い「**上ヒゲ陽線**」、「上がるには上がったが、高値から大きく戻された」という意味になります。これでは、陽線であっても、それほど楽観的には捉えられないでしょう。

逆に陰線でも、下ヒゲが長く柱が小さい「**下ヒゲ陽線**」は、大幅な下げをザラバで押し返したのですから、それほど暗いものでもなくなります。

実際、株価が天井を打つときに陽線でも長い上ヒゲがついていたり、**大底**＊を打つときには、長い下ヒゲ陰線が出現することがしばしば見られます。

こうしたローソク足の柱の長さとヒゲの組み合わせとして、９つの基本型があります。さらに、大陽線でも上下のヒゲがまったくないローソク足は「**陽**《よう》**の丸坊**《まるぼう》**主**《ず》」と呼ばれ、「迷いなく上昇した、きわめて強い」と解釈されます。上下にヒゲのない大陰線は「**陰**《いん》**の丸坊**《まるぼう》**主**《ず》」と呼ばれて、「きわめて弱い」という解釈になります。

＊大底：相場の最も安いところ。長期的なスパンで見たときの「底」をとくに「大底」という。反対が「大天井」。

3 「1本のローソク足」を実践でどう使う

❖強弱のローソク足が出現する相場局面が重要

「長い上ヒゲ＝暗いムード」「長い下ヒゲ＝明るいムード」と述べましたが、注意したいのは、長い上ヒゲや長い下ヒゲが出たからといって、それが相場の転換点を示すものとは限らない、という点です。

実際のチャートを見るとわかりますが、上昇トレンドの途中で上ヒゲの長い陽線が出ることも珍しくありません。あるいは、下降トレンドの途中で下ヒゲの長いローソク足が出現しても、その後さらに下降トレンドが続くこともあります。

大事なのは、まず株価のトレンド全体の把握です。下降トレンドから脱してはいないものの、安値は更新しないという、底値圏での動きが察知されるような局面で下ヒゲの長いローソクが出たとすれば、「目先に反転の可能性あり」と推測することもできます。

ただし、それが本格的な反転なのかどうかは、その後の株価の推移を見なければわかりません。ましてや株価が下降トレンドのさなかにあって、下げ止まり感がまるで出ていなければ、下ヒゲの長いローソク足が出ても「ここで反転だ」などとは見ることはできません。すなわち、どういう局面で、そのローソク足が出現したのかが重要なのです。

❖トレンドと反対方向を示すローソク足が出現したとき

1本のローソク足の実用的な使い方としては、

図※5-3-①　１本のローソク足の使い方の例

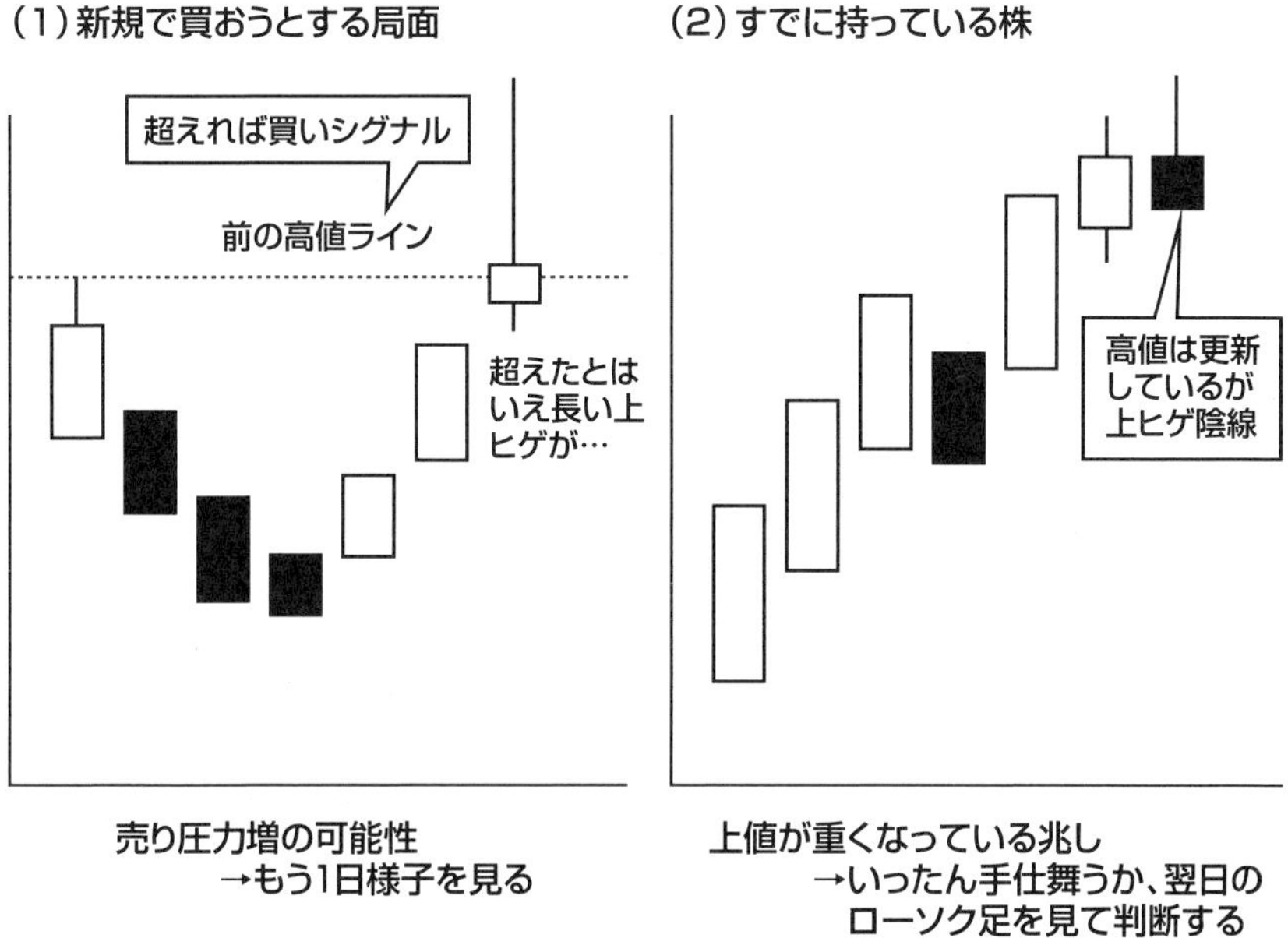
（1）新規で買おうとする局面
超えれば買いシグナル
前の高値ライン
超えたとはいえ長い上ヒゲが…
売り圧力増の可能性
→もう1日様子を見る
（2）すでに持っている株
高値は更新しているが上ヒゲ陰線
上値が重くなっている兆し
→いったん手仕舞うか、翌日のローソク足を見て判断する

たとえば「今日、株価がいくら以上だったら買いシグナルだ」というときに、現実に買い出動するかどうかの判断材料とする方法があります。

　前の高値や保合いの上値ラインといった、買いシグナルのポイントとなる株価水準を抜けたとしても、それが陰線であったり、長い上ヒゲであったりした場合には、売り圧力も強い中で「辛うじて抜けた」とも受け取れます。

　トレンド継続には力が必要であることを考えれば、これはその後のトレンド継続力を疑わせる状況ともいえます。したがって、こうした場合には、「買いシグナルは出たが、出動せずに様子を見る」といった判断も可能です。

　また、すでに買い持ちしている株がうまく上昇している途中、長い上ヒゲのローソク足が出現したとします。この場合、高値が更新されているのであればそのまま持ち

図※5-3-② 「次」のローソク足をイメージしてみよう

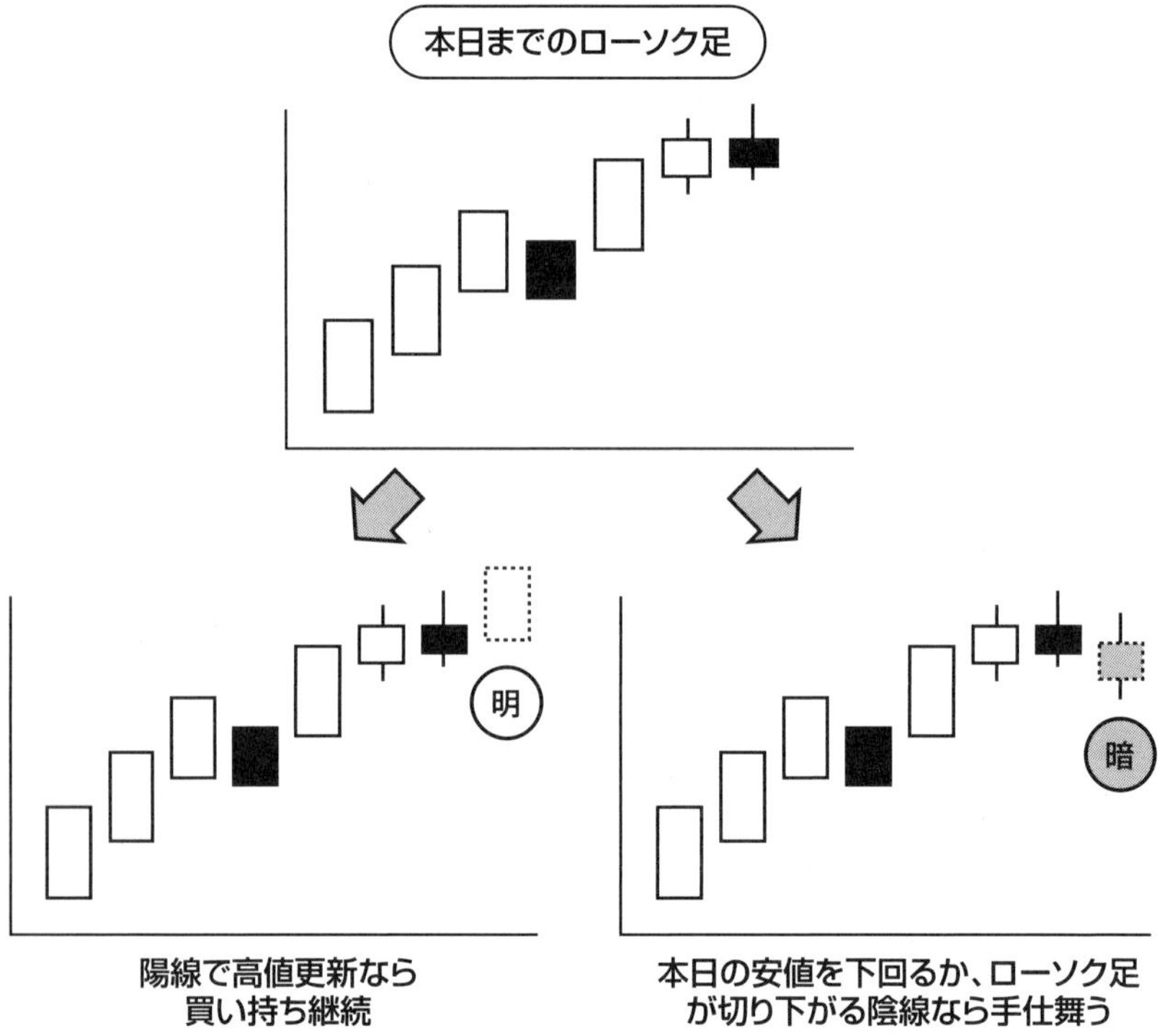
本日までのローソク足
明
暗
陽線で高値更新なら
買い持ち継続
本日の安値を下回るか、ローソク足
が切り下がる陰線なら手仕舞う

続けてかまわないとの考え方もできますが、少なくとも「上値が重くなってきたのではないか」と警戒することは必要です。そのうえで、この時点で「次のローソク足がどういう形ならば手仕舞うか」を考えておけば、機動的な手仕舞いができます。

　ローソク足は、日ごと、週ごと、あるいは月ごとに新しいものが加わっていきます。その新しいローソク足が加わる前に、次にどんなローソク足が来るとチャートはどんな形になるのか、直近のローソク足の次を自分でイメージして、その際にどういう行動をとるのかを決めておくことはとても重要です。そうすることで、直前になって「売ろうか」「買おうか」などと迷う事態も解消されます。

4　2本のローソク足の関係を考える

❖ 2本のローソク足の組み合わせパターン

1本のローソク足だけでもさまざまな情報を提供してくれますが、トレンドの変化、トレンドの継続力を確認していくうえでは、そのローソク足の「次」にどんなローソク足が来るかが重要なポイントになります。つまり、あるローソク足の次にどんなローソク足が来るのかという、2本のローソク足の組み合わせパターンです。

2本のローソク足の組み合わせは、「陽線→陽線」「陽線→陰線」「陰線→陽線」「陰線→陰線」の4つですが、さらに両者がどういう位置関係になっているかを考慮すると、さまざまなパターンが考えられます。

このパターンについては先人が類型化していて、中には「**かぶせ線**」「**切り込み線**」といったネーミングがついていたりしますが、これらを丸暗記する必要はありません。要は、ローソク足がどういう状況を表現しているのかを考えればいいのです。

まず1本目が陽線の場合を考えてみます（次ページ図5-4-①(1)）。次も陽線で、高値・安値ともに切り上がった形なら、これは文句なしに「明るい」でしょう。しかし、2本目が陰線だった場合には、仮にローソク足が高値・安値ともに切り上がった形になっていたとしても、見方は違ってきます。

陽線の次の陰線が、1本目の陽線よりも高い位置にあるということは、「陽線の翌日、引値よりも高く始まった」ことを意味します。つまり、この時点では陽線の勢いが継続していたということです。ところが最終的には陰線だったら、高く寄り付いた後、売り込まれる展開になったという意味になります。これは警戒を要します。
　さらに、「前日の陽線のどのあたりまで売り込まれて引けたのか」が、売り圧力の強さを考えるうえで重要な指標になります。2本目の陰線の下端（終値）が、1本目の陽線の下端（始値）付近まで達していたとしたら、これは「この2本のローソク足が形成されるまでの間に株価は大きくUターンして戻ってきた」ということですから、警戒しなければなりません。1本目の陽線が買いシグナルであった場合にはとくに要注意です。

図*5-4-①　2本のローソク足の組み合わせパターン

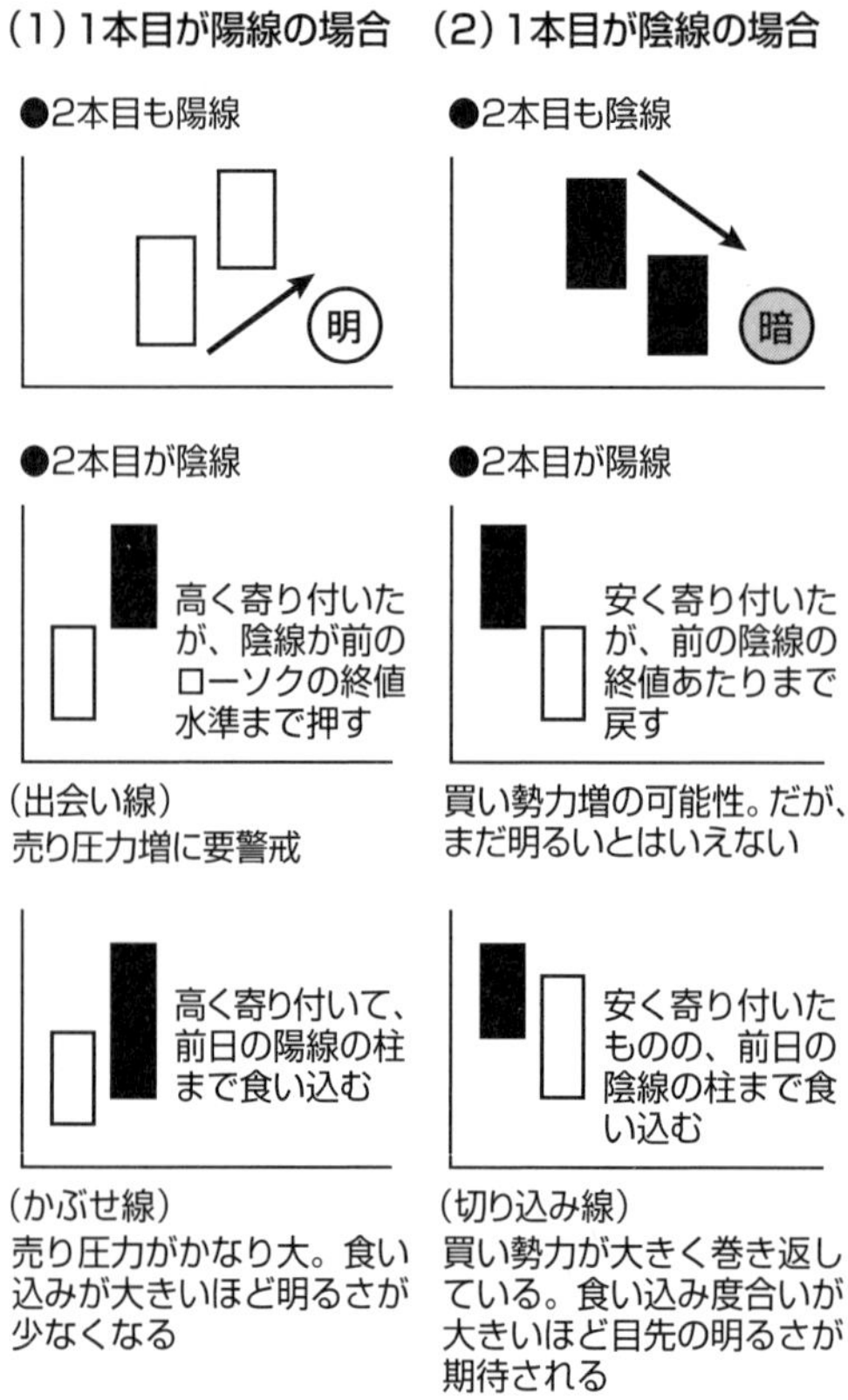
(1) 1本目が陽線の場合
(2) 1本目が陰線の場合
●2本目も陽線
明
●2本目も陰線
暗
●2本目が陰線
高く寄り付いたが、陰線が前のローソクの終値水準まで押す
(出会い線)
売り圧力増に要警戒
●2本目が陽線
安く寄り付いたが、前の陰線の終値あたりまで戻す
買い勢力増の可能性。だが、まだ明るいとはいえない
高く寄り付いて、前日の陽線の柱まで食い込む
(かぶせ線)
売り圧力がかなり大。食い込みが大きいほど明るさが少なくなる
安く寄り付いたものの、前日の陰線の柱まで食い込む
(切り込み線)
買い勢力が大きく巻き返している。食い込み度合いが大きいほど目先の明るさが期待される

　逆に、1本目が陰線で2本目が陽線、位置関係は1本目より2本目のほうが下という場合、2本目の陽線の上端（終値）が1本目の陰線の上端（始値）の近くまで来ていたら、2本目の陽線の始値時点までは大幅に売られたけれども、あとは買いの勢いがかなり強まったと捉えられます。株価が底値圏にあるときなら、目先の**底打ち***の可能性も予測される形です（図5−4−①(2)）。

❖ トレンドの転換を示唆する組み合わせ

　2本のローソク足の組み合わせとしてよく注目されるのは「つつみ線」や「はらみ線」と呼ばれるパターンです。

＊底打ち：相場が底をついて、下げ止まった状態。「底入れ」ともいう。

図＊5-4-②「つつみ線」と「はらみ線」

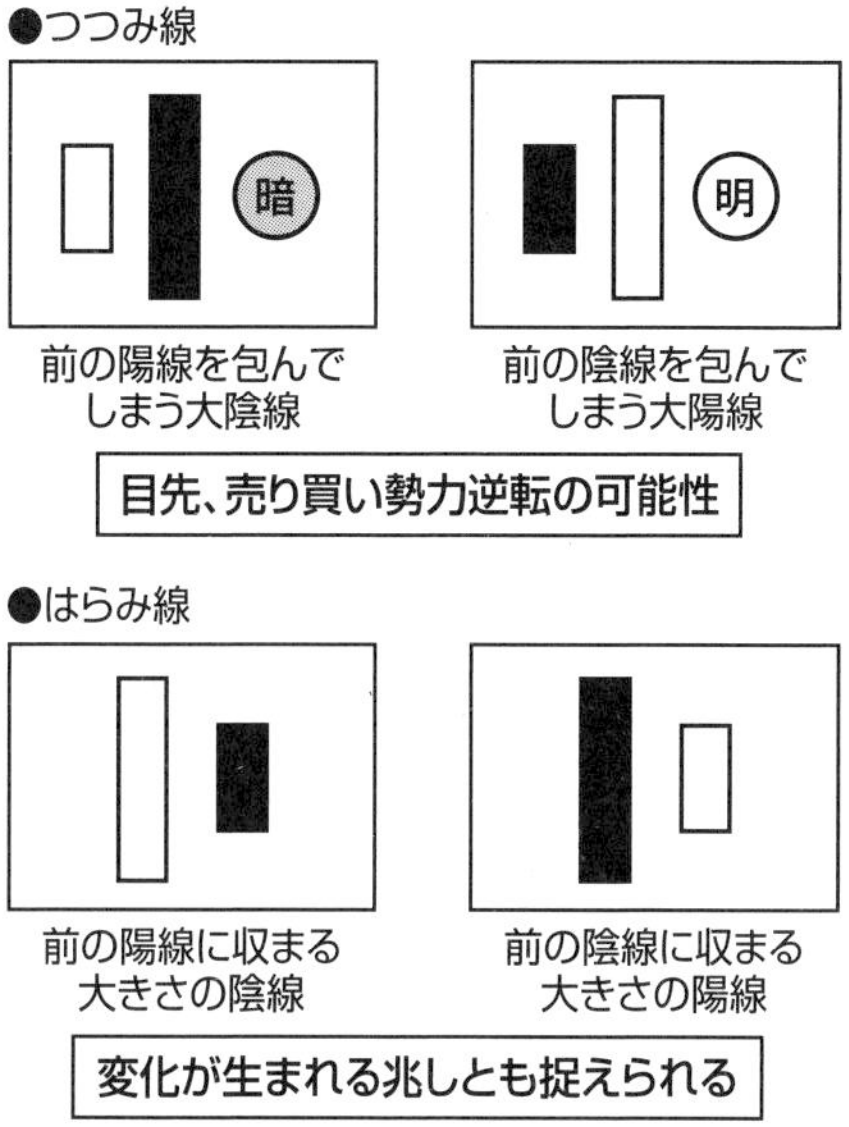
●つつみ線
暗
前の陽線を包んでしまう大陰線
明
前の陰線を包んでしまう大陽線
目先、売り買い勢力逆転の可能性
●はらみ線
前の陽線に収まる大きさの陰線
前の陰線に収まる大きさの陽線
変化が生まれる兆しとも捉えられる

「**つつみ線**」は、「1本目は陽線、2本目はそれをすっぽり包み込むような大陰線」「1本目は陰線、2本目はそれをすっぽり包み込むような大陽線」という組み合わせで、どちらも1本目のローソク足を2本目が完璧に打ち消した格好になります。相場の天井圏や底値圏で出たときには、相場の転換点を示す、とされるパターンです。

「**はらみ線**」は、「1本目が陽線、2本目は1本目の陽線の範囲内（柱・実体）に収まる大きさの陰線」「1本目が陰線、2本目は1本目の陰線の範囲内（柱・実体）に収まる大きさの陽線」の組み合わせです。これは、1本目のローソク足を打ち消してはいませんが、小さな変化の始まりである、という捉え方をします。

よって、下降トレンドが続いてきて株価が底値圏にあるときに「1本目が大陰線、2本目がその範囲内に収まる陽線」というはらみ線が出ると、買い転換のシグナルともいわれます。

たしかに、トレンドの転換点では、「つつみ線」や「はらみ線」が出現していることが少なくありません。ただし、これもまた「どんな局面で出現したか」が重大なポイントになります。

実際のところ、トレンドの途中で株価がもみ合い状態になっていれば、つつみ線やはらみ線のようなパターンがよく出ます。ですから、とくに新規でポジションをとる場合には、これだけを決定的なシグナルとは捉えずに、トレンドのシグナルと併用して売買判断のヒントにすることが大切なのです。

5 ローソクの間にできる「ギャップ」

❖重要な「ギャップ」、重要でない「ギャップ」

2本のローソク足の関係でとくに注目したいのは、ローソク足とローソク足の間に空間が出現する形になっているパターンです。この空間は「**ギャップ**」（あるいは「**窓**《まど》」「**空**《くう》」）と呼ばれます。

ローソク足の間に空間ができるのは、上方に空間ができた場合であれば、2本目のローソク足が1本目のローソク足の高値を超えたところで寄り付き、さらに、その勢いが衰えなかったからです。

始値の位置が前のローソク足よりも上だったとしても、その後押し戻されて株価が下がってしまえば、1本目のローソクの高値と2本目のローソクの始値の間にできた空間は埋められてしまいます。結果としてギャップも消滅します（ローソク足がこの形になった場合には、むしろ「上昇の勢いが急速に衰え、逆方向の力が強まった」と捉えて注意すべきことは、先に述べたとおりです）。

ただし、ギャップができたら何が何でも注目だ、というわけではありません。値動きが激しい銘柄、流動性が低い銘柄では、頻繁にローソク足が前日のローソク足と離れたりします。そうした激しい動きの中で、すぐに空間も埋められてしまいます。

このようなギャップは「**コモン・ギャップ**」などと呼ばれ、「あまり重要でない空間」と捉えます。

とくに注目に値するのは、前のレジスタンスやサポート地点、保合いのブレイク地点のような「ここを抜けたらシグナル」という重要ポイントにぽっかり空間があいて、ポイント地点を一足飛びに超える格好になっているパターンです。

これは「ブレイク・アウェイ・ギャップ」と呼ばれ、相場が大きく動くシグナルとされます。

❖過去の「壁」水準に出現したら大注目

過去何年かにわたって、レジスタンスあるいはサポートとして機能してきた水準を、ギャップによって飛び越えたような場合は、さらに注目度は増します。

一例をあげると、積水化学工業の月足チャート（次ページ図5—5—③）から「中期的に550円～570円台のレジスタンスが強そうだ」ということがわかります。この水準を2004年3月に超えていますが、このとき日足チャートでも、週足チャートでもギャップが確認できます。

数年にもおよぶレジスタンスを一気に抜け、しかもその後そのギャップを埋めずに推移するというのは、何らかの大きな変化があったと推測できます。ゆえに、大注目なのです。

図＊5-5-①　ギャップができるプロセス（上方ギャップの場合）

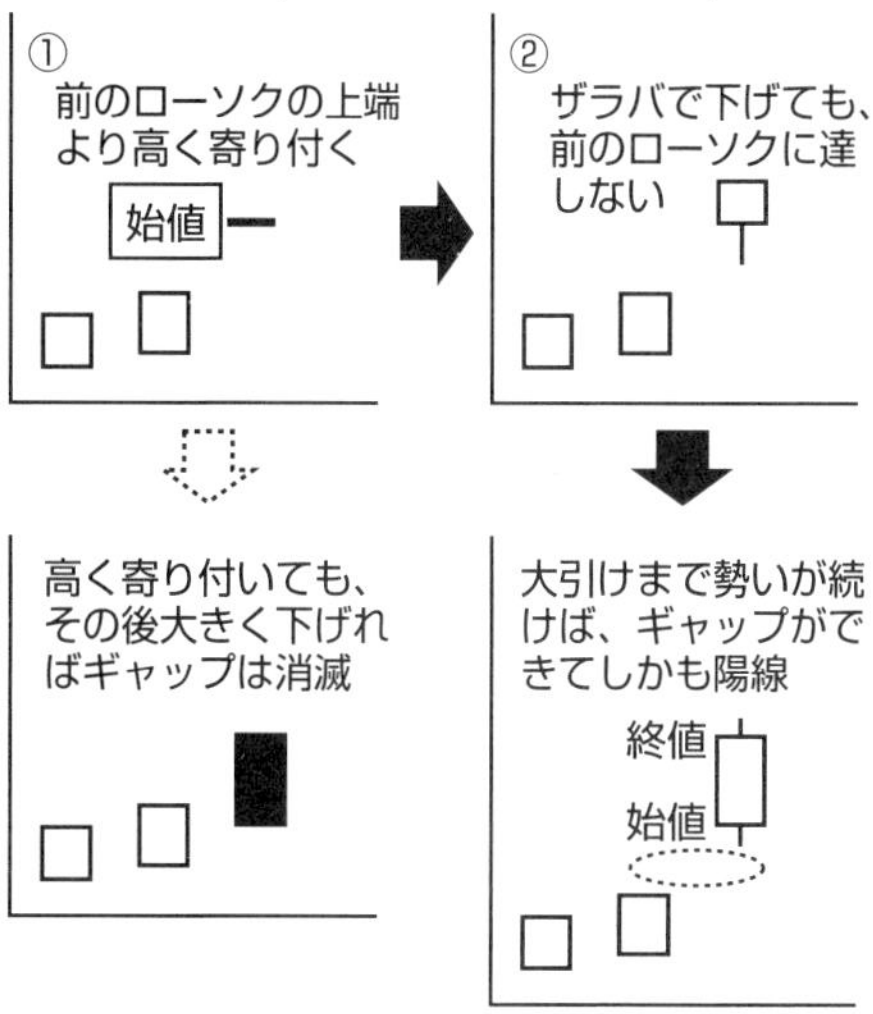
①
前のローソクの上端より高く寄り付く
始値
②
ザラバで下げても、前のローソクに達しない
高く寄り付いても、その後大きく下げればギャップは消滅
大引けまで勢いが続けば、ギャップができてしかも陽線
終値
始値

図＊5-5-②　コモン・ギャップとブレイク・アウェイ・ギャップ

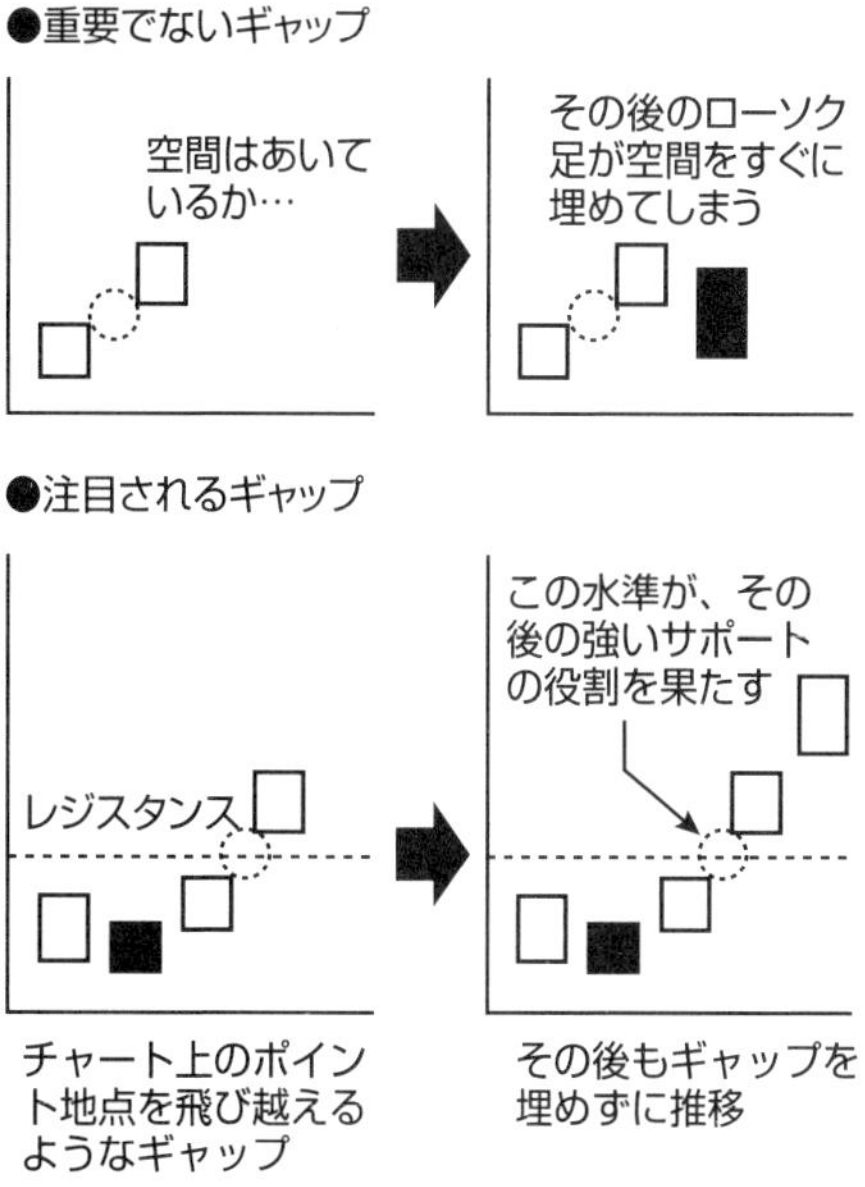
●重要でないギャップ
空間はあいているか…
その後のローソク足が空間をすぐに埋めてしまう
●注目されるギャップ
この水準が、その後の強いサポートの役割を果たす
レジスタンス
チャート上のポイント地点を飛び越えるようなギャップ
その後もギャップを埋めずに推移

図＊5-5-③　積水化学の月足、日足、週足

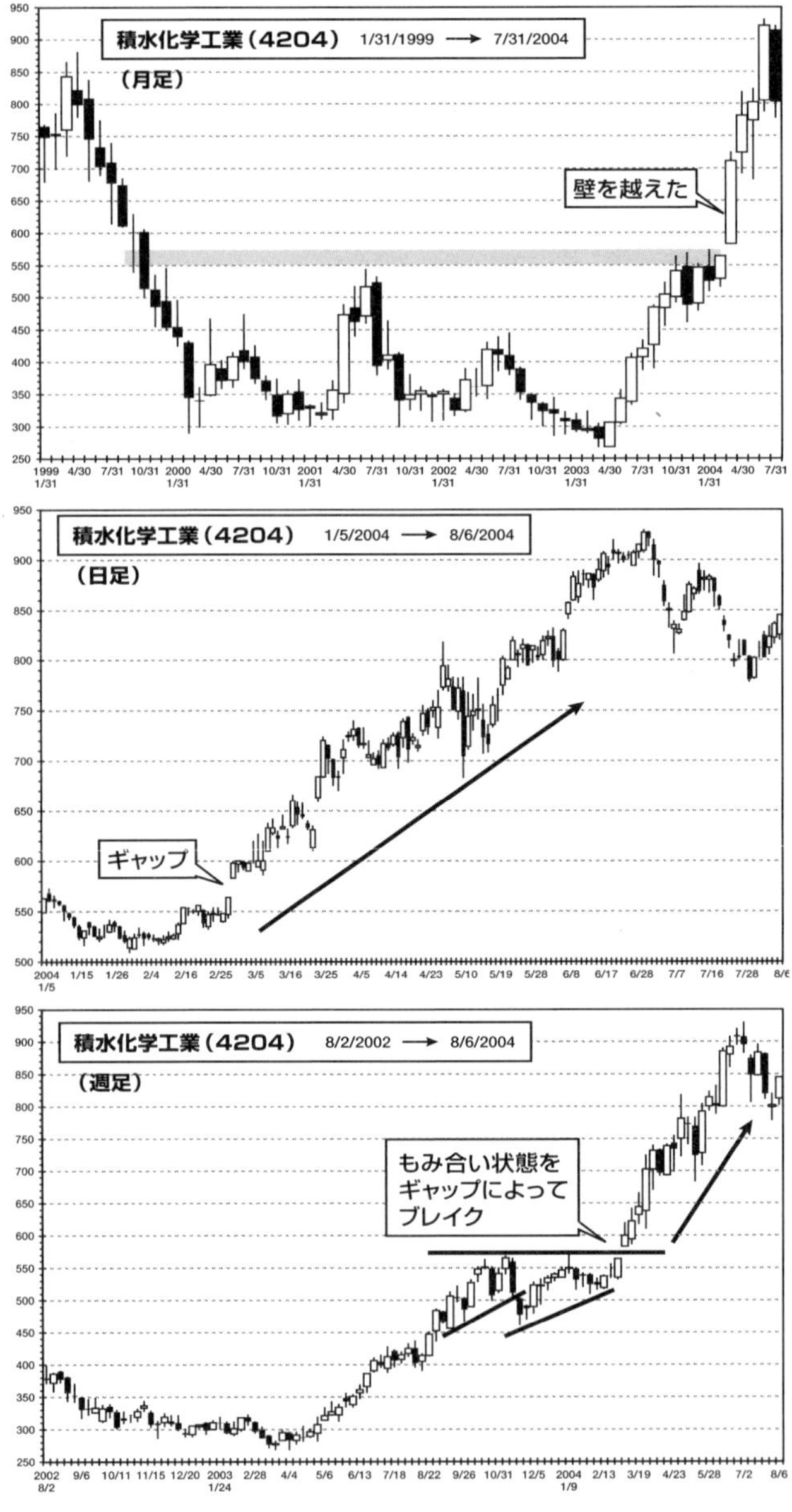
積水化学工業（4204）　1/31/1999 → 7/31/2004
（月足）
壁を越えた
積水化学工業（4204）　1/5/2004 → 8/6/2004
（日足）
ギャップ
積水化学工業（4204）　8/2/2002 → 8/6/2004
（週足）
もみ合い状態を
ギャップによって
ブレイク

反対に、過去何年かにわたって強力なサポートとして機能してきた水準を、ギャップをつくって下に飛びぬけてしまった場合には、何らかの重大なマイナス変化があったという疑いが浮上します。短期的なチャート上のポイント地点をギャップによって抜けるというのももちろん重要視すべきことですが、中長期のチャートを見ることによって、その重要度を推測することが可能になります。こうしたことも、トレンドのシグナルの信頼性を確かめるうえで役に立ちます。

6
本間宗久の「酒田五法」とは

❖日本の相場分析の元祖

ここで、少し日本の〝チャート〟の歴史を遡ってみます。日本において、いわゆる「取引市場」ができたのは17世紀初頭の米相場が最初といわれています。以後、市場が堂島に移ってから取引制度も充実し、徳川時代中期には相場の哲理などを示した著書も登場しています。

「過去の相場の足取りを記録し、現在の位置を確認するとともに、過去の足取りを類型化することによって将来の相場を類推する」という、今日でいうところのチャート分析に似た考え方は、とくに明治時代の後半から大正、戦前の昭和にかけて拡大していきました。この背景の一つには、株式市場の活況があったようです。

相場の推移を示したものは、古くは「**足取り**」と呼ばれていましたが、明治37年、早坂二菊（豊蔵）氏がこれを「**罫線（ケイ線）**」として定義しました。

以来、日本の「罫線」研究は西洋科学の影響を受ける一方で、こちらの手法も海外に輸出されるという状況の中で発展していきました。

この日本の罫線による相場研究で元祖といわれているのが、山形県酒田の豪農であり豪商だった本間家の一族、本間宗久という人物です。本間宗久は米相場で天才ぶりを発揮し、大儲けしたことから、その手法を伝える書も少なからず存在します。

❖三山・三川・三空・三兵・三法

本間宗久の手法は「**酒田戦術**」などと呼ばれて

いますが、なかでも有名なのが「**酒田五法**」といわれるものです。この酒田五法は「**三山**」「**三川**」「**三空**」「**三兵**」「**三法**」を骨子としています。

その解釈には不明な部分もあるのですが、ここでその概要を『日本罫線史』（日本経済新聞社刊）を参考に紹介しましょう。

酒田線は短期売買を基本としていたようですが、いずれも株価のパターン、あるいはローソク足の組み合わせの考え方として、短期に限らず、売買判断のヒントになります。

図*5-6-① 三山のパターン、三川宵の明星、三川明けの明星

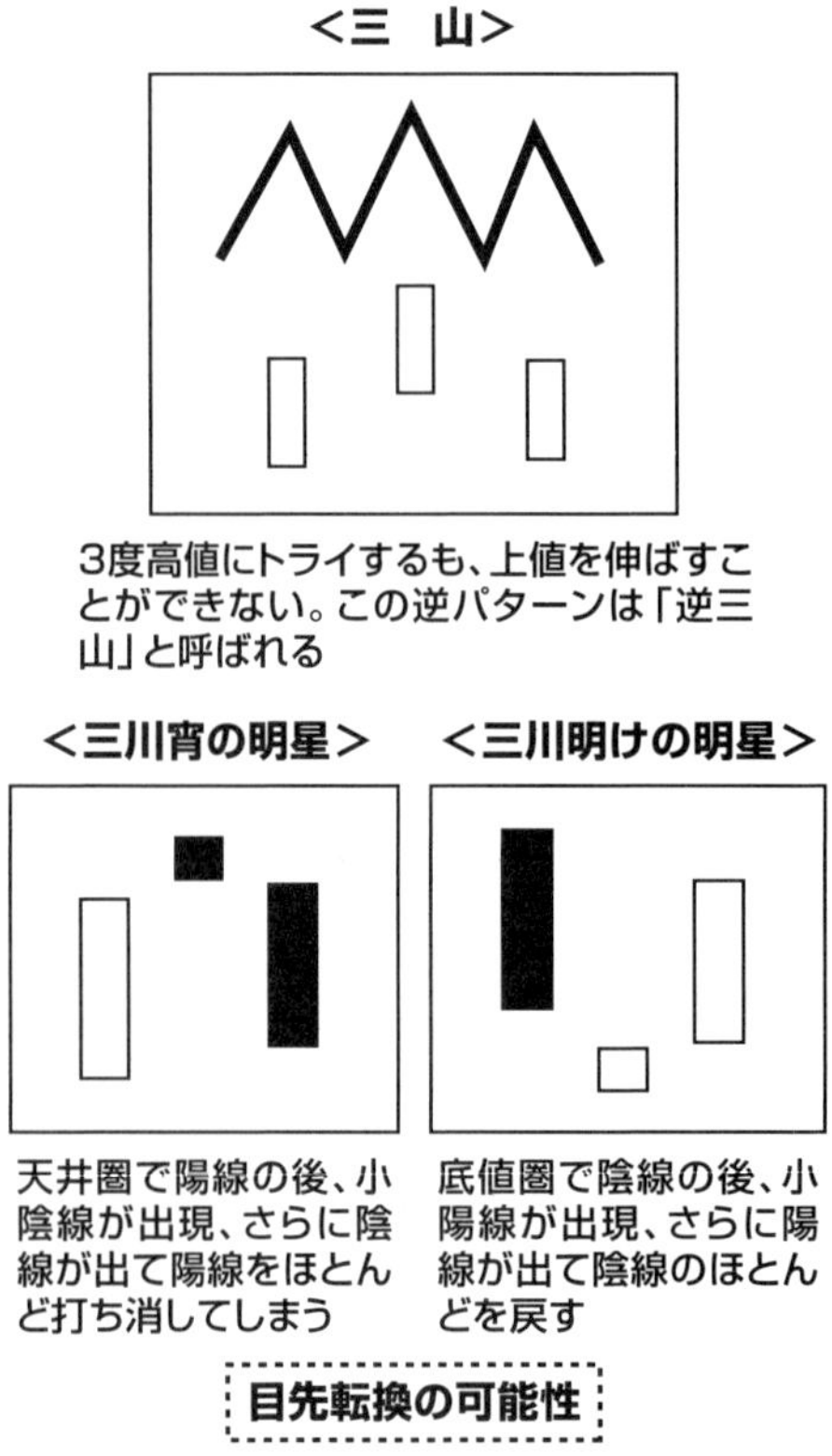
<三　山>
3度高値にトライするも、上値を伸ばすことができない。この逆パターンは「逆三山」と呼ばれる
<三川宵の明星>
<三川明けの明星>
天井圏で陽線の後、小陰線が出現、さらに陰線が出て陽線をほとんど打ち消してしまう
底値圏で陰線の後、小陽線が出現、さらに陽線が出て陰線のほとんどを戻す
目先転換の可能性

三山《さんざん》

底値から上下しながらも上昇してきて高値をつけた後に下押し、再度上昇して前の高値付近まできて再び下押し、三度同じ動きを繰り返すというパターン。これが確認されたときには、「大天井となるものなれば、他の主要線の出現を待ち、断固売り放つを良しとす」としています。これは、先にみた「ヘッド・アンド・ショルダー」や「トリプル・トップ」と同様のパターンと考えることもできそうです。

三川《さんせん》

「三山と反対にして、底値にて突込みては戻し、突込みては戻すという運動を繰り返すを云う」とあります。これだけだと、「逆ヘッド・アンド・ショルダー」や「トリプル・ボトム」を想像しますが、ほかに「**逆三山**」というパターンもあることから、三山の逆ではない、という解釈が有力です。

この「三川」は、3つの足の組み合わせと捉える説もあります。3本のローソク足の組み合わせとしては、「**三川宵《よい》の明星《みょうじょう》**」「**三川明けの明星**」と呼ばれる形が相場の転換点を示すものとしてよく知られています（前ページ図5−6−①下）。

図✻5-6-②　三空、赤三兵＆三羽烏

＜三　空＞

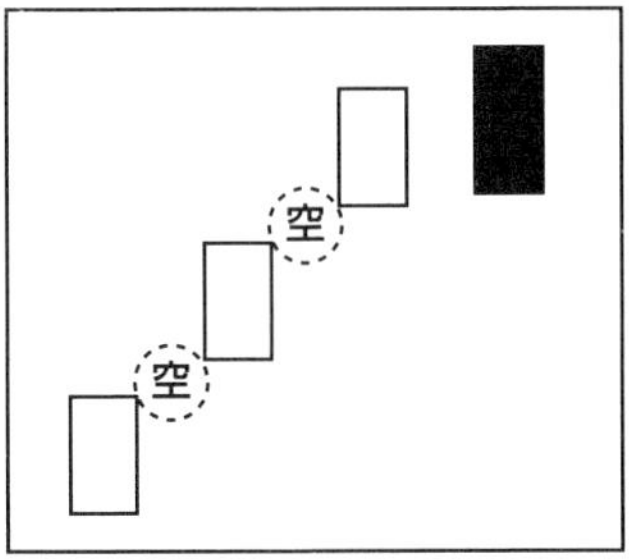

ギャップが出現するパターンが3回生じる。3度目の後に「かぶせ線」が出たときには天井打ちを示唆

＜三　兵＞

赤三兵　　**三羽烏**

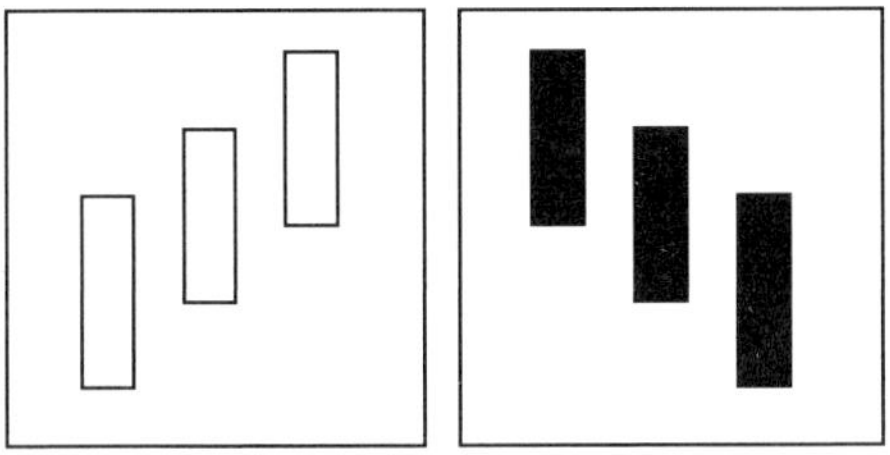

陽線が3本連続。底値圏からの反発で、このパターンが出ると強気シグナル

陰線が3本連続。「黒三兵」ともいう。不吉

三空《さんくう》

値が飛び、先ほど紹介したギャップが出現するパターンが3回生じる形。三度目の後に、「**かぶせ線**」（上げ相場であれば、高値は更新するもののローソク足の柱の部分に食い込むような陰線）が出現したり、「**寄引同時線**」が出たところを酒田戦術では「大天井也」としています。この逆のパターン、底値圏での「三空」も考えられます。

三兵《さんぺい》

陽線または陰線が同じ方向に3本進んでいくパターン。「永く保合いたる市況」から陽線が3本出現し、しかも高値・安値を切り上げていく場合には、「上進開始の表徴」と捉えます。この典型は「**赤三兵**」と呼ばれるパターンで、この逆の陰線が3本並んでいるパターンは「**三羽烏**」と呼ばれます。

三法

「三法とは〝売買休〟ということにて休戦することを云う」とあるのですが、具体的な判断法として「**上げ三法**」「**下げ三法**」というものがあります。

「上げ三法」は、高値をつけた後、３つの足で下押しするものの、上昇分を全部戻してしまわずに、次に３つ分の下げを帳消しにする陽線が出現するパターンです。これは、勢いよく上昇している相場の短期的な押し目を狙うときに大いに参考になります。

「下げ三法」は逆に、安値をつけた後、少しずつ３つ戻すのですが、その次に大陰線で３つの上げを帳消しにしてしまうパターンです。

この形は、戻り売りのポイントを探る目安になります。

図＊5-6-③　上げ三法、下げ三法

<三　法>

上げ三法

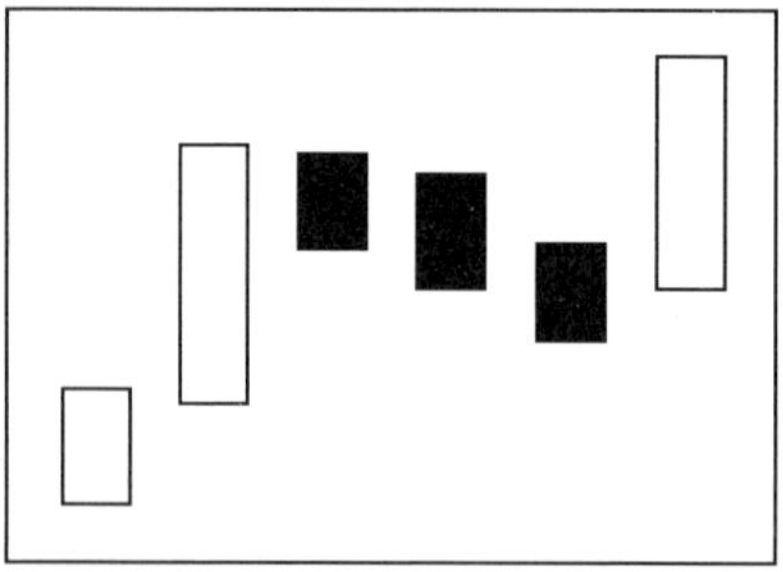

陽線の後、3つ陰線が出たものの、次の陽線が3つの陰線を帳消しにする。押し目買いのチャンス

下げ三法

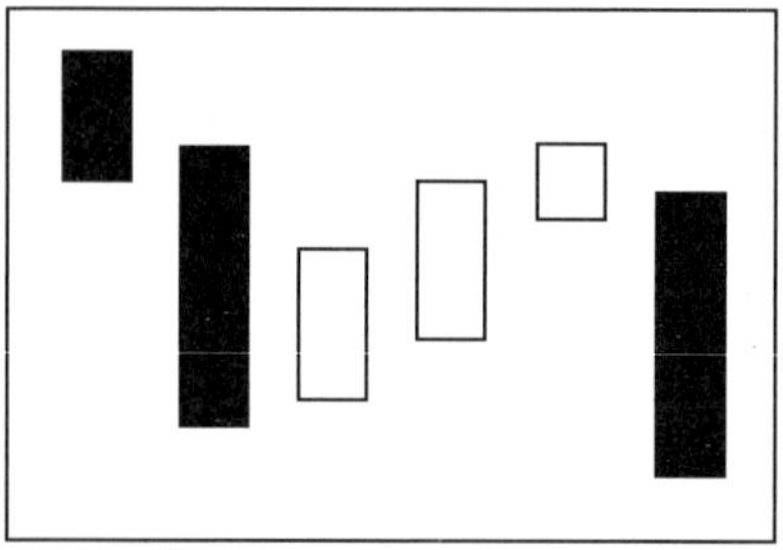

陰線の後、3つ陽線で戻したが、次の陰線1つで帳消し。戻り売りのチャンス

７　「出来高」で価格形成の背景を考える

❖ 出来高は市場のエネルギーを示す

株価が形成された背景を見るうえでは、「**出来高**」も欠かすことのできない要素です。出来高とは「売買が成立した株数」ですから、「買われた株数」＝「売られた株数」＝「出来高」ということになります。

出来高がなぜ重要なのかというと、たとえば、５００円だった株価が翌日５３０円になったとします。１日でこれだけ上昇するのだから、価格の動きだけを見れば「これは強い買い意欲がある」という解釈にもなるでしょう。

ところが、１単元１０００株の銘柄が、この日の出来高は５０００株、つまり５単元だけだったとしたら、この30円の上昇が果たして「強い買い意欲の結果だ」といってよいものかどうかは疑問でしょう。もしかすると、売り**指値***注文がポツポツとしか入っていなくて、たまたま大引けの**成行***買い注文に応じる売り注文が５３０円だったというだけなのかもしれません。

現実に「強い買い意欲が存在する」と捉えられるのは、「売りも多かったが、それを上回る買い意欲があった」という状況です。つまり、出来高とは、「どのくらいのエネルギーをもって価格が動いたのか」を知ることができる重要な情報なのです。

❖ ポイント地点をブレイクするときの出来高に注目

レジスタンスやサポートといった「ここを抜け

＊指値《さしね》（注文）：価格を指定した売買注文。したがって、指定した株価にならなければ売買が成立（約定《やくじょう》）しない。これに対して、価格を指定しない売買注文を「成行《なりゆき》（注文）」といい、注文株数を約定させることを優先させる。

図※5-7-①　買い意欲の増加と出来高の関係

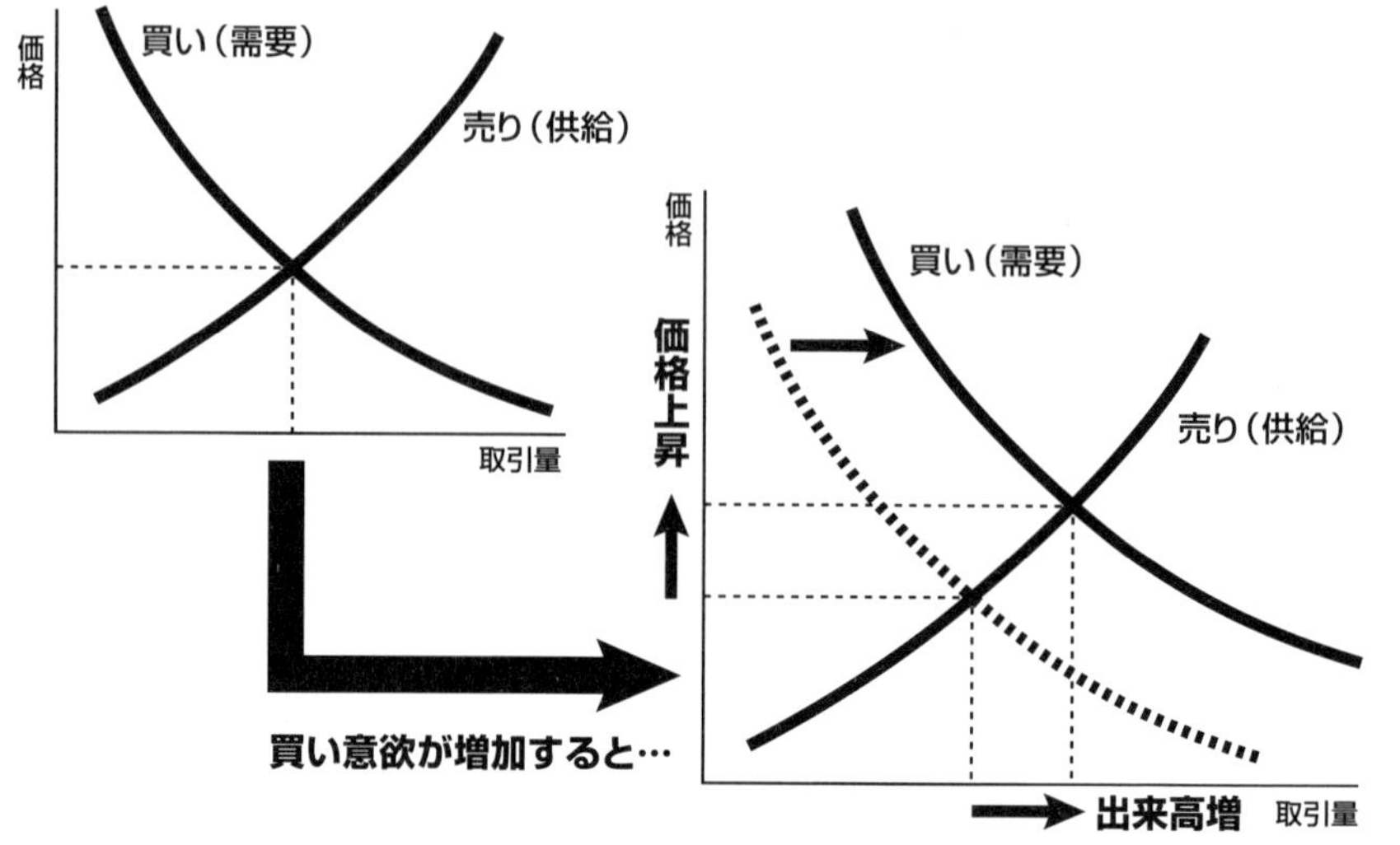

たらシグナルが出る」というポイント地点にあるときや、底値圏からの反転を示唆するような上昇があったときなどは、とくに出来高に注目する必要があります。トレンドが継続していくにはエネルギーが必要だからです。

　とりわけ上昇トレンドの継続には力がいります。というのは、売りたい人は基本的に「すでに株券を持っていて、それを売れば（オールマイティの価値を持つ）現金がともかく手に入る」という状況にあるのに対し、買う人は「株券という紙を買うために、（オールマイティの価値を持つ）現金を減らす」という立場だからです。

　現金を減らしてでも株を買うには、より強い意欲が必要になります。上昇トレンドを継続させていくには、その意欲が続かなければならないのですから、なおのことエネルギーが必要なのです。

　株をすでに持っている人の大多数は「売って利益を得よう」と考えて株を買っています。現在の東京市場の時価総額は約３５０兆円ですが（２００４年７月末、東証一部上場）、このすべてとは

図＊5-7-②　重要局面で出来高急増の実例チャート

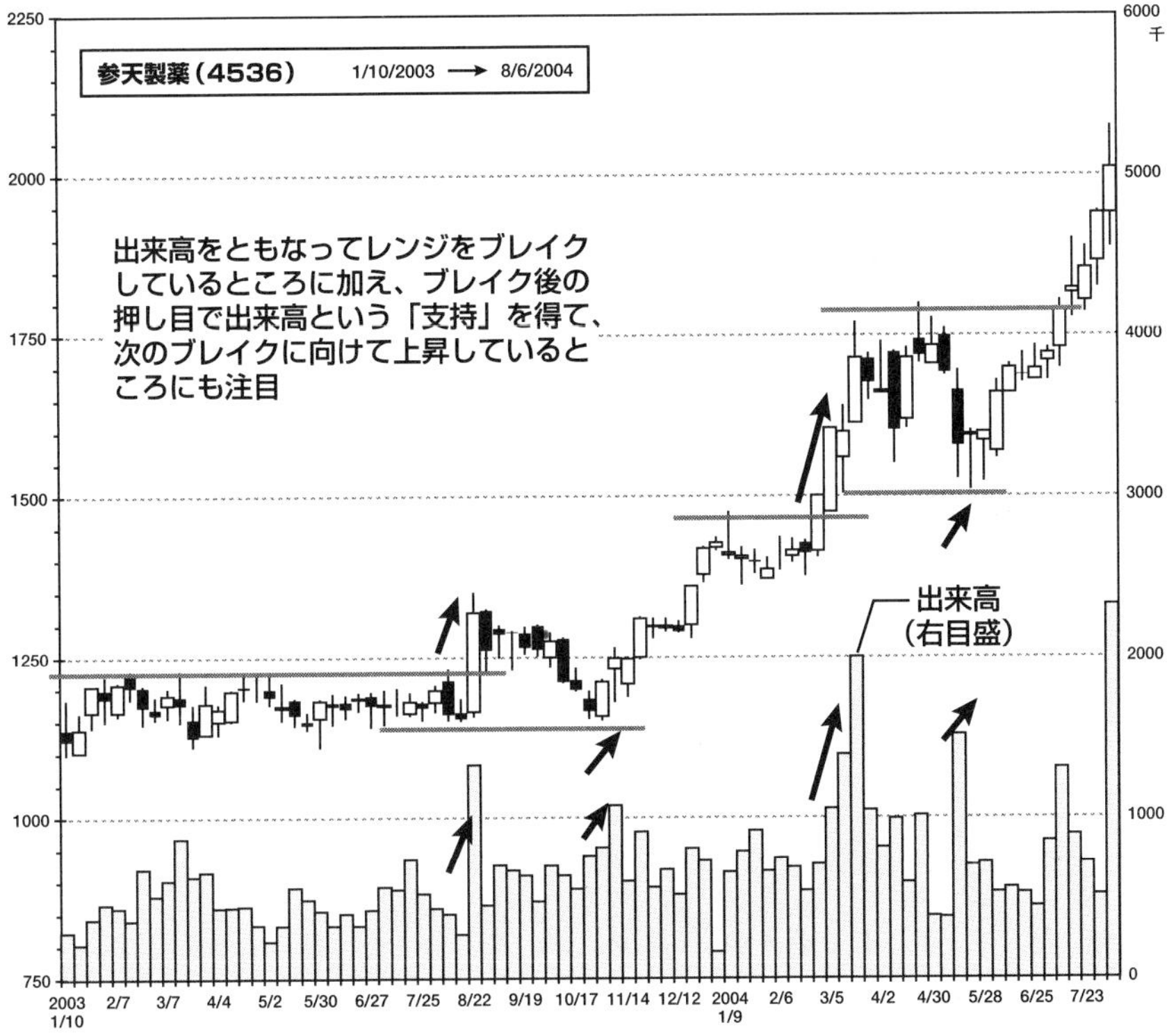
参天製薬（4536）　1/10/2003 → 8/6/2004
出来高をともなってレンジをブレイク
しているところに加え、ブレイク後の
押し目で出来高という「支持」を得て、
次のブレイクに向けて上昇していると
ころにも注目
出来高
（右目盛）
2250
2000
1750
1500
1250
1000
750
6000
千
5000
4000
3000
2000
1000
0
2003
1/10
2/7
3/7
4/4
5/2
5/30
6/27
7/25
8/22
9/19
10/17
11/14
12/12
2004
1/9
2/6
3/5
4/2
4/30
5/28
6/25
7/23

いわないまでも、常に売る機会を待っている株数が相当数存在するということです。

そうすると、大した買い意欲もないのに上昇した場合、「株価が上がったから売ろう」という人が少し出ただけで大幅に株価が下がることにもなりかねません。

「出来高をともなう上昇」とは、「買い意欲が強い」という「実態」をともなう上昇であり、「たまたま」上昇したものではないことを示します。

少なくとも、トレンドの反転、あるいはトレンド継続・再開のポイント局面では、実態のある力強い動きであるほうが先行きに期待が持てると考えられます。この点が、出来高の動向を通じてうかがい知ることができるわけです。

8 出来高の変化にも大きなヒントがある

❖ 通常の出来高との比較は銘柄探しにも使える

出来高をともなう上昇が望ましいというと、「どのくらいの出来高ならば『多い』といえるのか」という疑問が浮上してきます。

出来高の傾向というのは銘柄によりけりで、発行済み株数が多い大型株では、毎日何千単元、何万単元という出来高がありますし、発行済み株数自体が少ない銘柄の中には1日の出来高が百単元にも満たない例も結構あります。

だからといって、大型株はよくて、中小型株はダメだというわけではありません。ポイントは、出来高が平常と比べてどうか、ということです。

たとえば、1単元100株で通常の出来高は10万株程度という銘柄があるとします。この銘柄が、あるとき80万株という出来高で上昇したとしたらどうでしょう。80万株という出来高水準自体は決して多くはありませんが、この銘柄からしたら通常の8倍もの売買が行なわれたのですから、これは「出来高をともなった上昇」といって差し支えありません。

なぜ急に人気が集まったのか、その背景を調べてみて、さらに、この上昇によって重要局面をブレイクしているとしたら、これは大注目です。

そうすると、事前に注目銘柄を決めておくのではなく、その時々で出来高が急増している銘柄に注目してみるというやり方も有効そうだ、ということがわかります。

先の例でいえば、「出来高80万株」という水準

図*5-8-①　出来高水準がアップした銘柄のチャート例

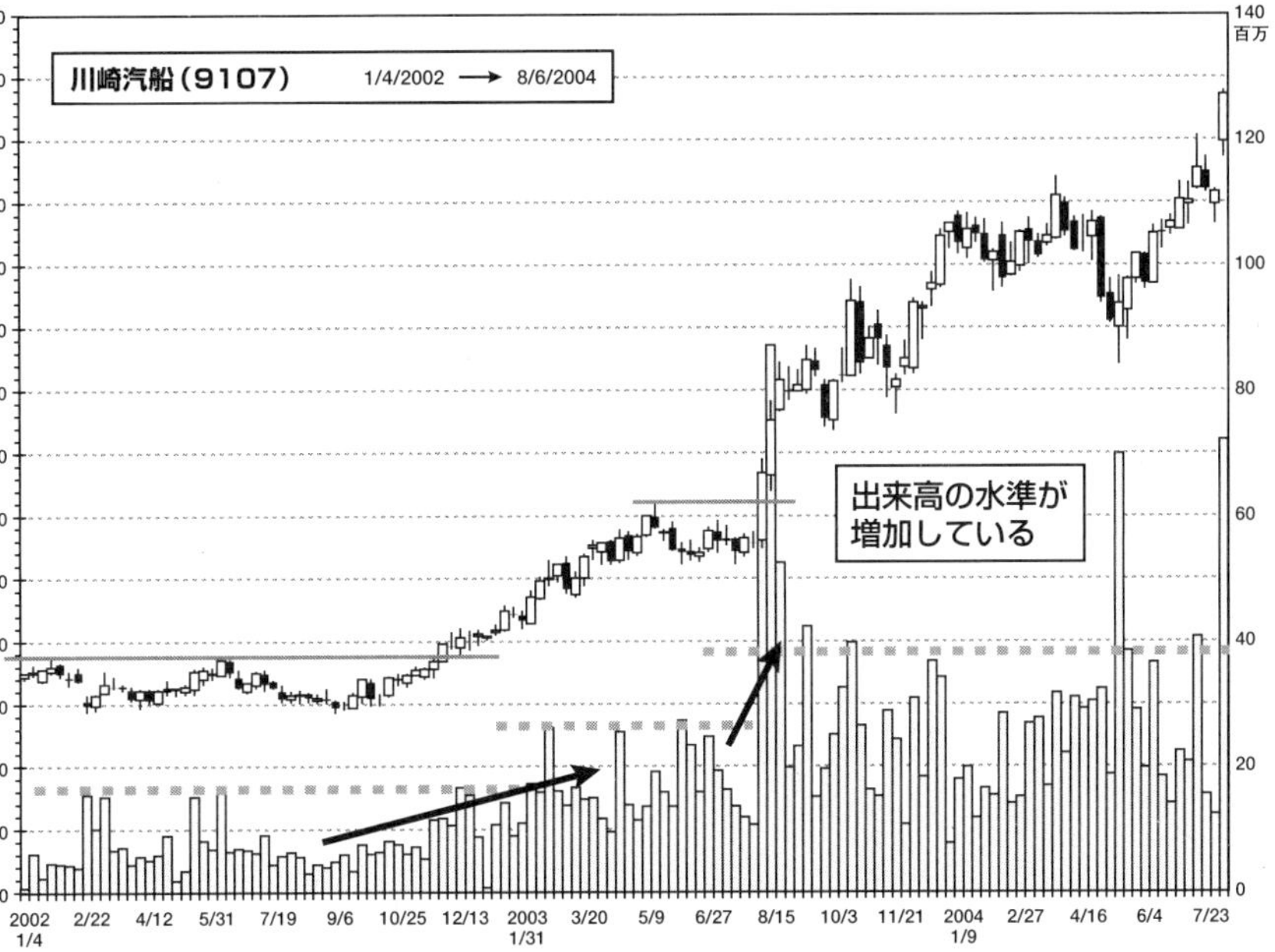
川崎汽船（9107）
1/4/2002 → 8/6/2004
出来高の水準が
増加している
700
650
600
550
500
450
400
350
300
250
200
150
100
50
0
140
百万
120
100
80
60
40
20
0
2002
1/4
2/22
4/12
5/31
7/19
9/6
10/25
12/13
2003
1/31
3/20
5/9
6/27
8/15
10/3
11/21
2004
1/9
2/27
4/16
6/4
7/23

では、おそらく『出来高ランキング』のようなものには顔を出さないまでも、一部のネット証券で提供している「出来高移動平均乖離率ランキング」のようなものにはランクインしている可能性があります。つまり、通常との出来高との比較が注目銘柄を探すヒントにもなるということです。

❖出来高の推移からトレンドの強さを測る

一般に入手できる株価チャートの多くは、株価の推移の下に棒グラフで出来高が記載されています。この出来高の推移、つまり出来高のトレンドを見ておくことも大切です。

あまり出来高の多くなかった銘柄が突如人気化し、出来高が急増するという出来事はときどきあります。もし、その人気化が一過性のものでなければ出来高の水準は衰えないどころか、増加していく可能性もあります。

出来高の増加基調が続いていて、しかも株価のトレンドも良好だという銘柄は恒常的な

図＊5-8-② 出来高水準が急減した銘柄のチャート例

自然堂（2340）
7/4/2003 → 8/20/2004
株価のトレンドもよく、出来高も増加。こういう状況なら、売買もやりやすい
出来高が大幅減。1日に数百株しか出来高がない日も。こうなると売買もしにくくなる
5000
4500
4000
3500
3000
2500
2000
1500
1000
500
0
百
2003 7/4
8/8
9/12
10/17
11/21
12/26
2004 1/30
3/5
4/9
5/14
6/18
7/23

人気者になったと捉えられます。これは注目に値します。

逆に注意したいのが、一時は人気化したものの出来高が急減するという事態です。たとえば、新規上場株の中には上場当初は活発に売買されていたのに、少し経つと閑古鳥が鳴くような出来高になってしまう例があります。こうなると、株価の動きも鈍くなり、売買益を狙うどころか、手仕舞おうにも手仕舞えなくなってしまいます。

中小型株、あるいは**新興株**＊など、もともと出来高があまり大きくない銘柄は、ちょっとした買い物が集まるだけでダイナミックに値が動くので面白みがあるのですが、人気が去ってしまうと株価は急落、「売ろうとしたら著しく不利な値段でしか売れない」という悲惨な状況に陥る危険性があります。そうした事態に早めに対応する意味でも、株価の動きとともに出来高の動向を注視しておきたいところです。

＊**新興株**：JASDAQ、東証マザーズ、ヘラクレス等に上場している、株式公開後、間もない会社の株。

9 絶対に見ておきたい「信用残」の動向

信用残高とは、**信用取引**で株を売買していて、まだ手仕舞っていない株数をいいます。信用取引では、お金を借りて株を買ったり（**信用買い**）、株券を借りてきて株を売ったり（**信用売り・カラ売り**）します。

どちらもお金や株券を借りて売買しているので、いずれ返さなくてはなりません（最もポピュラーな「**制度信用取引**」といわれる制度では6ヵ月が期限です）。信用買いの返済の仕方は、買った株を売る（**反対売買***）か、信用買いした株式の現物を引き取る「**現引《げんび》き**」のいずれか。

他方、信用売りの返済方法は、売った株を買い戻す（反対売買）か、信用売りしたのと同じ現物株を持っている場合にはそれを渡す「**現渡《げんわた》し**」のいずれかになります。

❖信用残で「将来の需給」の一端が見える

株価を形成するのは、株券を供給する側である売り手と、株を求める需要側である買い手の意欲と資金力の強さです。ということは、「これから売られる株数はどのくらいなのか」「買われる株数がどのくらいなのか」を知ることができれば、将来株価がどうなるかをかなり的確に予測できることになります。

現実問題として、数多くいる市場参加者すべてにこれをリサーチするのは不可能です。が、「これから株を売らなくてはいけない株数」「株を買わなくてはいけない株数」の一部ではありますが、数値として出ているものがあります。それが「**信用残高**」です。

＊反対売買：買った株を売る、売った株を買い戻すこと。信用取引では「返済」ともいう。

どの返済方法を選択するかはそれぞれ投資家の事情によりますが、反対売買で返済するパターンは相当数あるのは確かです。そうすると、信用買いをしていてまだ返済していない数（**信用買い残**）とは、「これから売らなくてはいけない株数」、信用売りをしていてまだ返済していない数（**信用売り残**）は、「これから買い戻さなくてはいけない株数」を多く含んだものと解釈できます。

つまり、信用買い残が膨らんでいれば「将来売らなければならない株数が増えている」、売り残が膨らんでいれば「将来の買い戻しの需要が膨らんでいる」と捉えられるのです。

図＊5-9-①　信用取引と信用残高

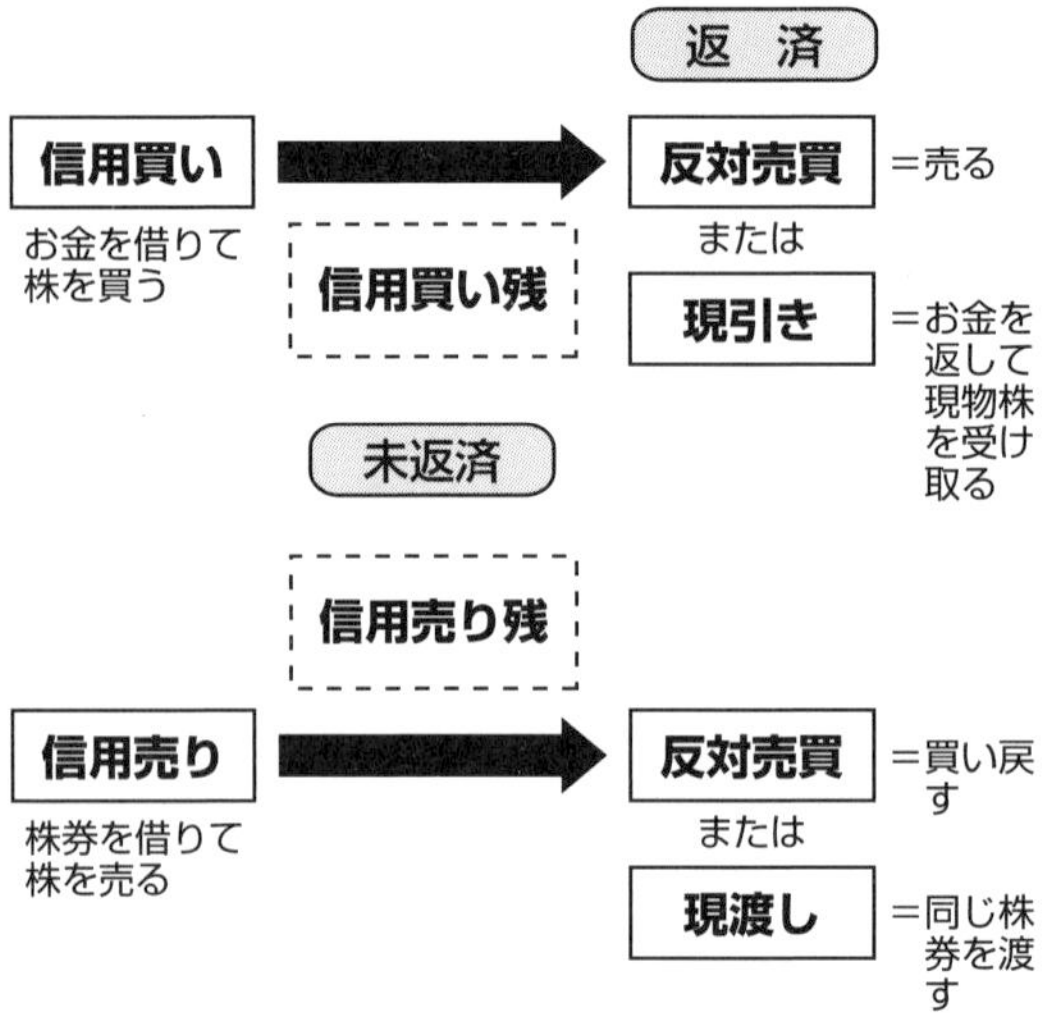
返　済
信用買い
お金を借りて株を買う
反対売買
＝売る
または
信用買い残
現引き
＝お金を返して株現物を受け取る
未返済
信用売り残
信用売り
株券を借りて株を売る
反対売買
＝買い戻す
または
現渡し
＝同じ株券を渡す

❖通常の出来高と信用残の水準を比べる

信用買い残および売り残がどのくらいあるかは、市販の『チャートブック』の出来高欄に「買い残」「売り残」別に線グラフで示されているほか、ネット証券でも信用残情報を提供しているところが数多くあります。

信用残を見るポイントとしてよく使われるのは「**信用倍率**」、すなわち、信用売り残に対して信用買い残がどのくらいの比率になっているかという数値です。たとえば、信用売り残が１００万株、信用買い残が１５０万株だとすると、信用倍率は１・５倍となります。

売り残のほうが買い残を上回れば、倍率は１より小さくなり、倍率が小さいほど、将来の買戻し

図＊5-9-②　『チャートブック』（投資レーダー社刊）の信用残高グラフ

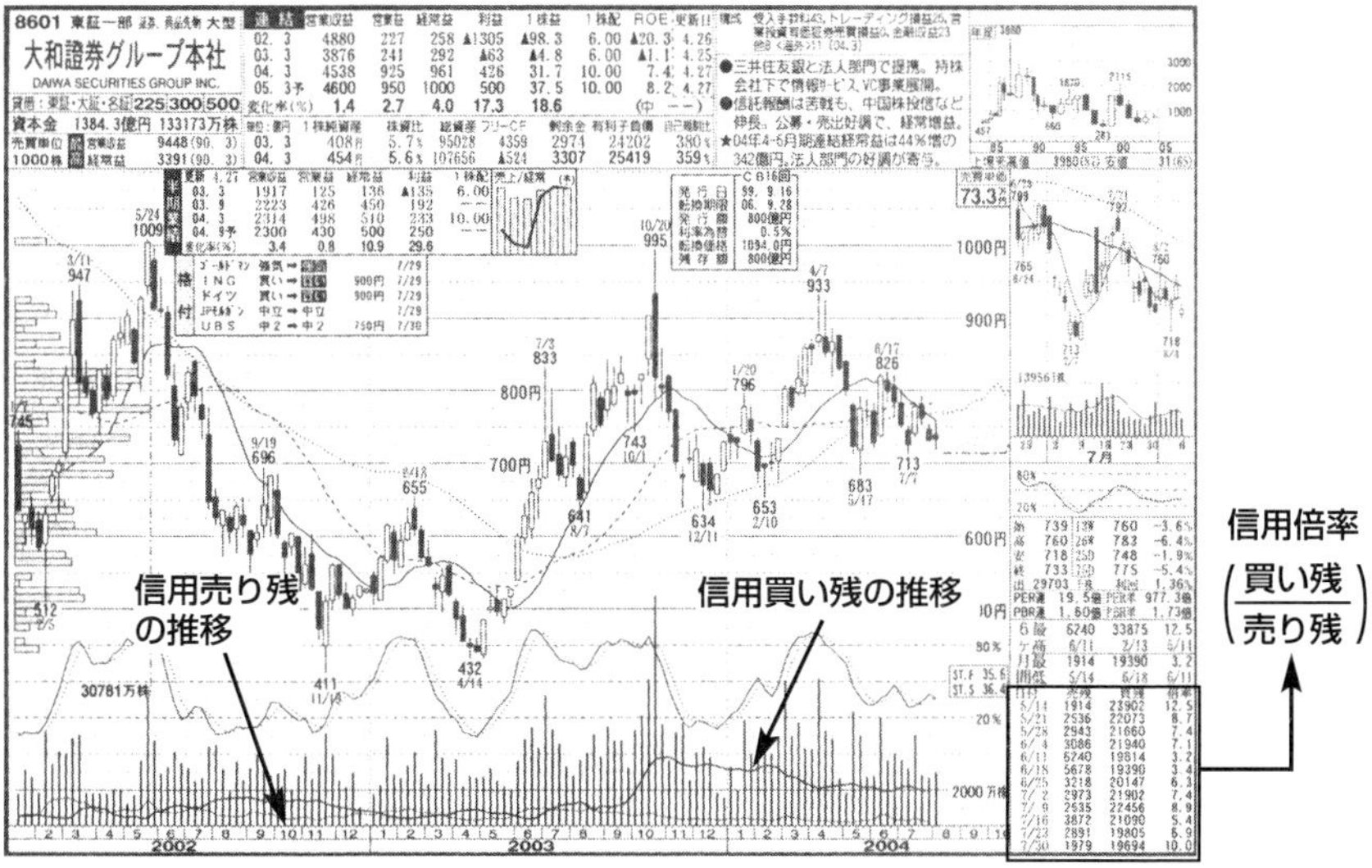

の需要がある（「**取り組みがいい**」などといわれます）として好感されたりします。

ただ、いくら信用倍率が低くても、信用残高の水準自体が小さければ、「将来の買い戻し需要」の影響力も小さくなってしまいます。

たとえば、日々の出来高が１００万株程度ある銘柄で、信用買い残が1万株、信用売り残が3万株だとします。信用倍率だけを見れば０・33倍と「**好取組**」かもしれませんが、仮に信用売り残の3万株すべてが一気に買い戻されたとしても、日々の出来高より3万株買いが増えるだけです。

つまり、将来の需給を考えるうえでは、信用倍率もさることながら、信用残の水準が通常の出来高と比較してどうか、という点が重要だということです。信用倍率が1倍で買い残と売り残が拮抗しているとしても、通常の出来高１００万株に対して、買い残・売り残ともに８００万株だとしたら、一気に反対売買が出た場合の影響は大きいと考えられます。出来高の水準と比べながら、信用買い残・売り残の影響を考えてみましょう。

10 信用残と株価のトレンドの逆行に注目する

❖こうなると「信用残」の人が手仕舞いに走る

信用残高は「これから反対売買がなされるであろう株数」を示すものですが、では、この買い残・売り残の人はいつ反対売買をするのでしょうか。

先にもふれたように、制度信用取引と呼ばれる最もポピュラーな制度のもとでは、6ヵ月以内に返済をすることが規定されています。

とはいえ、この6ヵ月という期限いっぱいまで信用取引をしている人がポジションを持ち続けるかどうかはわかりません。6ヵ月という期間内でパラパラと反対売買が行なわれるような状況だと、「将来の需要」「将来の供給」にもさほど影響しなくなる可能性もあります。

ただ、信用取引では、**含み損***が規定の水準以上拡大すると、追加で保証金を入れなければならず（「**追証**《おいしょう》」といいます）、それができなければ強制的に手仕舞いをさせられるというルールがあります。そうすると、含み損が拡大する方向に株価が大きく動けば、信用残の人も動かなければならなくなる可能性があるのです。

具体的にいえば、信用買い残の人は株価が急落したとき、信用売り残の人は株価が急上昇したときには苦しい立場に立たされます。

株価が急落して、信用買い残の人が困り果てて反対売買、すなわち買った株を売りに走ったらどうなるでしょうか。その売りによって急落している株価に拍車をかけることになります。

逆に、株価が急上昇して信用売り残の人が耐え切れなくなり、どっと買い戻しに走ったら、その

＊**含み損**：時価で換算した評価損。反対売買をしないうちは、損は確定しないが「含み損」となる。

図*5-10-①　信用買い残増加の例

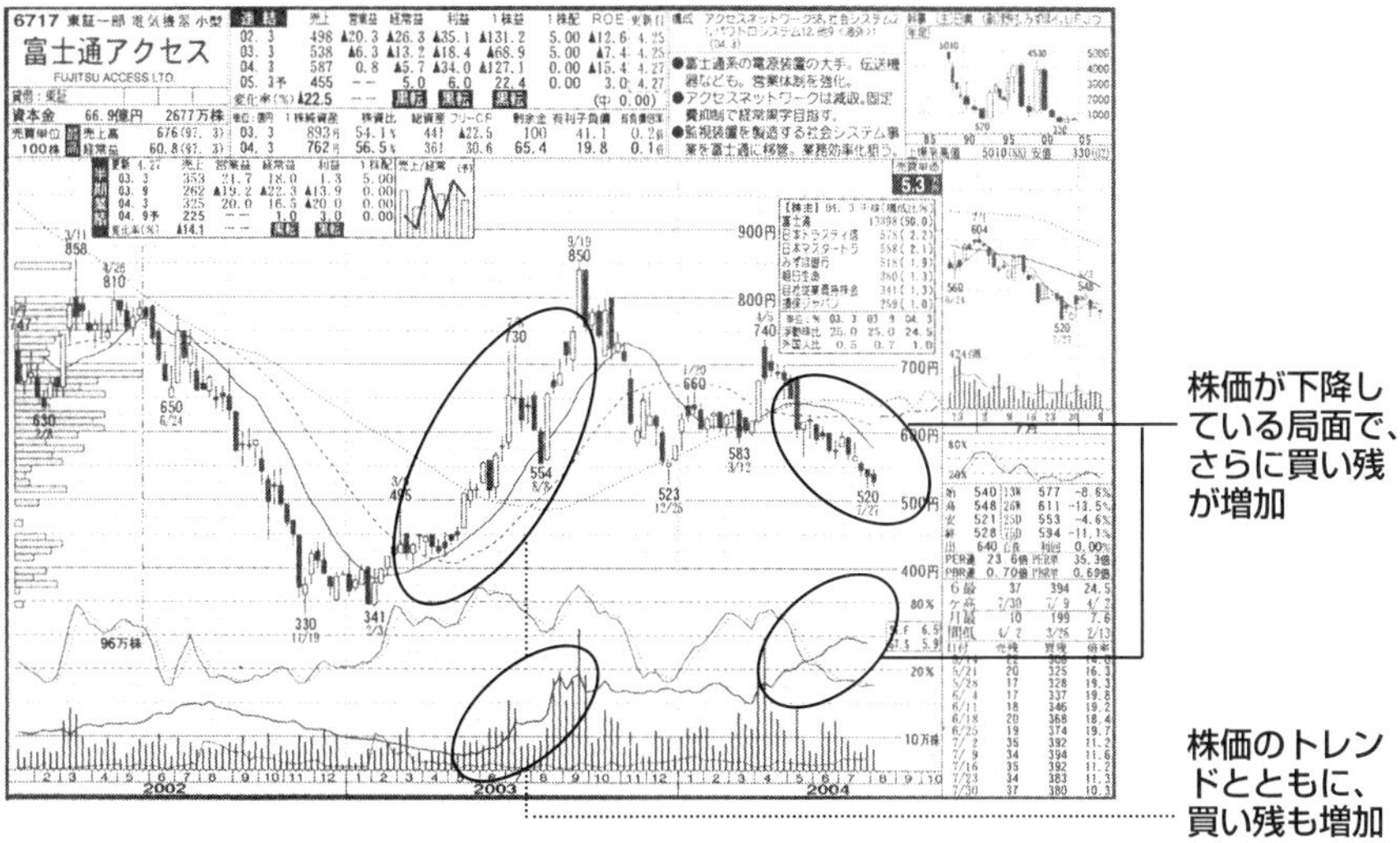
6717 東証一部 電気機器 小型
富士通アクセス
FUJITSU ACCESS LTD.
株価が下降している局面で、さらに買い残が増加
株価のトレンドとともに、買い残も増加

買い戻しが一層の株価上昇の要因になります。信用残は、こうした切羽詰った売買をもたらす可能性を示す数値でもあるのです。

❖信用残から売買スタンスを考える

ここで株価の動きと信用残との関係を考えてみましょう。信用残が増加基調にある中で株価も上昇している場合、株価のトレンドがしっかりしているならば、それに乗るのも悪くありません。ただし、信用買いは「仮需」であって、いずれは売り圧力になるものだ、ということを念頭に置いておく必要があります。

とくに買い残が高水準になっていれば、株価が急落したとき、調子に乗って「買い、買い」とやっていた買い残の人が苦しい立場になります。耐え切れずに反対売買に走れば下げが加速する、という事態は想定しておかなければなりません。

信用売りが膨らんでいる中で株価も下落基調にあるときは、この逆です。株価が急反発すると、それまで調子に乗ってカラ売りをしていた人は、

図*5-10-② 株価のトレンドと信用残が逆行している例

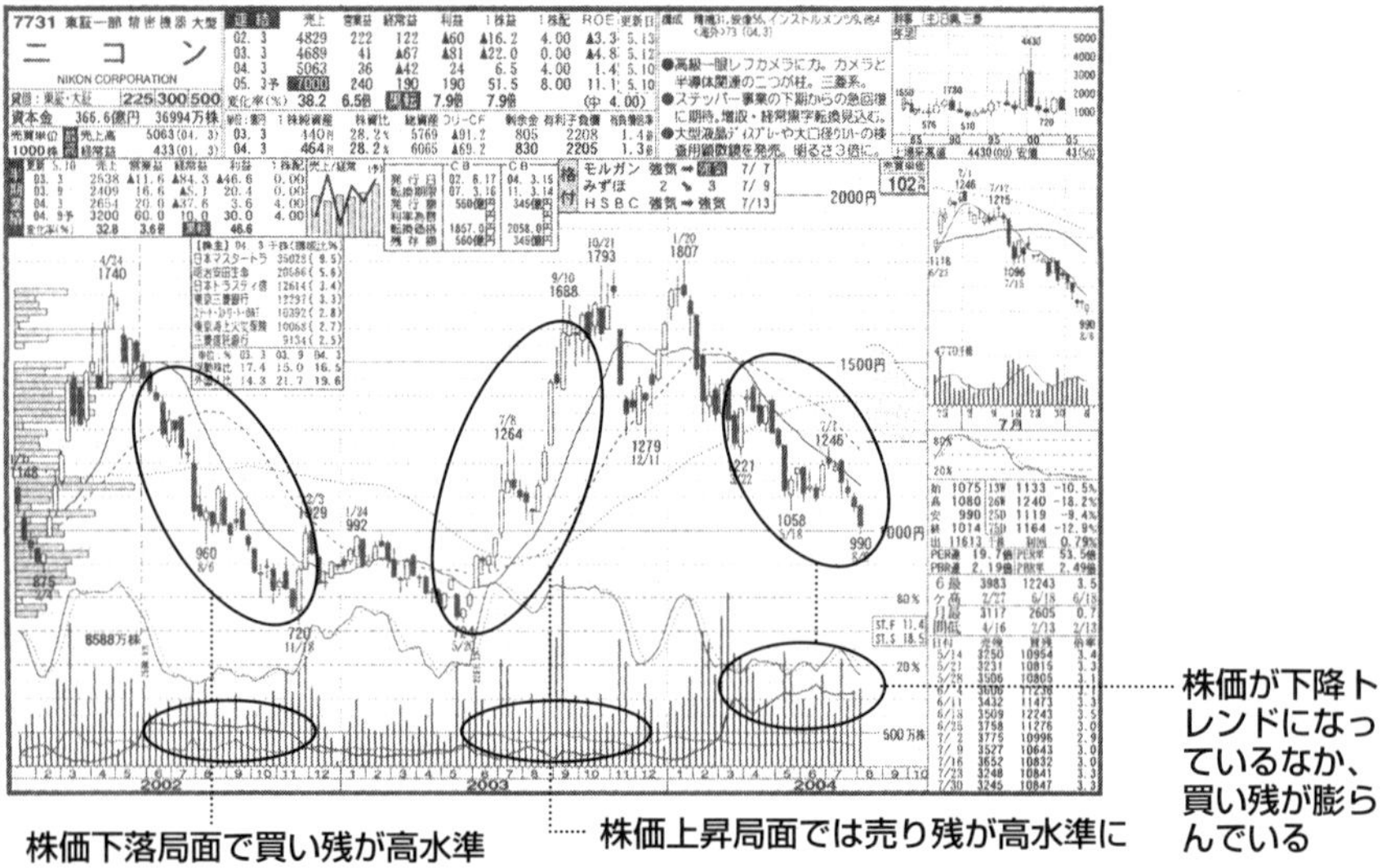
株価が下降トレンドになっているなか、買い残が膨らんでいる
株価下落局面で買い残が高水準
株価上昇局面では売り残が高水準に

いわゆる「**踏み上げ***」状態になってしまいます。株価の上昇が続けば、なおさら信用売り残の人は苦しくなります。

このことを逆から考えれば、信用買い残が膨らんでいる銘柄が下降トレンドに転換したとき、すでに下降トレンドにあるのに買い残の高水準が続いていたり、買い残がさらに増加している銘柄は、売り候補として注目できるということです。

他方、下降トレンドから上昇トレンドに転換している、あるいは、上昇トレンドが続いているのに売り残が高水準になっている銘柄は、買い候補として好感できる要素を備えているといえます。

上昇トレンドが続いていくと、売り残の人が耐え切れずに買い戻しに走り、さらに上昇が加速するという期待が持てるからです。

このように、株価のトレンドと信用残のトレンドを見ておくと、売買のスタンスを決める際にも、それ以前に、売買する候補銘柄を選ぶときにも大いに参考になります。信用取引をしない人でも、信用残の動向は注目です。

＊踏み上げ：株価の急騰などにより、カラ売りの買戻し（損切りのことが多い）が入り、さらに株価が上昇すること。

第6章

さらに奥深い
チャートの世界

1 不滅の人気を持つ「エリオット波動理論」

❖「いつ、いくらになる」という予測は可能なのか

ときどきチャートの予測や分析について、「トレンドがどうしたこうしたというけれど、結局は後講釈じゃないか…」といわれることがあります。

たしかに、トレンドのシグナルは株価の後追いです。とはいえ、チャートでトレンドを見るというのは、株価の動きを追う（フォローする）ことによって、そのトレンドに乗る、あるいはトレンドから降りようとするものですから、後追いで何が悪いんだ、といえるのも事実です。

ただ、後追いであるだけにシグナルが遅れる、ひいては売買の判断、執行が遅くなってしまうという欠点があることは否定できません。もし、「いつ頃の時期に、こういうふうになる」という、価格の予測に加えて時間の予測もできるとしたら、これは売買行動も素早くできるでしょう。

そうした要素を持っているのが、相場は何らかの周期やリズムを繰り返して動くという考え方です。日本でも古くから十二支（12年）のサイクルで相場を捉える考え方や、「十年ひと昔」という言葉もあるように10年サイクルで捉える考え方があります。

そのほかにも古今東西、「いつ、どのように動いて、いくらになるのか」を予測する理論、研究はさまざまありますが、その中でも根強い人気を誇っているのが、「**エリオット波動理論**」です

この理論はラルフ・ネルソン・エリオットという人物が考案したもので、１９３８年に「波動原

図※6-1-①　基本8波

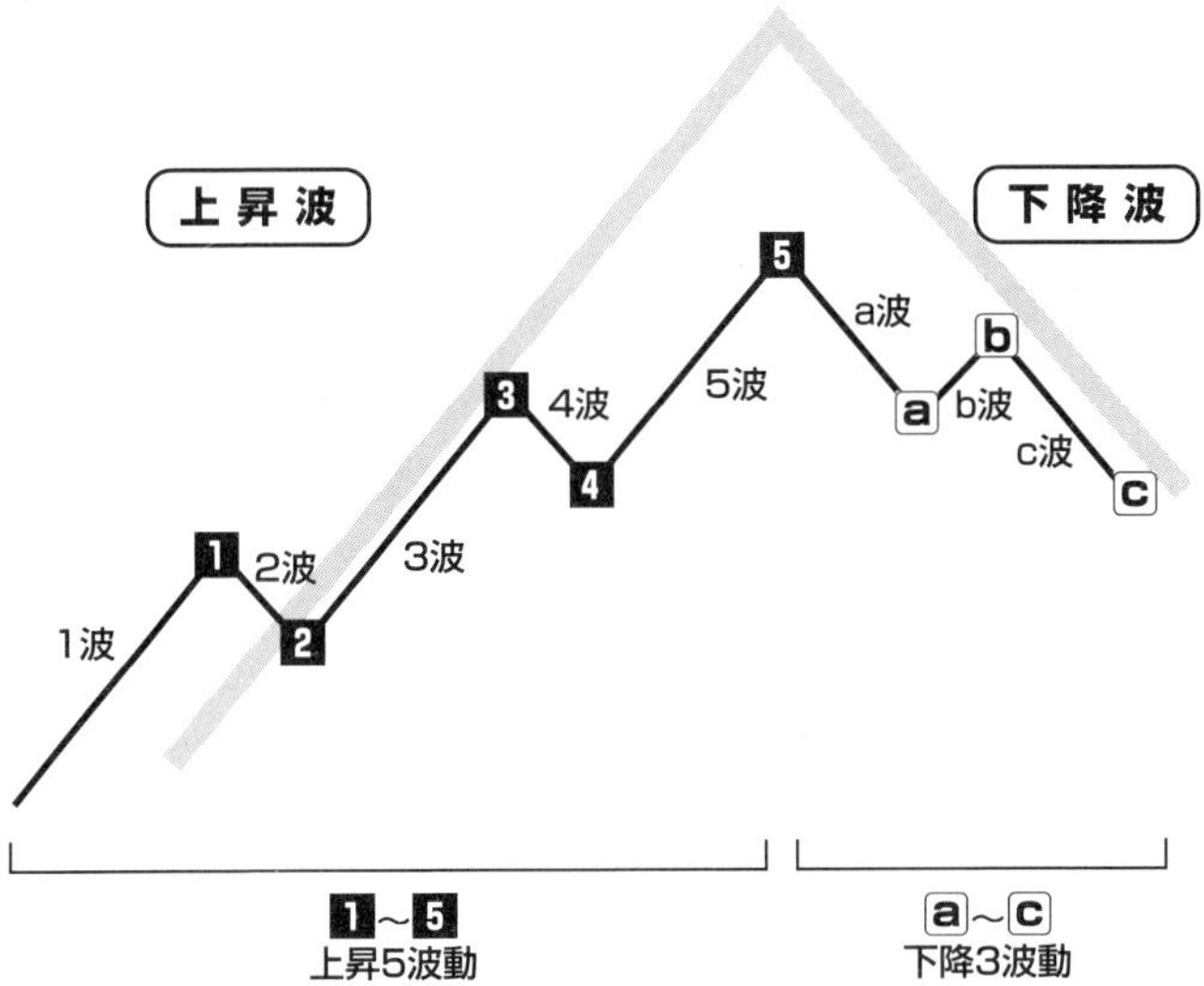

理」として出版され、その後、世界的に有名になりました。

❖ 1サイクルは8つの波で構成される

エリオット波動理論の基本となっているのは、「**1サイクル**は、5つの**上昇波**と、それに続く3つの**下降波**の合計8波で反復を繰り返す」というものです。

上昇の5波を「1－2－3－4－5」、下降3波を「a－b－c」とすると、

1波＝上昇（**推進波**）
2波＝上昇の中の押し（**調整波**）
3波＝再上昇（推進波）
4波＝上昇の中の再押し（調整波）
5波＝再上昇（推進波）

となり、その後、調整局面となり、a波（下降）－b波（戻し）－c波（下降）という動きになります。

これを大きな動きとして捉えると、それぞれ一つの波（推進波＋調整波）はさらに小さな8波で構成され、その8波の中の一つの波（たとえば1

図＊6-1-②　さらに細かいエリオット波動

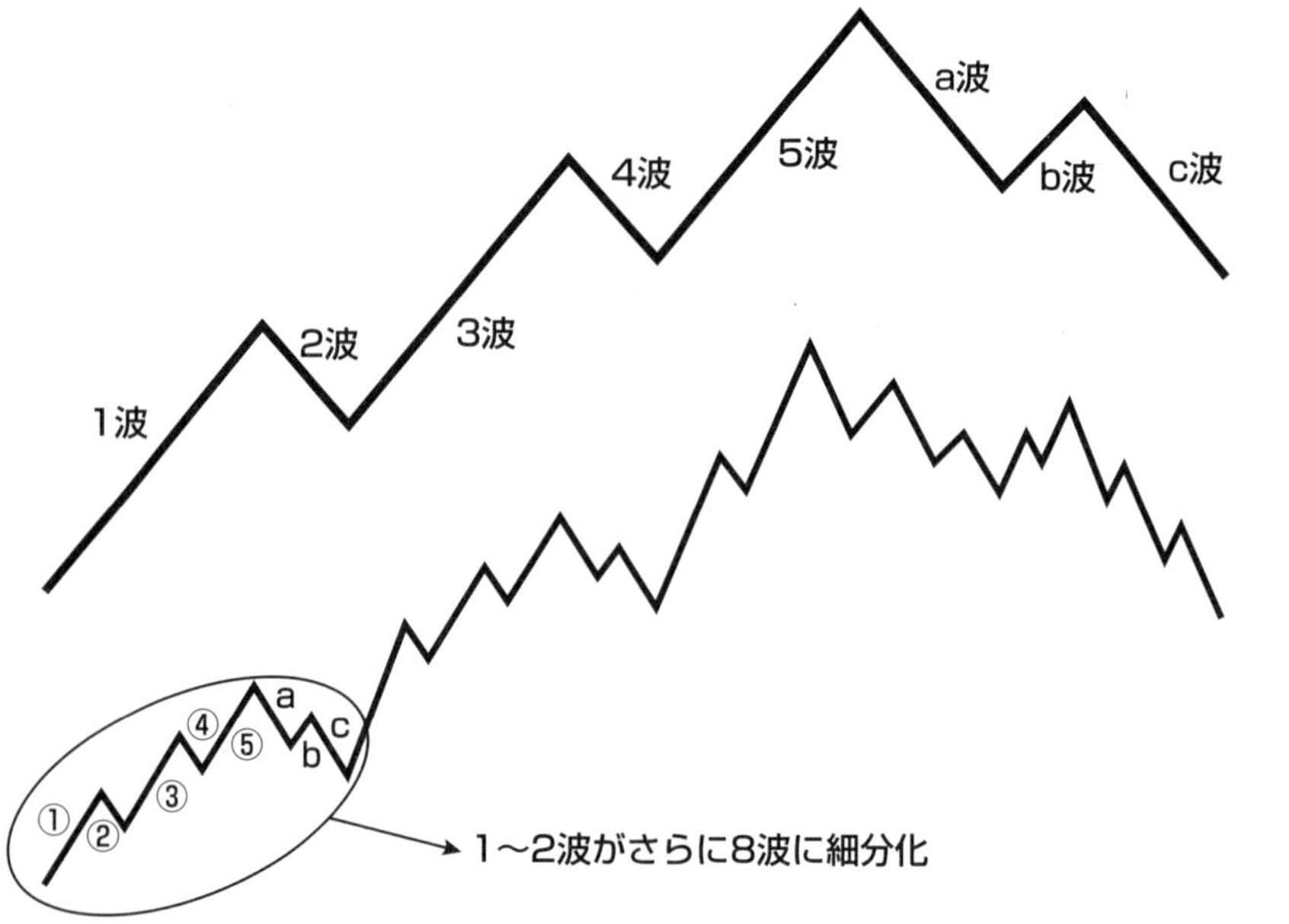

波～2波）も8波で構成される、というふうに細分化できます。

現実には、株価が図のようにきれいな8波を構成しているわけではなく、どこかの波が長かったり、一つの波がギザギザになっていたり、あるいは波の形が上昇しきれずに未達成で終わってしまったり、いろいろな形になります。

ただ、相場はリズムを持っている、というのがこの理論で、実際に、「**3段上げ**」*といった言葉などもあるように、相場の山や谷の形成が、3や5といった数字に関係しているという感じている人は多いでしょう。

この「1－2－3－4－5」と「a－b－c」という形を意識してチャートを見ておくと、現在のトレンドは1サイクルで考えたときのどのあたりにあるのか、という目安になり、先の動向を予測するうえでも役に立ちます。

＊3段上げ：調整局面を（2度）はさんで、上昇相場が3度あること。

2 不思議な数字「1・618」

❖エリオット波動理論の根幹「フィボナッチ数列」

エリオット波動理論は、もちろん売買の実践にも活用できます。その際にポイントとなるのは「**フィボナッチ数列**」と呼ばれる数列で、これがエリオット波動理論の根幹をなしています。

フィボナッチ数列とは、

1、1、2、3、5、8、13、21、34、55…

という数列で、「連続する2つの数字を足すと、その次の数字になる」という規則性を持っています。

この数列の面白いところは、「次の数字との比が、だんだん0・618に接近してくる」という点です。たとえば、最初の1と次の1の比は1ですが、以降、「1／2＝0・5」「2／3＝0・66…」「3／5＝0・6」「5／8＝0・625」といった具合に、数字が大きくなるほど0・618に近づいていくのです。2つの連続した数字の小さいほうから見れば、「ある数字の次の数字は、その1・618倍（0・618の逆数）に近づいていく」というわけです。

この0・618、その逆数である1・618という数字は、じつは古代ギリシア時代からきわめて重要視されてきた数字です。「1対0・618」「1・618対1」、あるいは「0・618対0・382（1-0.618であり、0.618^2でもある）」という比率は、安定感があって見た目も美しい比率ということで「**黄金分割**（**黄金比**）」などと呼ばれ、古代から建築物や芸術、今日でも商業製品のパッケージなどに用いられています。

いったいなぜ、「連続する数字と次の数字を足したものがその次の数字になる」という数列の２つの数字の比が、この黄金比の０・６１８、あるいは１・６１８に近づいていくのか。これは高校の数学Ⅰで習った等比関数列型の漸化式の問題みたいですが、この数列のｎ番目の項（a_n）は、

$$a_n = 1/2.236\{1.618^n - (-0.618)^n\}$$

という式で表わされます（$\sqrt{5}$＝２・２３６として計算しています）。

この式で、(-0.618) は絶対値が1より小さい数ですから、ｎ乗のｎの数が大きくなるほどゼロに近づいていきます。１／２・２３６は定数なので、２つの連続する数値の比率には関係しません。そうすると、連続する数値だけを見れば、ｎが大きくなるほど１・６１８倍ずつ次の数が大きくなるという形になります。つまり、公比１・６１８の等比数列になっていくわけです。

❖黄金比に満ち満ちている正五角形

図形で「１対０・６１８」「１・６１８対１」「０・６１８対０・３８２」という黄金比がそこかしこに登場するのは正五角形です。これは、正五角形の各角が１０８度、対角線を引いてできる三角形の角が36度、54度、72度など、いずれも18度の倍数となっていることにも関係します（というのは、$\sin 18 = 0.618/2$　$\cos 36 = 1.618/2$など、黄金比率の数値が深く関連しているため）。

たとえば、正五角形の一辺の長さを１とすると、各角を結ぶ対角線の長さは１・６１８になります。また、この対角線の長さを１とすると、Ｂから対角線ＡＣと対角線ＢＤの交点までの長さが０・３８２。対角線ＣＥと対角線ＢＤの交点までの長さが０・６１８、さらに対角線ＡＤとＣＥの交点から水平に引いた線が対角線ＢＤと交わる点までの長さは０・７６４（$1-(0.618)^3$）です。

この「１対０・３８２」「１対０・６１８」「１対０・７６４」は、底辺からBまでの高さに対する、各点の高さの比でもあります。説明が長くなりましたが、これら高さの比が、エリオット波動理論を実践で使う大きなポイントです。

図*6-2-①　フィボナッチ数列の一般項の計算式

フィボナッチ数列のn番目にくる項（a_n）を求めてみる。

数列　1，1，2，3，5，8，13，……

（1，1を足すと2）足すと

- $a_1=1$，$a_2=1$
- n番目の項　$a_n=a_{n+2}-a_{n+1}$　……(a)

という関数になる

> 3項間の漸化式の特性方程式は　$x^2-x-1=0$
>
> $x=\dfrac{1+\sqrt{5}}{2}$ あるいは $\dfrac{1-\sqrt{5}}{2}$
>
> $\sqrt{5}=2.236$とすると
>
> $x=1.618$ または -0.618 となる

特性方程式の解をα,βとすると、(a)式は

$$\begin{cases} a_{n+2}-\alpha a_{n+1}=\beta(a_{n+1}-\alpha a_n) \\ a_{n+2}-\beta a_{n+1}=\alpha(a_{n+1}-\beta a_n) \end{cases}$$

に変形できる。これを等比数列の形にして$a_{n+1}=a_2$，$a_n=a_1$を代入し、連立させれば一般項が求まる。

これを計算していくと、　$a_{n+1}-1.618\,a_n=(-0.618)^n$ ――①

$a_{n+1}-(-0.618)\,a_n=1.618^n$ ――②

①－②とすると　$-2.236\,a_n=(-0.618)^n-(1.618)^n$

$$a_n=\frac{1}{2.236}\{(1.618)^n-(-0.618)^n\}$$

$\sqrt{5}$ → 2.236

$|-0.618|<1$なのでnが大きくなるほど0に近くなる

図*6-2-②　正五角形と黄金比率

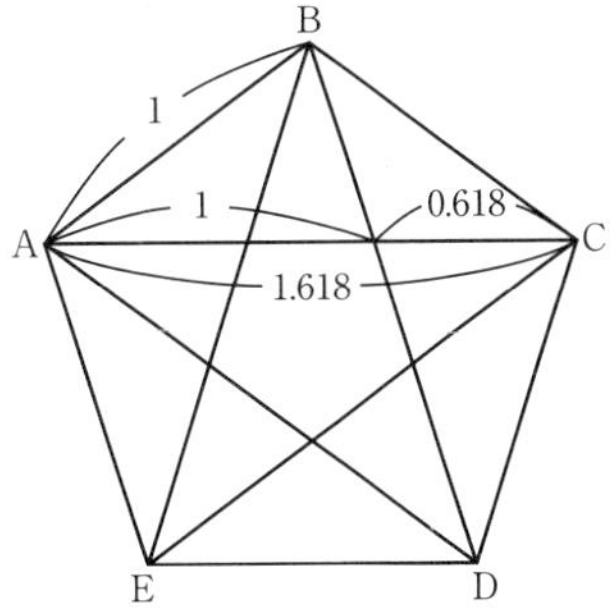

1辺の長さを1とすると

AB：AC＝1：1.618

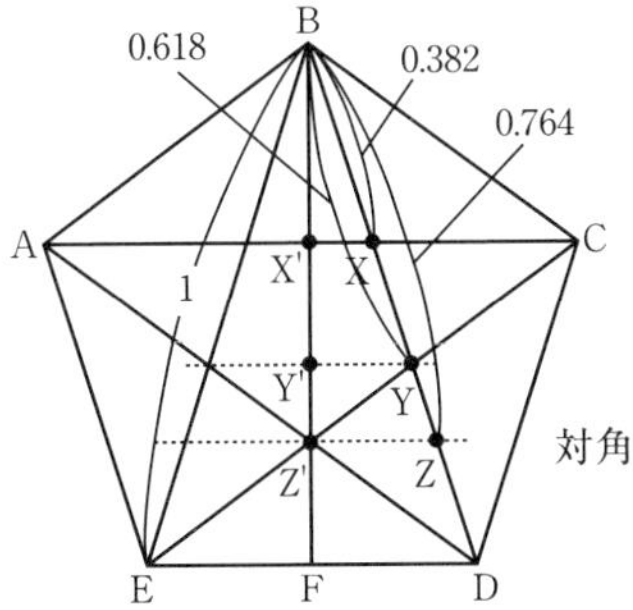

対角線BEを1とすると

BE：BX ＝ 1：0.382
BE：BY ＝ 1：0.618
BE：BZ ＝ 1：0.764

五角形の高さBFにおいても

BF：BX' ＝ 1：0.382
BF：BY' ＝ 1：0.618
BF：BZ' ＝ 1：0.764

３「黄金比」を押し目・戻しの目標値に使う

❖ エリオット波動理論の中の黄金比

エリオット波動理論では、推進波である１波と３波、３波と５波が１・６１８という比率で関係づけられるとしています。たとえば、３波の頂点の位置の最小目標値は、１波の高さに１・６１８を掛けたものと２波の底の和になる、といった具合いです。また、下降波a波とc波との関係は、その逆数である０・６１８になるとします。

実際の相場の山や谷の動きがこの比率に沿ってぴったり動くとは考えにくいところですが、この黄金比を目先の押し目や戻しの目安をつけるときに使うと、思いのほか役立ちます。

まず、株価が上昇しはじめたとします。この上昇を、先にみた正五角形の対角線ＢＥと考えてください（図６−３）。

この上昇がピークをつけたところからの押しとしてポイントになる地点は、この高さ（上昇した値幅）の０・３８２。次のポイント地点としては、０・３８２と０・６１８のちょうど中間地点の０・５が考えられます。その次のポイント地点は０・６１８押したところ。その先になると０・７６４地点です。

下げ相場の戻り売りでも、下げた値幅の０・３８２戻し、次は０・５戻し、次が０・６１８戻し、といった具合いに目安をつけます。

❖ 押し目と戻しの目安

たとえば、株価が５００円から７００円まで上がって調整しはじめたとします。この上昇の値幅は２００円です。そうすると、最初の押し目の目標値は、「２００円×０・３８２」で約76円。下げはじめた株価７００円から76円を引いた６２４円が最初の押し目の目安です。次は０・５押しですから、７００円から１００円分の押した６００円。その次は「上昇値幅２００円×０・６１８」で１２４円。７００円から１２４円を引いた５７６円あたりが目安となります。

この比率、根拠のない数値のように思えるかもしれませんが、実際にこれらの数値を戻しの目安にしてみると、なかなか有効であることがわかります。

日本でも、「３分の１戻し」「半値戻し」「３分の２戻し」などということがいわれますが、これらが黄金比と近い数字である点は興味深いところです。

図＊6-3　黄金比と押し目・戻しの目安

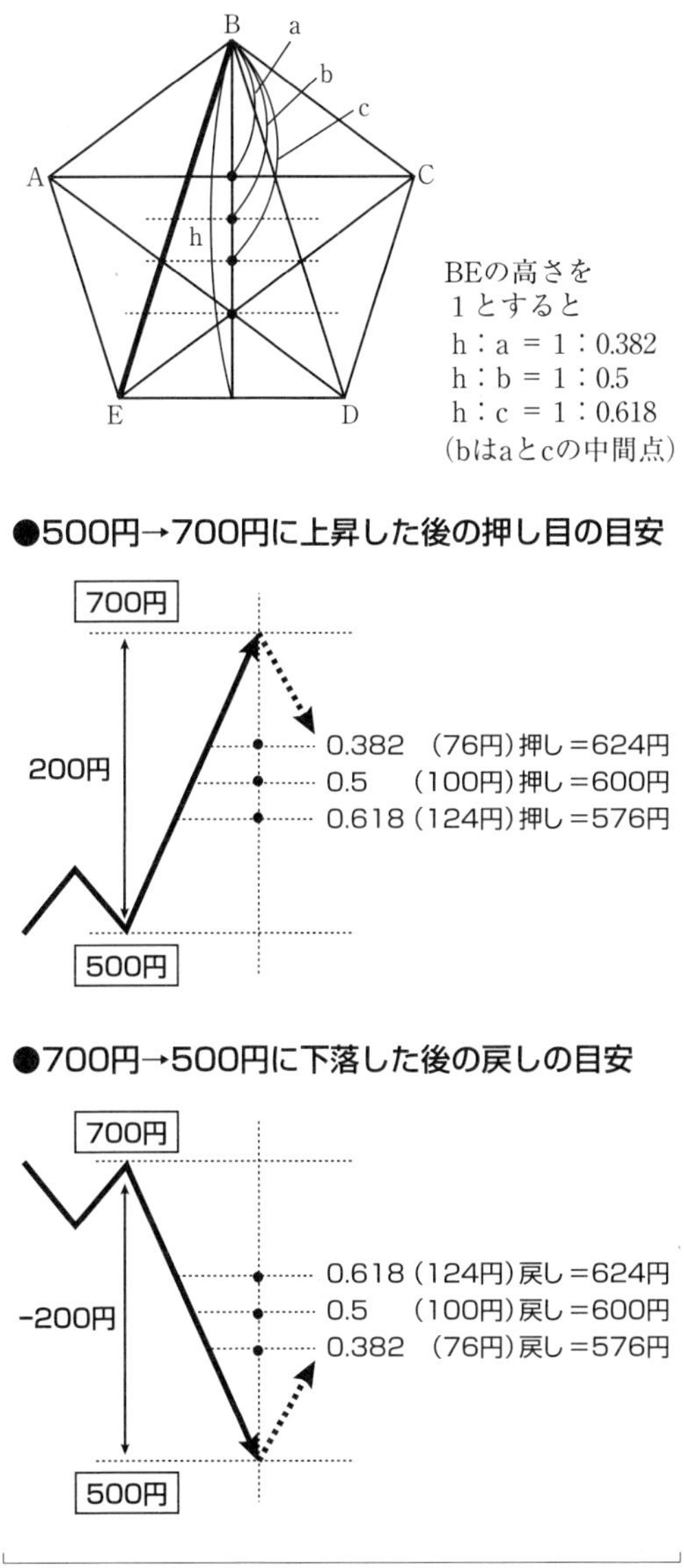
B
a
b
c
A
C
h
E
D
BEの高さを
１とすると
h：a ＝ 1：0.382
h：b ＝ 1：0.5
h：c ＝ 1：0.618
(bはaとcの中間点)
●500円→700円に上昇した後の押し目の目安
700円
200円
500円
0.382　(76円)押し＝624円
0.5　(100円)押し＝600円
0.618 (124円)押し＝576円
●700円→500円に下落した後の戻しの目安
700円
-200円
500円
0.618 (124円)戻し＝624円
0.5　(100円)戻し＝600円
0.382　(76円)戻し＝576円

4 非時系列チャートにもいろいろある

◆とにかく「価格重視」のケイ線

ローソク足チャートをはじめとする「**時系列チャート**」は、時間という軸を見据えつつ、株価の推移を捉えようとするものです。その主たる目的は、株価の方向性、すなわちトレンドをキャッチすることにあります。

これに対して「**非時系列チャート**」と呼ばれるチャートは、「時間」という要素を入れずに、純粋に価格の動きそのものを捉えるために更新していく価格（主に終値）をグラフ化します。

代表的なのは「**ポイント・アンド・フィギュア**」と呼ばれるチャートで、日本オリジナルのものとしては「**かぎ足**」「**新値足**」「**練行足**」「**値幅足**」などがあります。

いずれも見た目は時系列チャートとずいぶん違う感じがしますが、その主眼は株価のトレンドを見やすくすることにあると考えられます。

時間という要素がある時系列チャートでは、株価の方向性に角度がつきますが、時間を考慮しない非時系列チャートは「上」「下」という方向性だけが読み取れるというわけです。

◆長期間のトレンドだけを捉えるうえでも便利

非時系列チャートは、現状のトレンドに逆行する動きが出た場合には、それがあらかじめ決めた値幅に達しなければグラフに記入されません。また、株価のトレンドが上向きの局面で株価が上昇すると、グラフは上へ上へと延長されていきます。

図＊6-4　いろいろな非時系列チャートの例

かぎ足	新値足（3本足）	ポイント・アンド・フィギュア（P&F）

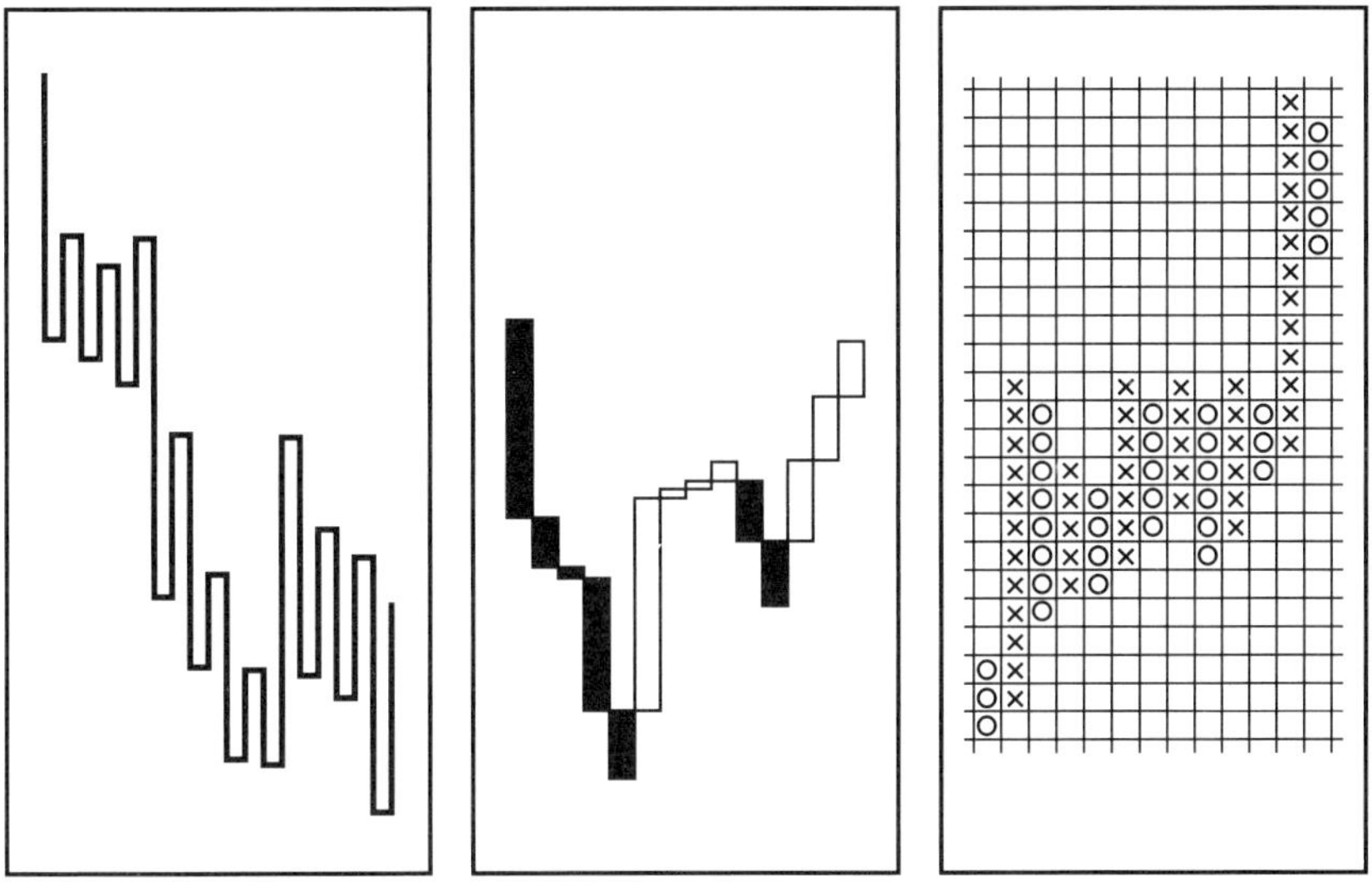

トレンドと同方向に動いたときは線を上または下に延長。一定以上トレンドと逆行した動きが出たら行をずらす	新高値を更新しているときは陽線を、新安値を更新しているときは陰線を追加する。直前3つの高値を抜ける上昇があったら陽転、直前3つの安値を抜ける下落があったら陰転	1マス単位の価格を設定し、「○」と「×」で価格の動きを記入していく。一定以上トレンドと逆行する動きがあると行をずらす

そのため、時系列チャートよりもグラフの横幅が少なくてすむので、長期間の株価のトレンドだけをコンパクトに示せるという利点もあります。

非時系列チャートはそれぞれ奥の深いチャートであるため、詳細な説明はむずかしいのですが、ここでは、世界でも最古の部類に入るといわれる「かぎ足」、日本のチャートブックなどでも目にする「新値足」、それに非時系列チャートの代表とされる「ポイント・アンド・フィギュア（P&F）」を紹介しておきましょう。

5 「かぎ足」でトレンドを読む

❖高値・安値更新と「転換」だけが反映される

「かぎ足」は、明治時代にはすでに使われていたといわれる日本古来のケイ線で、後に紹介する「ポイント・アンド・フィギュア」にも似ています。

かぎ足の描き方は、馴染みのある時系列チャートとはかなり違います。まず、「直近の高値・安値からどのくらい動いたら『転換』とみなす」というルールを決めます。このルールは価格でも、何%以上という比率でもかまいません。

株価が上昇局面にあって高値を更新したときには、更新した分を上に線で描き足していきます。下降局面では安値を更新したら下に線を描き足します。高値または安値を更新せず、かといって最初に決めた「転換とみなす値幅」ほど逆に動くこともなかった場合には、何も描きません。

上昇局面で直近の天井から「転換とみなす値幅」の分だけ下落したときには、これまで上へ上へと引いてきた線の上端から横に線を引き、行をずらすようにして今度は下がった分だけ下に線を引きます。下降局面で直近の底から「転換とみなす値幅」だけ上昇したときには、これまで引いてきた線の下端から横に線を引き、行をずらして上昇した分だけ上に線を引きます。

大和證券グループの２００４年7月1日から30日まで1ヵ月の株価の推移で、「かぎ足」を実際に描いてみましょう（図6－5－①）。

まず、転換のルールですが、「直近の天井・底よりも30円動いたら転換」とします。7月1日から8日までは下がりっぱなし（ずっと安値更新）

なので、線は下へ下へと延びます。この時点での「直近の底」は8日の716円です。9日に9円上昇しましたが、「直近の底より30円」というルールを満たさないので記入なし。12日は750円になりました。「直近の底」の716円より34円高いので、ついに「転換」とみなす状態です。ここで横線を引いて行をずらします。

以後は高値を更新している間は上へ、上へと線を延長し、その最高値より30円以上安くなったら再び「転換」です。

このようにして線を引いていくと、小さな保合い状態などの動きはまったく反映されず、高値更新や安値更新、そして「転換」だけが記録されることになります。同じ期間のローソク足チャートと比較すると、細かい動きが排除されてトレンドだけがよく見えることがわかると思います。

なお、最初に決める転換ルールは、この値幅を大きくとるほど、「転換」が出にくくなり、細かい動きは無視されます。より大きなトレンドを見るうえでは、そちらが向いています。

図＊6-5-①　かぎ足の描き方

転換のルール	30円以上トレンドと逆行する動きが出たら「転換」とみなす

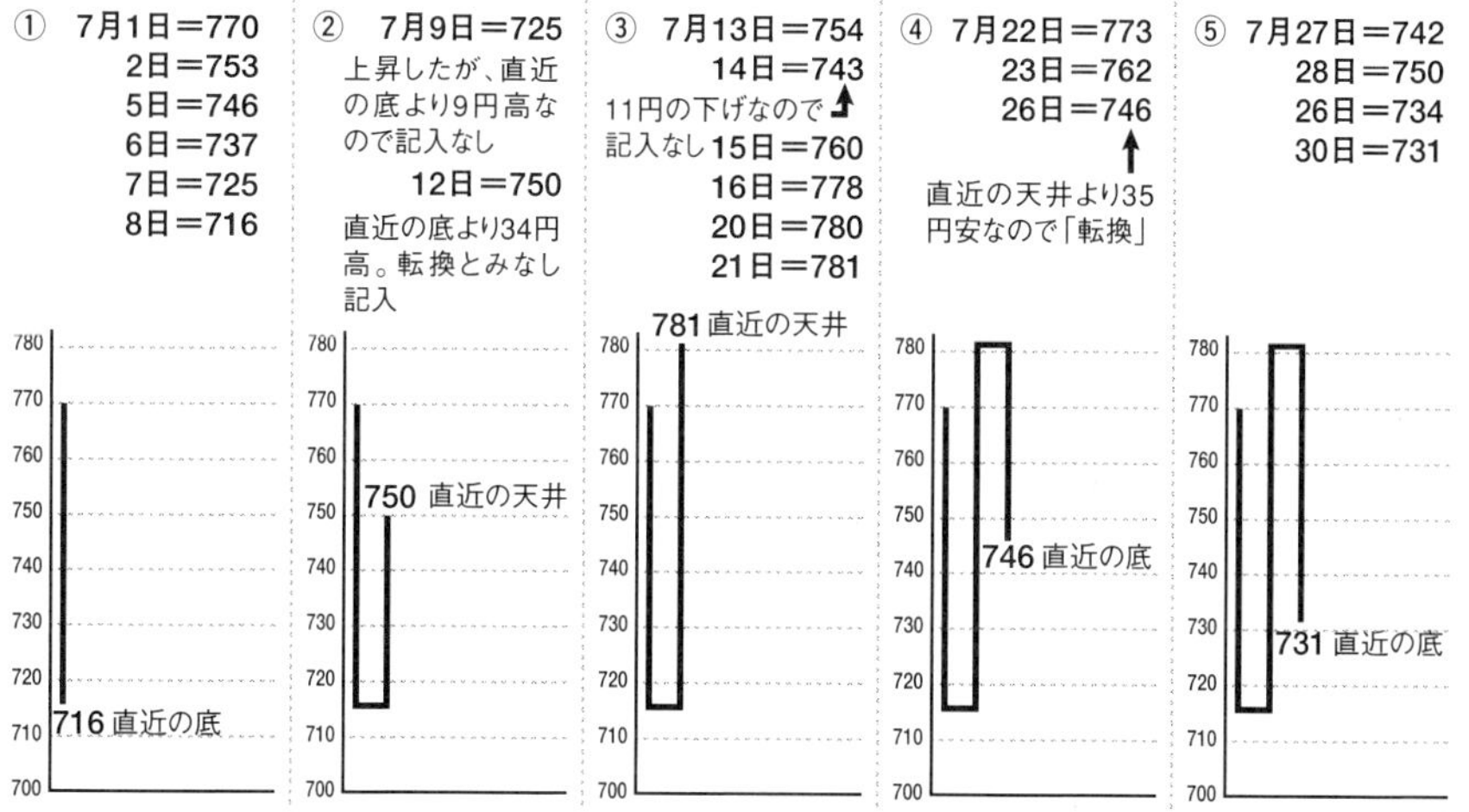
① 7月1日＝770
2日＝753
5日＝746
6日＝737
7日＝725
8日＝716
716 直近の底
② 7月9日＝725
上昇したが、直近の底より9円高なので記入なし
12日＝750
直近の底より34円高。転換とみなし記入
750 直近の天井
③ 7月13日＝754
14日＝743
11円の下げなので記入なし
15日＝760
16日＝778
20日＝780
21日＝781
781 直近の天井
④ 7月22日＝773
23日＝762
26日＝746
直近の天井より35円安なので「転換」
746 直近の底
⑤ 7月27日＝742
28日＝750
26日＝734
30日＝731
731 直近の底
780
770
760
750
740
730
720
710
700

図*6-5-② かぎ足とローソク足（任天堂）

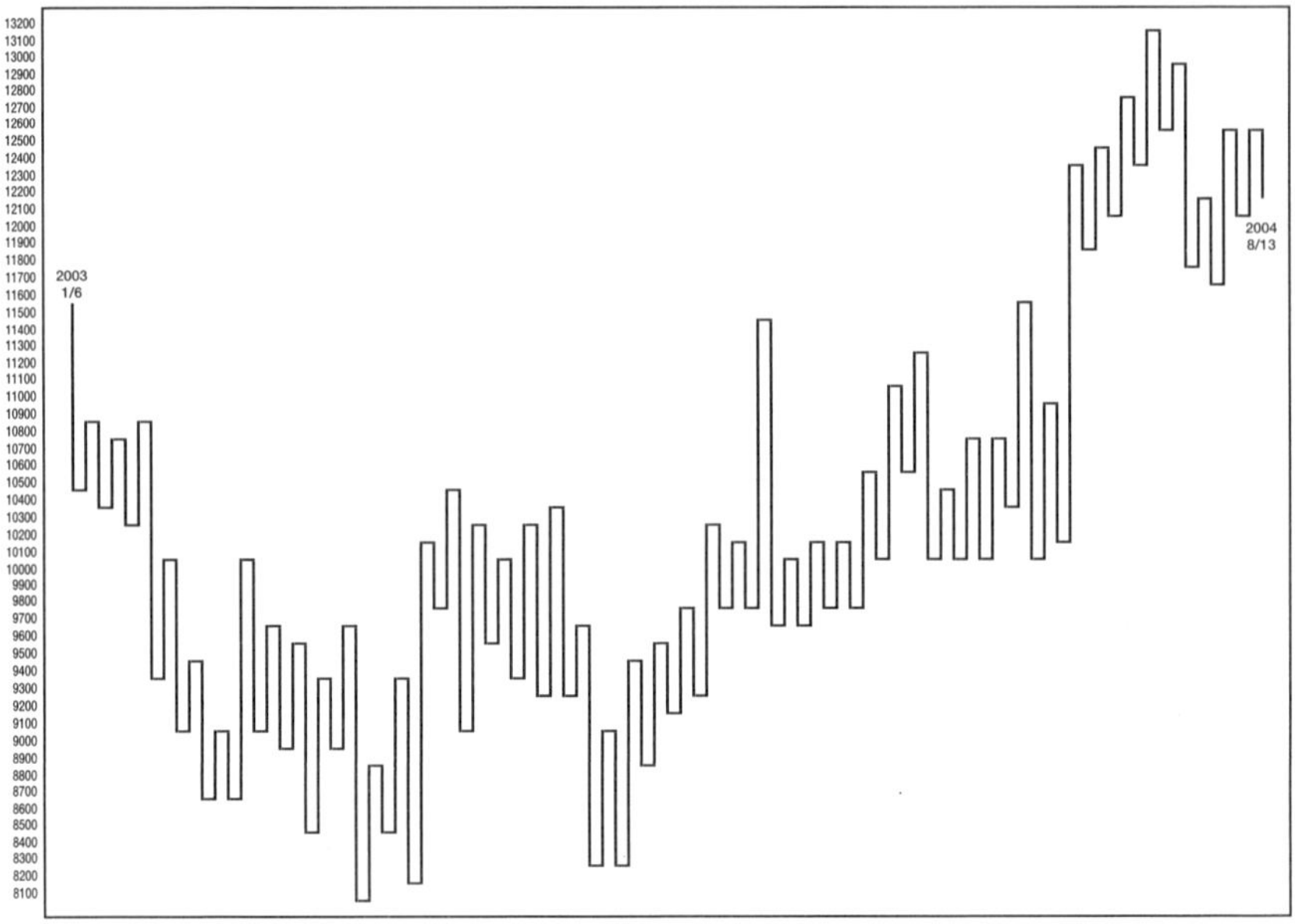

❖「肩」「腰」を抜くのがシグナル

かぎ足では、上昇していた株価が転換すると上向きの出っ張りが、下落していた株価が転換すると下向きの出っ張りができます。この上向きの出っ張りを「**肩**」、下向きの出っ張りを「**腰**」と呼びます。

上昇局面では直前の「肩」を上回ると、「**肩抜き**」といって買いシグナル。さらに、同じ肩抜きでも、前の肩が形成されるまでの上昇の中心点より上で反転して肩を抜くと、より勢いが強いと解釈します。

下降局面では「腰」がポイントになり、前の「腰」を下回ると、「**腰割れ**」といって売りシグナルになります。こちらも、前の腰が形成されるまでの下落の中心点よりも下で反転して腰割れになると、より勢いが強いと解釈します。

また、「窓」と呼ばれる形も注目ポイントとされます。これは、上昇時にできた「肩」と、いったん下落した後に再上昇して、次に下落したときにできる「腰」との間（または下降時の「腰」と、次の上昇時の「肩」の間）が空いているような形をいいます。とくに「**両窓**」と呼ばれる形は、天井打ちや底打ちのシグナルとして注目されます。

そのほか、このかぎ足チャートにトレンドラインを引いて、トレンド継続や反転の兆候を探るという方法も考えられます。

図＊6-5-③　かぎ足のシグナルの図

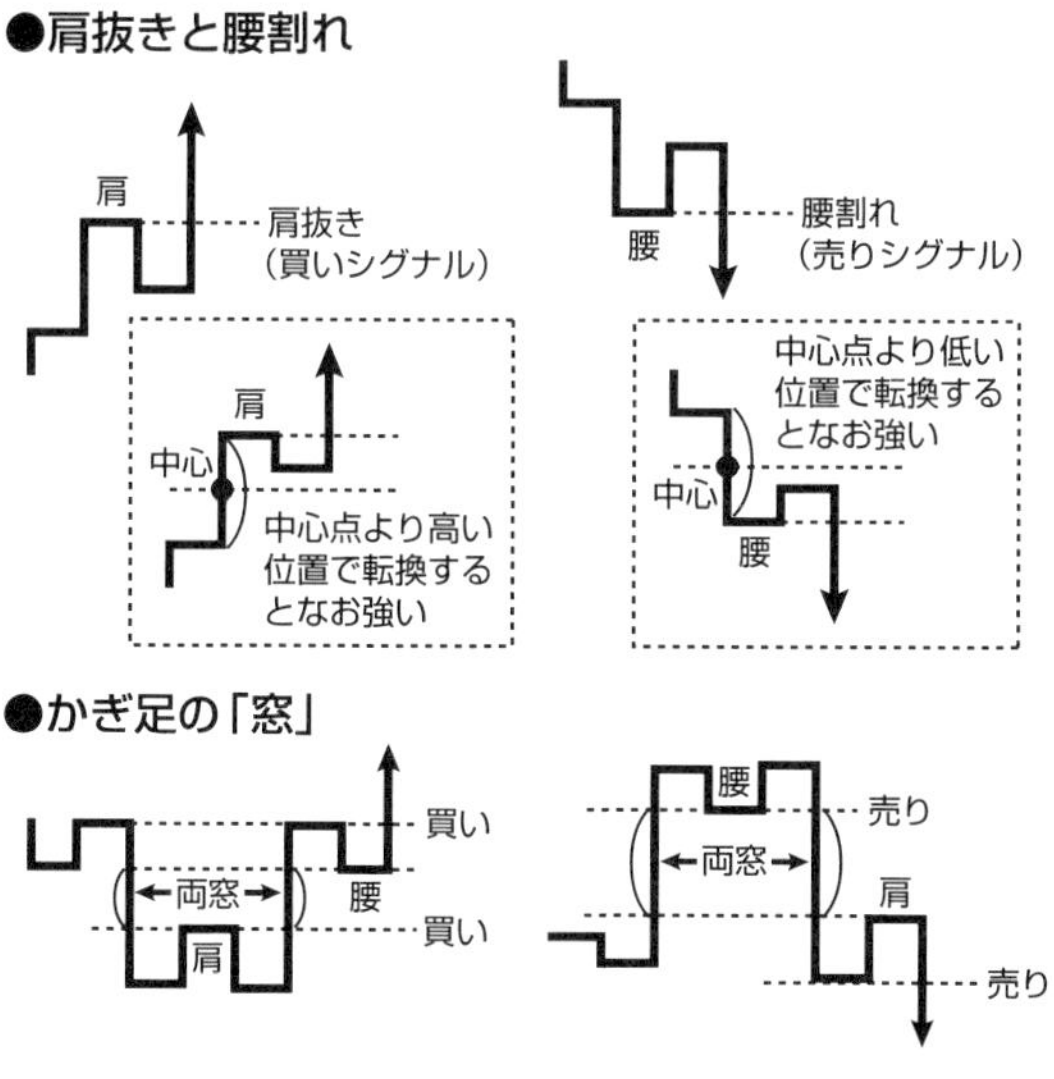
●肩抜きと腰割れ
肩
肩抜き
（買いシグナル）
腰
腰割れ
（売りシグナル）
肩
中心
中心点より高い
位置で転換する
となお強い
中心点より低い
位置で転換する
となお強い
中心
腰
●かぎ足の「窓」
買い
両窓
腰
買い
肩
腰
売り
両窓
肩
売り

６ 「新値足」の見方

❖高値更新で陽線、安値更新で陰線を描く

「**新値足**」とは、高値を更新したら、そのつど行をずらして陽線を描き、安値を更新したら、そのつど行をずらして陰線を描くというチャートです。基本形といわれる「**新値３本足**」は、上昇トレンドで直前３本分の安値を更新したら陰線を描き（**陰転**）、下降トレンドで直前３本分の高値を更新したら陽線を描きます（**陽転**）。

かぎ足で用いた大和證券グループのデータ（２００４年７月１日～７月30日）で、具体的に「新値３本足」を描いてみましょう。

７月１日の７７０円からスタートします。８日までは下がりっぱなしですから、この間、陰線が続きます。８日の時点では、５日の７４６円が「直前３本の高値」ですから、株価が７４６円以上になったら陽転となります。

７月９日は７２５円と上昇しましたが、この時点の陽転ポイントである７４６円には達しません。といっても安値は更新していませんから、この日は足を記入しません。

７月12日は７５０円です。ここで陽転ポイントを超えましたから、ようやく陽線が出現します。ここから高値が更新されていった場合は陽線が継ぎ足されていきますが、再度下げた場合には、直近の最安値７１６円を下回ったら（この間の足は２本しかありませんが）「**再陰転**」になります。

７月13日は７５４円と直近の高値を更新。14日は下げましたが、陰転ポイントに至らないので記入なし。以後、21日まで高値を更新しているので

図✻6-6-①　新値足の描き方

転換のルール	上昇局面で直前3本の安値を下回ったら陰転、下降局面で直前3本の高値を下回ったら陽転

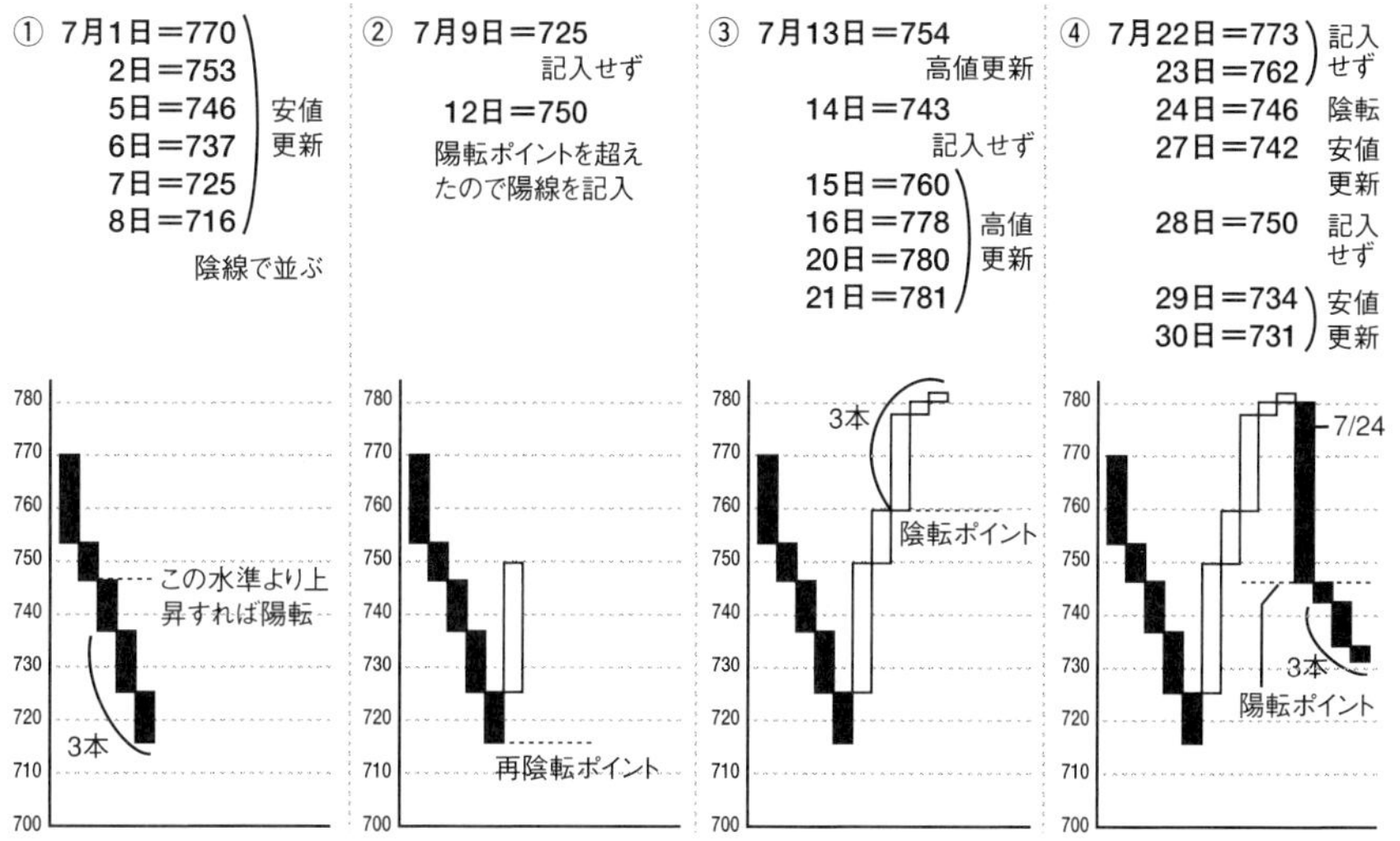
① 7月1日＝770
2日＝753
5日＝746
6日＝737
7日＝725
8日＝716
安値更新
陰線で並ぶ
② 7月9日＝725
記入せず
12日＝750
陽転ポイントを超えたので陽線を記入
③ 7月13日＝754
高値更新
14日＝743
記入せず
15日＝760
16日＝778
20日＝780
21日＝781
高値更新
④ 7月22日＝773
23日＝762
記入せず
24日＝746 陰転
27日＝742 安値更新
28日＝750 記入せず
29日＝734
30日＝731
安値更新
780
770
760
750
740
730
720
710
700
この水準より上昇すれば陽転
3本
再陰転ポイント
3本
陰転ポイント
7/24
3本
陽転ポイント

陽線を描きます。この時点では、3本前の安値760円より下がると陰転となります。

22日、23日は下げましたが、陰転までには至らず。24日の下げで陰転ポイントを下回りました。ここで陰線を描きます。この直後に急速な戻しがあった場合、直近の高値781円を超えたときには「**再陽転**」になります。

このあと株価は下がり、安値が更新されていきました。よって陰線が並びます。7月30日の時点の「直前3本」の高値は746円。ここが陽転ポイントになります。

❖「5本抜き」「10本抜き」もある

新値足の基本的なシグナルは、陽転したら買い、陰転したら売りというものです。たしかに、例にあげた大和證券グループを見るとそれが有効そうな感じもします。

しかし、実際には「陽転したと思ったらすぐ陰転」「陰転したと思ったらすぐ陽転」という、いわゆる「ダマシ」に遭ってしまうことも少なくありません。上昇でも下降でも、一方向に勢いがあってトレンドがはっきりしている局面ならともかく、大きめのレンジでもみ合い状態になっていたりすれば、買ってはやられ、売ってはやられ、となる可能性もあります。

「ダマシ」に遭わないようにする策としては、たとえば「3本抜き」というルールを、「**5本抜き**」にするとか、「**7本抜き**」にするというように、シグナルを出にくくする方法が考えられます。

ただ、「シグナルが出にくくなる」とは、それだけシグナルが遅れるのと同義です。ですから、ルールとする本数をやたら多くすればいいというものでもありません。

そこで考えられるのは、3本抜きや5本抜きを基本として、新規で買うまたは売るときには、陽転または陰転してもすぐには出動せず、もう1本の足を見てから判断するという方法です。手仕舞うときにはルール通り、陽転や陰転のシグナルに従うようにすれば、少なくとも逃げ遅れの損失拡大を回避することができます。

図※6-6-② 日経平均の新値3本足

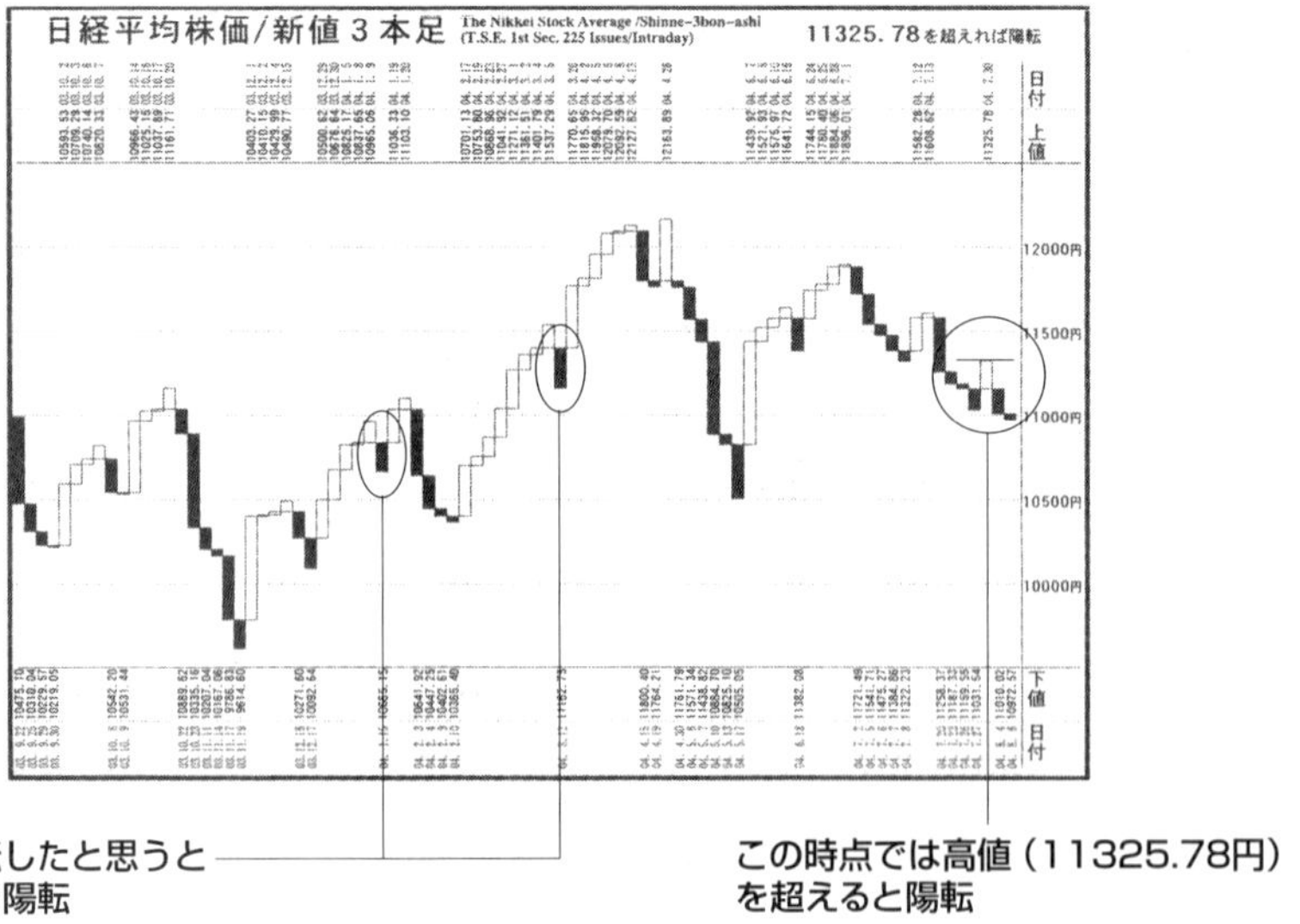

日経平均株価/新値3本足
The Nikkei Stock Average /Shinne-3bon-ashi
(T.S.E. 1st Sec. 225 Issues/Intraday)
11325.78を超えれば陽転
日付
上値
12000円
11500円
11000円
10500円
10000円
下値
日付
陰転したと思うとすぐ陽転
この時点では高値（11325.78円）を超えると陽転

7 ポイント・アンド・フィギュアチャートとシグナル

❖下降は「○」、上昇は「×」で示す

米国で古い歴史を持つ「**ポイント・アンド・フィギュアチャート**」は、価格の上昇・下落を「×」と「○」で描いていきます。見た目の感じは日本型のケイ線と違うようですが、考え方は先に紹介した「かぎ足」に似ています。

まず、ポイント・アンド・フィギュアチャートではグラフのマス目（枠）一つをいくらにするか、その単位を決めます。この基準は、各銘柄の株価水準にもよります。たとえば、株価２００円未満は5円、２００円から１０００円は10円といった具合いで、この単位が大きいほど、次に述べる「転換」が出にくくなります。

次に、かぎ足と同じように、転換ルールを決めます。このルールは「何マス目相当分以上の値動きがあったら『転換』とみなす」という形です。日本では、３マス目分の値動きを転換基準にするのが一般的で、これを「**3枠転換**」といいます。

トレンドに逆行する動きが、このルールのマス目分以上あったら「転換」です。たとえば１マス目10円の場合、上昇局面にあった株価が、直近の高値の30円分より値下がりしたら「転換」になります。

上昇局面では、最初に決めた１マス目の値段以上に株価が上がったら、上がった分だけ×をグラフの上につけていきます。下降局面では、１マス目の値段以上に下落したら○を下につけていきます。１マス目10円の場合、１円～9円の動きは考慮しないので、たとえば７２３円なら「７２０円」

のマス目に、７７８円は「７７０円」のマス目に記入します。

ここで、違和感を持った人もいるのではないでしょうか。なぜ上昇が「×」で、下落が「○」なのか。心情的には「上昇＝よい＝○」、「下落＝よくない＝×」としたほうがよほどしっくりきます。いろいろ調べてみましたが、この点についての記述は見つかりませんでした。アメリカ人にとって、「○」や「×」は単なる形であって、この形自体には何ら意味もイメージも感じないのかもしれません。あるいは、これを考えついた人は、マーケットメイカーのような、投資家に相対する立場の人だったのかな、とも想像します。

いずれにしても、自分オリジナルのポイント・アンド・フィギュアチャートをつくるのなら、「上昇＝○」「下落＝×」としたほうがやりやすく、また、相場の印象も把握しやすいと思います。

○×はさておき、ポイント・アンド・フィギュアにおける「転換」の描き方は、上昇局面では転換ルールで決めたマス目分以上の値下がりがあったら、右隣の行に、動いた値幅分の○を下方向につける形になります。

このとき、それまでの行の一番高い×の位置より１マス下から○をつけます。

下降局面で転換ルールのマス目以上の値上がりがあった場合には、右隣の行に移って×を上方向につけていきます。このときには、それまでの行の○の一番低い位置より１マス上からスタートします。

❖ポイント・アンド・フィギュアチャートをつくってみる

先に登場した大和證券グループのデータをもとに、「３枠転換」のポイント・アンド・フィギュアを描いてみましょう。１マス目の単位は10円とします。

スタートの７月１日の７７０円は、「これより30円以上下がれば○をつける」「これより30円以上高くなったら×をつける」という、基準の暫定値とします。その後、株価は下がり、７月６日に

図※6-7-①　P&Fチャートの描き方

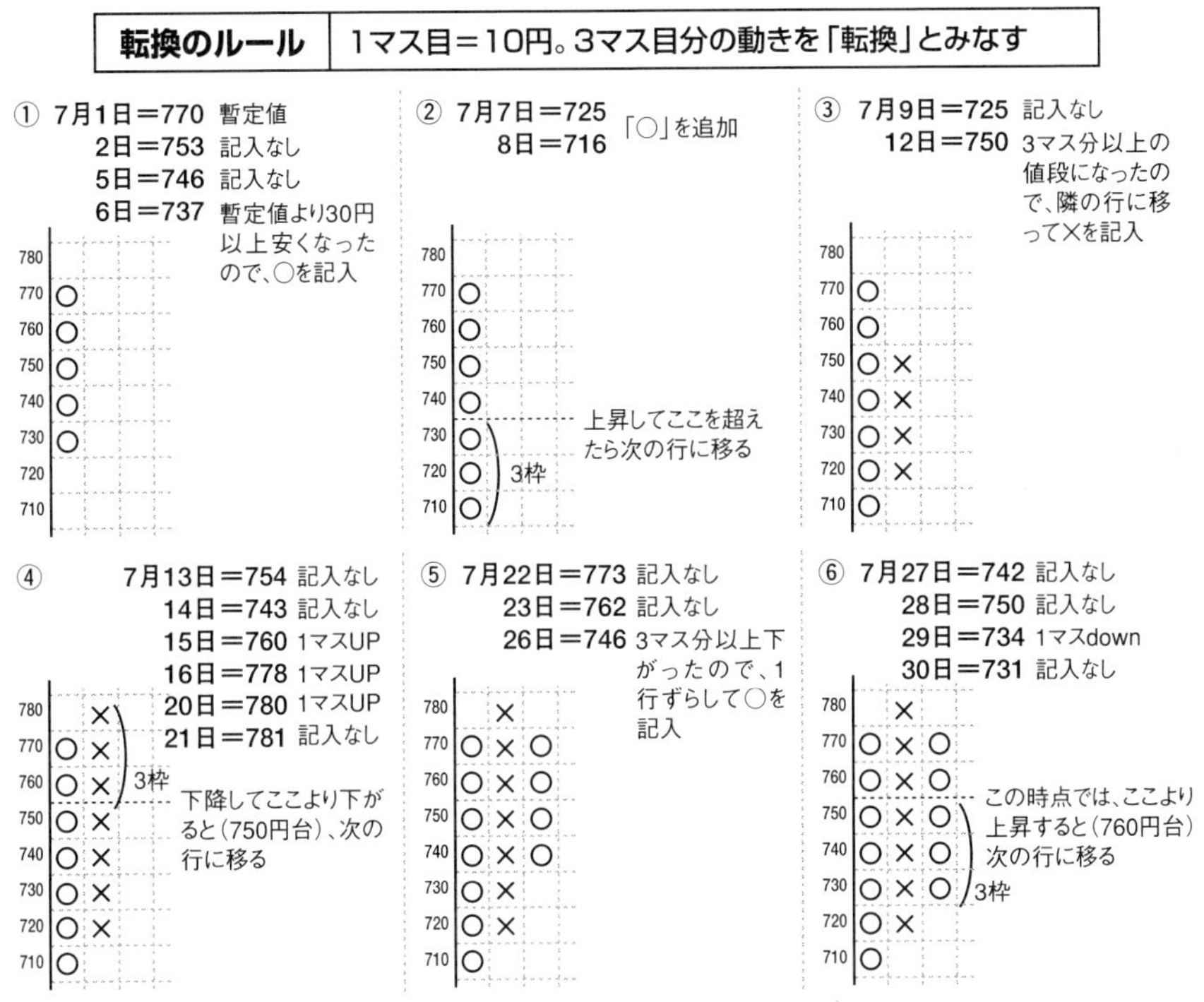

転換のルール
1マス目＝10円。3マス目分の動きを「転換」とみなす
① 7月1日＝770 暫定値
2日＝753 記入なし
5日＝746 記入なし
6日＝737 暫定値より30円以上安くなったので、○を記入
② 7月7日＝725
8日＝716
「○」を追加
上昇してここを超えたら次の行に移る
3枠
③ 7月9日＝725 記入なし
12日＝750 3マス分以上の値段になったので、隣の行に移って×を記入
④ 7月13日＝754 記入なし
14日＝743 記入なし
15日＝760 1マスUP
16日＝778 1マスUP
20日＝780 1マスUP
21日＝781 記入なし
3枠
下降してここより下がると（750円台）、次の行に移る
⑤ 7月22日＝773 記入なし
23日＝762 記入なし
26日＝746 3マス分以上下がったので、1行ずらして○を記入
⑥ 7月27日＝742 記入なし
28日＝750 記入なし
29日＝734 1マスdown
30日＝731 記入なし
この時点では、ここより上昇すると（760円台）次の行に移る
3枠
780
770
760
750
740
730
720
710

暫定値より33円安い７３７円となったので、ここで初めて○を記入します。７３７円ですから、「７３０円」のマス目まで○が下に続くことになります。

7月７日の７２５円は「７２０円」のマス目となり、８日７１６円は「７１０円」のマス目ですから、その分だけ○を下に追加していきます。この時点では、一番下から3マス目分上（７４０円台）になったら、次の行に移ることになります。

7月９日は上昇しましたが、転換ルールを満たさないので記入なし。12日、７５０円と3枠転換ルールを満たす値段になりました。ここで次の行に移り、○がついている一番下のマス目の一つ上から「７５０円」のマス目まで×を記入します。

7月13日以降21日までは、上昇に

よって対応するマス目が上がるごとに、×を上に加えていきます。最上段より3マス下（21日時点では７５０円台）になると、行が次に移ります。

７月22日、23日は下がったとはいえ、転換ルールを満たさないので記入なし。26日、７４６円と最上段から3マス目より下に値段がきたので、行を次に移し、最上段より１マス下から○を記入していきます（「７４０円」のマス目まで）。

なお、このチャートは終値ベースでつくりましたが、その日の高値・安値ベースを基準にするやり方もあります。

❖「高値抜け」「安値割れ」が基本シグナル

ポイント・アンド・フィギュアチャートは、トレンドが凝縮された形になり、「前の高値」（レジスタンス）や「前の安値」（サポート）の位置がはっきりわかります。さらに、細かい動きを排除しているだけに、どの水準のサポートやレジスタンスが強そうか、も把握しやすくなります。

ポイント・アンド・フィギュアチャートを用いる手法はいくつかありますが（大きくわけて４つあるとされます）、基本的には、

- 上昇局面で、直近の上昇局面の高値（直近で×が並んでいる列の一番上の×）を超えてきたところが買いシグナル
- 下降局面で、直近の下降局面の安値（直近の○が並んでいる列の一番下の○）を下に抜けていったら売りシグナル

というものです。

「一度上昇し、その後戻しがあって再び上昇したものの、前の高値より下で再下落した後の上昇」であれば、直近の上昇局面の１つ前の高値をシグナルの基準と捉えます。

また、第3章で紹介した保合いのパターンのシグナルも同じように使えます。ポイント・アンド・フィギュアでは、転換ルールを満たして行が隣に以降するときには、１マス分下げる、または１マス分上から記入をしていくため、三角保合いの形などは時系列チャートよりもかなり捉えやすくなります。

図※6-7-②　ポイント・アンド・フィギュアチャートとローソク足チャートを比較してみると

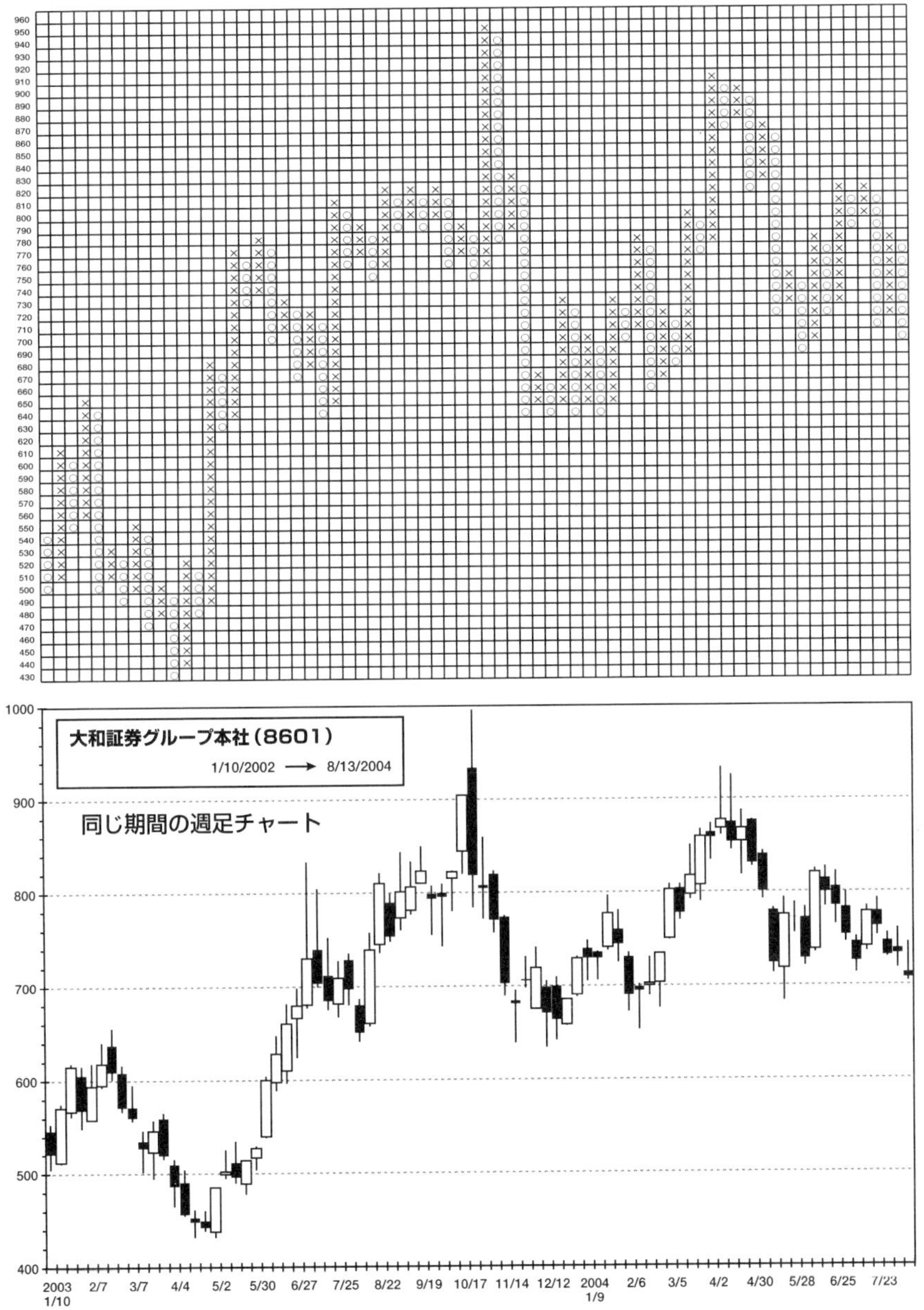

図※6-7-③　P&Fチャートの基本的なシグナル例

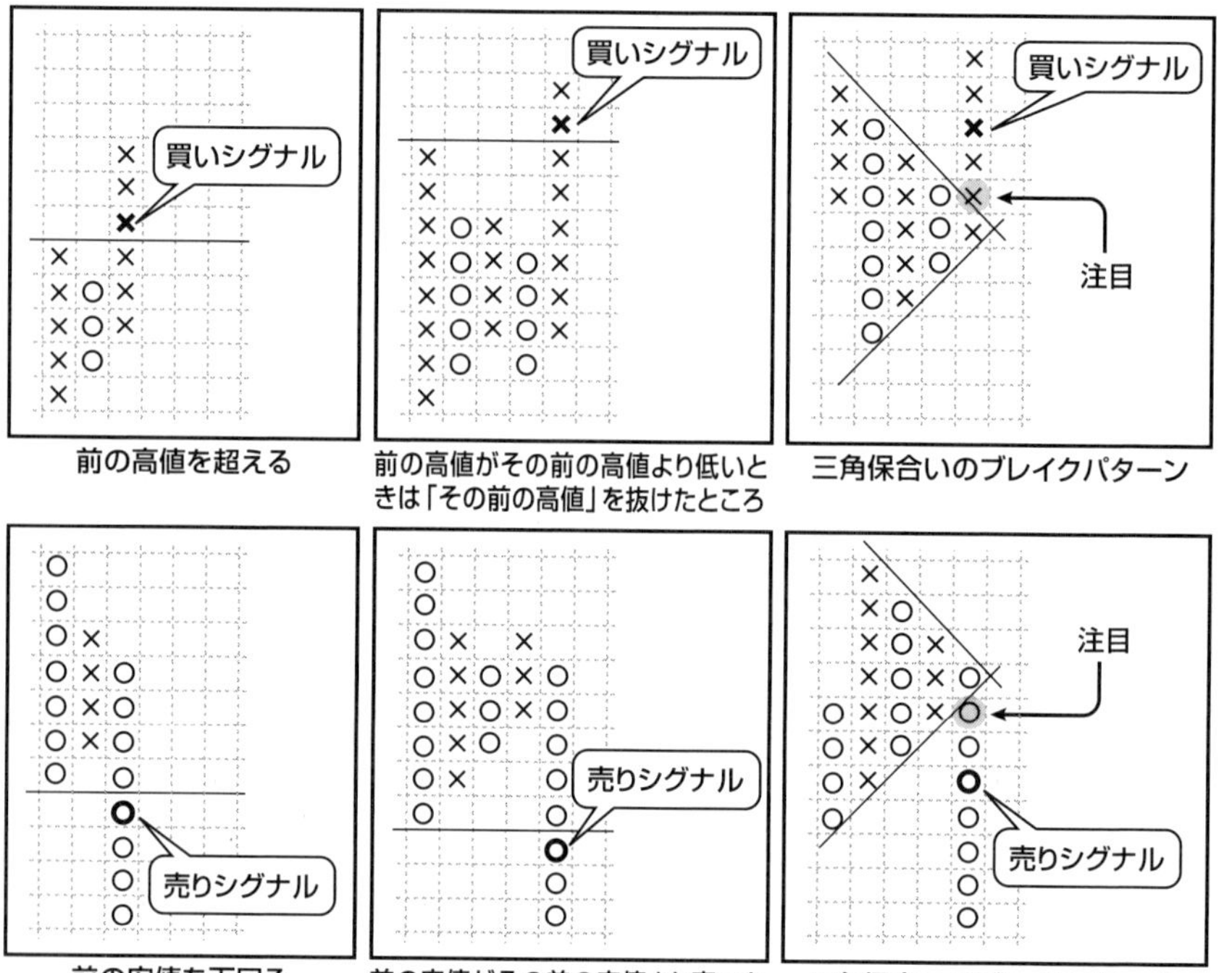

前の高値を超える

前の高値がその前の高値より低いときは「その前の高値」を抜けたところ

三角保合いのブレイクパターン

前の安値を下回る

前の安値がその前の安値より高いときは「その前の安値」を抜けたところ

三角保合いのブレイクパターン

一方、ポイント・アンド・フィギュアチャート上の「高値」「安値」地点は、予想と逆の方向に株価が動いたときの損切り水準の目安としても使うことができます。

たとえば、買った後に上昇していた株価が下がりはじめ、ついに転換ルールの値幅分下落したとします。隣の行に○を記入することになりますが、ここで、直近の○の列の一番下にある○の水準（直近の安値）を手仕舞いの売り水準としておきます。

高値・安値の水準がわかりやすいチャートだけに、損切りの目安も鮮明につかめます。

逆指値注文ができるネット証券なら、手仕舞い注文の条件としてこの水準を指定しておくのもいいでしょう。これを実行することによって、損失の拡大を抑えることが可能になります。

第7章

チャートを活用して
トレードを実践する

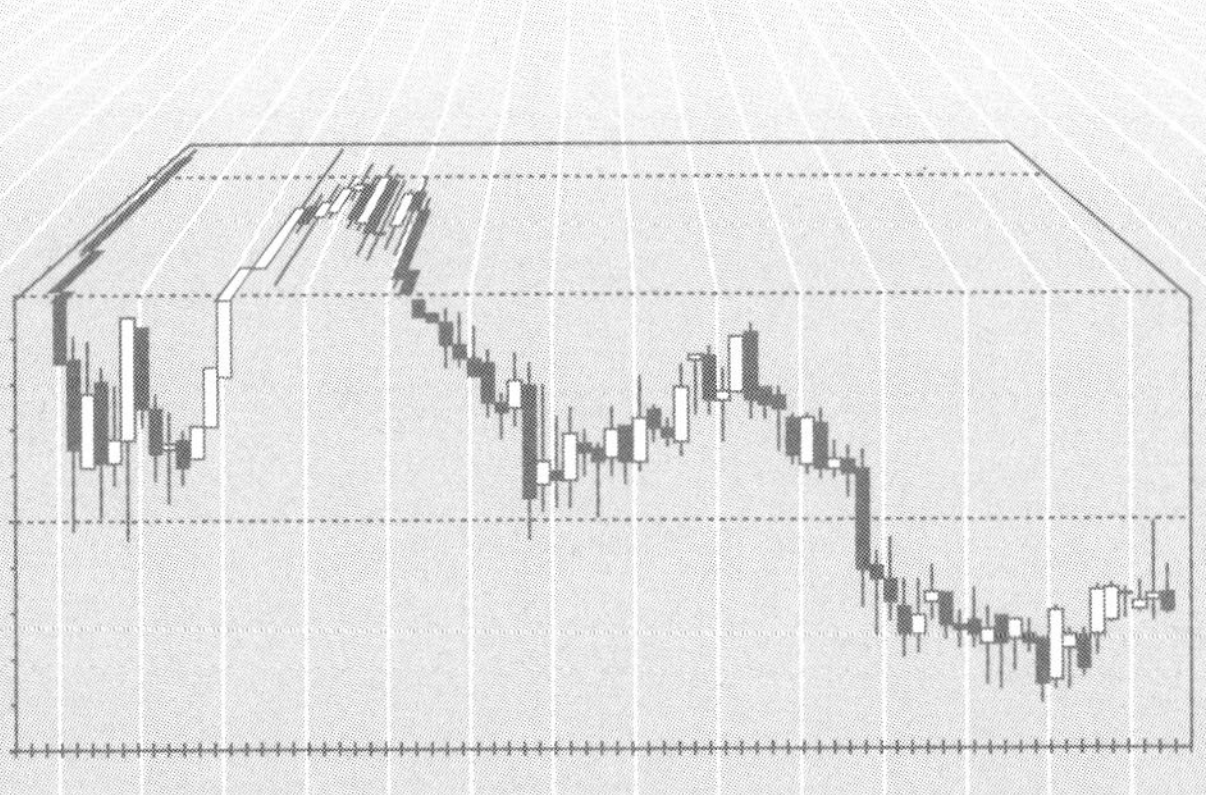

1 「投資スタンス」はどう考えればいいのか

❖ まずは期間2、3年の週足チャートを見てみる

チャートは、売買する対象銘柄候補を探すところから実際の売買執行まで、あらゆるところで役に立ちます。では具体的に、どういうふうに役立つのかを、最後の章で紹介していきましょう。

まず、チャートといってもいろいろなタイプがあり、最も手に入りやすいローソク足チャートでも、日足チャート、週足チャート、月足チャートといった種類があります。ローソク足チャートを使う場合、日足、週足、月足のどれを使ったらいいのでしょうか。

この点は第1章でも少しふれていますが、株の売買をする第一段階、対象銘柄候補を選ぶうえでは、まず2、3年の中期的なトレンドを見る必要があります。数日から数週間程度という短めの投資期間を考えている人も、この段階では期間が2、3年の週足チャートを見てみましょう。

そして後にふれますが、具体的な売買タイミングを探る段階で、目先足元の動きが細かく捉えられる日足チャートを使うのがいいでしょう。

❖ 投資スタンスの考え方

ところで、「**投資期間**」や「**投資スタンス**」という言葉が株関係の本にはよく登場しますが、これはいったいどうやって決めればいいのか、という問題があります。

投資スタンスとは「どのくらいの大きさのトレンドを狙うか」ということですが、これを決める

図＊7-1-①　狙うトレンドの大きさによって投資スタンスも変わる

スズキ（7269）
7/5/2002 → 8/13/2004
中トレンド
小トレンド
（数週間）
さらに大きいトレンド
2000
1900
1800
1700
1600
1500
1400
1300
1200
1100
2002
7/5
8/16
9/27
11/8
12/20
2003
1/31
3/14
4/25
6/6
7/18
8/29
10/10
11/21
12/30
2004
2/13
3/26
5/7
6/18
7/30

うえでは、どのくらいの頻度で売買することが可能なのかという、人それぞれの生活パターンも関係してきます。いくら「自分は頻繁に売り買いしたい」と思っても、平日の昼間は仕事で忙しく、とても売り買いする時間がないという人は、やはり超短期の売買はむずかしくなります。

今日では、**条件注文**（あらかじめ「株価がこうなったら注文を発動する」という条件をつけた予約注文）ができるネット証券も増えていますが、それを利用するとしても、寄付前やお昼、大引け前くらいは株価の動向をチェックできる程度の時間があるほうが望ましいでしょう（実際に株価を見る、見ないは別としても）。

そうすると、株式市場を取引時間中にチェックするのがむずかしい人は、投資期間を長めに考えたほうがやりやすい、という話になります。ただ、中長期スタンスとは、「いつ買ってもいいし、買った後はひたすら持ち続けていればいい」というものではありません。投資期間が長いほど、時間というコストを使いますから、それに見合うリターンを目指す必要があります。

そのためには、投資対象を慎重に選択したうえで、長期トレンドの中の、できるだけ有利な局面で買う努力が必要です。株価の推移を常に注視しながら、タイミングをはかることが不可欠になります。

一方、相場全体の状況も、投資スタンスを考えるうえで重大なポイントになります。

第2章でも述べたように、トレンドの初期段階のように、株価の動きに勢いがある局面では、少し長いスタンスで考えていたほうが有利になる可能性があります。

というのは、たとえば勢いのある上昇トレンドでは、多少株価が下がっても少し待っていればすぐに株価は再上昇し、多少の含み損も早期に解消されることが期待できるからです。「ちょっと下がったからさっさと手仕舞う」というスタンスだと、手仕舞った後に株価が急上昇したりして、悔しい思いをしたりします。

しかし、だんだんトレンドの勢いが鈍ってくると、「少し待っていれば、すぐ含み損も解消」という状況ではなくなってきます。

さらに保合い状態になったりすれば、買って、持っていてもさっぱり利益が出ないという状況にもなります。

このような局面では、短期スタンスのほうが時間と資金を効率的に使うことができます。

❖「相場局面」を判断する一番わかりやすい方法

そうすると、投資スタンスを考えるときには「いまの相場状況はどんな局面なのか」を意識しなくてはなりません。

相場全体の状況は、たとえば**日経平均株価**や**TOPIX（東証株価指数）**のような市場全体を示す指数のチャートを見ればおおむね把握できますが、自分の投資スタンスを考えるうえでは、やや具体性に欠けます。

相場局面を把握する最もわかりやすい指針は、じつは「自分の売買の収益状況」です。

図*7-1-②　相場局面と投資スタンス

上昇トレンド

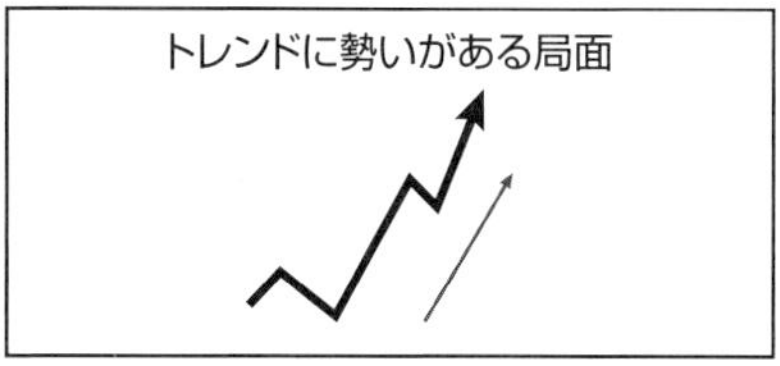
トレンドに勢いがある局面

買い　＝積極スタンスでたいていは儲かる。やや長めにポジションを持っても可

売り　＝ボロ負け

スタンス　やや長めのスタンスで積極買い

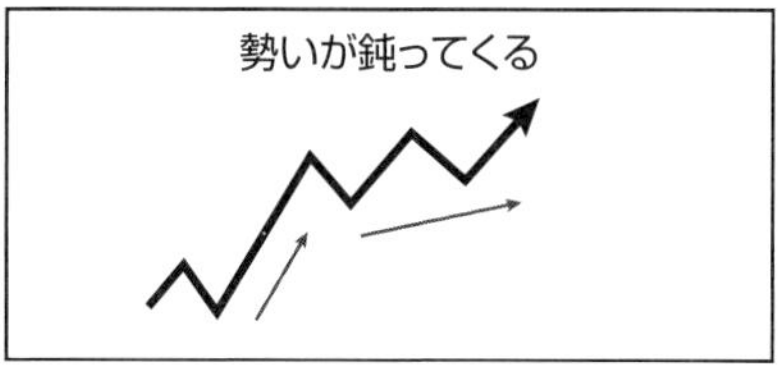
勢いが鈍ってくる

買い　＝上値がやや重くなる。個別物色傾向が強まる。押し目買いスタンスが有効

売り　＝下降トレンドにある銘柄自体が少ない

スタンス　個別に押し目買いのチャンスを探す

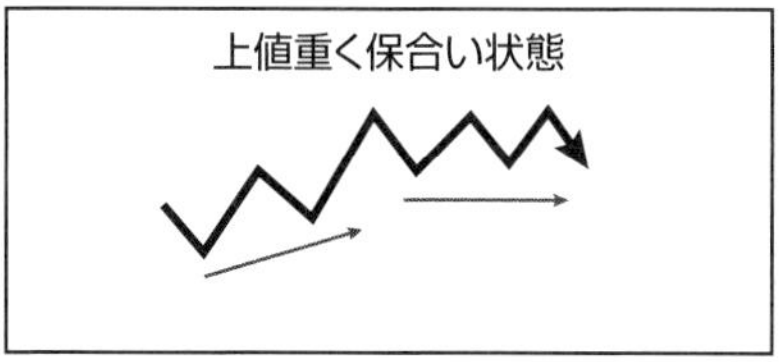
上値重く保合い状態

買い　＝積極買いは逆効果も。持ち続けていてもなかなか日の目を見ない

売り　＝短期的な「逆張り」なら儲けるチャンスあり

スタンス　トレンドがはっきりするまで待つか短期の押し目買いまたは戻り売り

下降トレンド

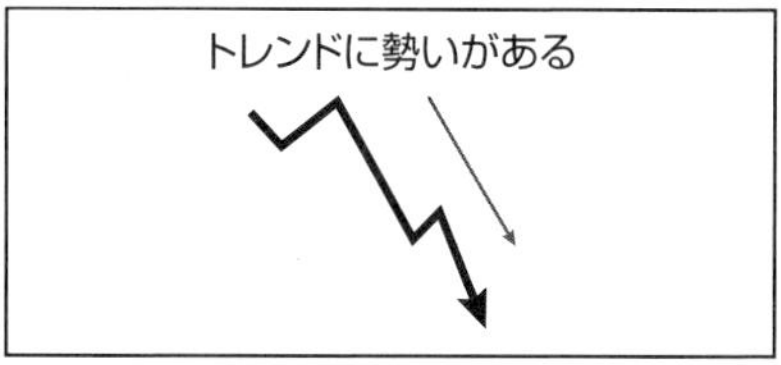
トレンドに勢いがある

売り　＝積極売りでたいていは儲かる

買い　＝損するばかり

スタンス　売り中心に考える。あるいは“休むも相場”

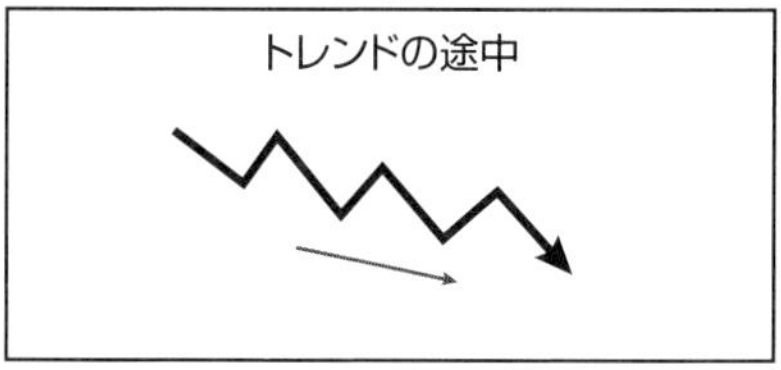
トレンドの途中

売り　＝安値更新を確認しつつ、戻り売りを狙う

買い　＝買い候補になる銘柄自体が少ない

スタンス　戻り売りのチャンスを探す

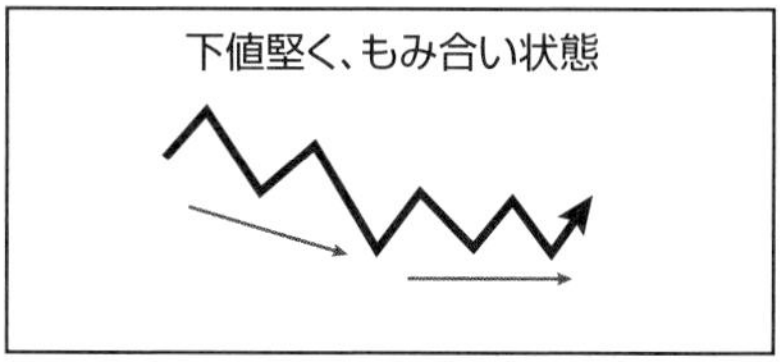
下値堅く、もみ合い状態

売り　＝積極売りすると踏み上げ、儲けにくい

買い　＝短期的な反発を狙うと少し儲かる可能性も

スタンス　短期スタンスで「売り」「買い」を使い分ける

仮に、「前の高値を抜けたら買いシグナル」「安値を割ったら売りシグナル」という、トレンドのシグナルを基準に銘柄を探し、その銘柄の売買をしていたとしましょう。

勢いのあるトレンドの中にあるならば、収益はかなり上がるはずです。

ちなみに、チャートのシグナルを意識していなくても、相場全体が勢いある上昇トレンドにあれば、大方は買えば儲かります。これは、儲けた人が「売買がうまい」からではなく、「相場がいい」からにほかなりません。

ところが、トレンドの勢いが鈍ってくると、「前の高値を抜けたら買いシグナル」のスタンスで得られる利幅は小さくなる可能性があります。

さらに上値が重くなり、株価がもみ合い状態になれば、「高値を抜けたら買いシグナル」でやっていると、目先の高値をつかんでしまうことになります。手持ちの株に含み損が目立つ状況にもなってくるわけです。

実際に売り買いをしなくとも、「高値を抜ける」「安値を割る」という基準をもとに、上昇するであろう銘柄、下落するであろう銘柄を予測してみるだけでも意義があります。

勢いのある上昇トレンドならば、上昇予測銘柄はビシビシ当たるでしょう。下降トレンドに勢いがある状況ならば、下落予測銘柄が相当な確率で的中するはずです。

しかし、トレンドの勢いが鈍ってくれば、予測の当り方も鈍ってきます。保合い状態では、上昇予測も下落予測もハズレが多くなるでしょう。

これだけで自分なりの相場観を持つことができます。そうして相場状況を認識したら、その状況下で利益を取りやすいスタンスを考えてみます。

上昇予測銘柄が当たりまくるならば、積極的な買いを基本スタンスにすればいいし、上値が重く、保合い状態になっていれば、押し目で買ったり、戻りで売って短期で手仕舞う、というスタンス。下落予測銘柄が当たりまくるならば、信用売りを使うか、少し売買は休む、といったスタンスを考えるのです。

2 売買する候補銘柄はこうして探す

❖「トレンド継続」が現れている銘柄を見つける

繰り返し述べているように、株の売買で収益を目指すうえでの最大のポイントは、株価のトレンドにうまく乗ることです。「大底で買ってやろう」などとは考えないほうが得策です。

大底を狙うというのは、まだ下げ止まったかどうかもわからない時点で買うことですから、ともすれば、「落ちてくるナイフを素手で掴む」ようなことにもなりかねません。

仮に、過去に「大底で買えた」という経験があったとしても、それは、たまたまの偶然、と割り切ったほうがいいでしょう。

トレンドに乗ることを目指すとすれば、売買の候補とする銘柄は、トレンドが継続している銘柄、あるいは、反転の可能性が濃厚になっていて、これからのトレンド発生に期待が持てる銘柄ということになります。

問題は、そうした銘柄を探す方法です。最初から「この銘柄は期待できそうだ」というお目当て銘柄があるならば、その銘柄のチャートを見て、現状のトレンドがどんな具合いかを見ればいいでしょう。

ただ、お目当ての銘柄があるわけではなく、期待できそうなチャートの形をしている銘柄を見つけたいというケースもあります。この場合、いくつかの方法が考えられます。

第一は、いわば総当り作戦です。たとえば毎週末に発売される週足の『チャートブック』（投資

図＊7-2-①　「いいチャートの形」をしている銘柄を探すヒント

方　法	メリット
週刊の『チャートブック』等で、上場銘柄のチャートを総当たりで見てみる	•相場全体の雰囲気が把握できる •買いが集まっているセクター、売りが集まっているセクターなど、相場の注目点が見えてくる
ネット証券の「銘柄スクリーニング」機能を利用する。移動平均期間との低めの乖離率を指定すれば、移動平均線より上、または下にある銘柄を知ることができる	他の条件（業種やファンダメンタルズ、株価水準など）も同時に入力することで、銘柄の絞込みも簡単
「騰落率ランキング」を見てみる。人気を集めている銘柄がわかるほか、同じ業種で複数の銘柄がランクインしている場合には、ランクに入っていない同業種の他銘柄に注目する方法も	インターネットなら、ランキングに入っている銘柄のチャートをすぐに見ることができる

レーダー社）や『ゴールデンチャート』（ゴールデンチャート社）で、上場している銘柄をざっとチェックします。その中で、「これは！」と思った銘柄をピックアップするという方法です。

多少時間はかかりますが、そのときの相場で注目されている銘柄の共通点や、人気が集まっているセクターなど、市場全体を示す指数だけでは見えない「市場像」が見えてくるというメリットもあります。

第二としては、ネット証券などで提供している**銘柄スクリーニング**を活用する方法が考えられます。たとえば、「株価水準が13週移動平均よりもプラス5％以上20％以下」といった指定をすれば、移動平均よりも株価が上にあり（＝上昇トレンドの可能性がある）、しかもまだ買われすぎにはなっていない銘柄をリストアップすることができます。

また、週間の値上がり率ランキングや値下がり率ランキングなどの「**騰落ランキング情報**」も、いま値動きのよさそうな銘柄を見つけるヒントになります。「今週大幅な上昇を見せた銘柄」など

図*7-2-②　マーケットスピードの「出来高乖離率上位銘柄」画面

No		銘柄	現在値	前日比	前日比率	出来高	出来高乖離率	5DVMA
1	9700	エスアールエル	1,337	+179	+15.46%	1,983,100	5,527.41	35,240
2	1889	佐伯建設	152	+11	+7.80%	53,860,000	3,283.16	1,592,000
3	1826	佐田建設	117	-2	-1.68%	11,944,000	1,383.72	805,000
4	1814	大末建設	121	+17	+16.35%	2,913,000	1,295.11	208,800
5	6929	日本セラミック	1,349	-5	-0.37%	2,000	900.00	200
6	1827	ナカノフドー建設	247	+9	+3.78%	2,236,500	756.24	261,200
7	6005	三浦工業	1,730	0	0.00%	161,100	716.93	19,720
8	5606	旭テック	213	+7	+3.40%	1,553,000	648.79	207,400
9	4544	富士レビオ	1,400	-53	-3.65%	817,000	640.03	110,400
10	5234	デイ・シイ	253	+9	+3.69%	89,000	595.31	12,800
11	7993	サンウエーブ	449	+37	+8.98%	491,000	580.05	72,200
12	8061	西華産業	211	+11	+5.50%	3,262,000	548.76	502,800
13	6937	古河電池	355	+62	+21.16%	4,429,000	455.43	797,400
14	9945	プレナス	2,530	+65	+2.64%	195,500	382.47	40,520
15	9850	グルメ杵屋	903	-22	-2.38%	33,000	358.33	7,200
16	8368	百五銀行	617	+33	+5.65%	351,000	353.48	77,400
17	9375	近鉄エクスプレス	2,005	+80	+4.16%	318,800	350.02	70,840
18	8519	ポケットカード	1,645	+70	+4.44%	42,100	334.91	9,680
19	7222	日産車体	887	+85	+10.60%	3,591,000	326.99	841,000
20	8355	静岡銀行	883	+45	+5.37%	4,221,000	307.43	1,036,000
21	5916	ハルテック	181	+1	+0.56%	60,000	305.40	14,800
22	9728	日本管財	1,595	-19	-1.18%	168,300	289.76	43,180
23	6938	双信電機	1,095	-15	-1.35%	23,000	284.61	5,980
24	8141	新光商事	759	-7	-0.91%	39,000	275.00	10,400

と聞くと、いまから買っても遅いのではないか、高値づかみになるのではないかと感じるかもしれませんが、実際にそうなのかをチェックするのが、株価チャートです。

チャートを見たところ、すでに移動平均線との乖離率が80%にもなっているようなら「目先買われすぎの可能性あり」として、しばらく様子見をすればいいだけです。今週の上昇が、たとえば保合い状態からトレンド再開への兆候を示している銘柄などは、これは有力な候補になります。

さらに、第5章でもふれたように、出来高が急増している銘柄の中にも、候補銘柄になる可能性があります。たとえば、楽天証券のリアルタイムの株価情報ボード『マーケットスピード』では、通常の出来高と比べて大幅に出来高が増えている銘柄を「**出来高乖離率ランキング**」で知ることができます。こうしたネット証券が提供する情報もうまく活用したいものです。

3　候補銘柄をさらに絞り込むポイント

❖好調なトレンドの背景を調べてみる

　前節では、トレンドが出ている銘柄を探したわけですが、そのすべてが「すぐに売買していい銘柄」ではありません。中期的にいいトレンドを描いている銘柄の中から、実際に売買する銘柄を絞り込んでいきます。

　絞込みのポイントとしては、たとえば第4章で紹介した移動平均と株価の乖離率、第5章であげた出来高や信用残の動向などがあります。また、業績や**株価収益率（ＰＥＲ）**、**株価純資産倍率（ＰＢＲ）**もチェックしておきたい要素です。

　業績の動向は、市場参加者に「その株を買いたい」「売りたい」という気持ちを起こさせる要因のひとつです。業績が好調で、たび重なる上方修正を行なっている会社は、そのたびに買いが集まり、上昇トレンドも継続しやすくなります。

　株価が上昇トレンドで、業績は大幅に向上する見込み、という銘柄があったら、ここでＰＥＲを見てみます。ＰＥＲは、「1株あたりの税引後利益（純利益）」に対して、株価が何倍になっているかを示す指標です。「1株あたりの税引後利益」は、税引後利益を発行済み株式数で割って求めます。つまり、1株あたりの利益は、「その会社の利益からみた1株の本来的な価値」という意味になります。実際の株価が、「利益からみた1株の価値」の何倍になっているのかを見るのがＰＥＲというわけです。

　したがって、ＰＥＲの数値が高いほど「利益からみた本来的な価値よりもだいぶ高い値がついている」ということで割高、ＰＥＲの数値が低いほど「利益からみた本来的な価値と株価の差が小さい」ということで割安とされます。

図＊7-3-①　銘柄絞込みの視点

視　点	判　断
●移動平均線との関係	株価と移動平均線の乖離が小さければ○。やや乖離が大きいときは押し目・戻りを待つのも一策
●出来高の動向	通常の出来高が少ない銘柄は、売買がしにくい可能性もある。出来高水準自体が増加傾向なら好感できる
●出来高の動向	• 株価が上昇トレンドで売り残が高水準（または急増） ＝買いの有力候補 • 株価が上昇トレンドで買い残が高水準 ＝買い候補だがやや警戒が必要 • 株価が下降トレンドで売り残が高水準 ＝売り候補としてはやや警戒が必要 • 株価が下降トレンドで買い残が高水準（または急増） ＝売りの有力候補
●業績	• 好業績銘柄　＝買い候補として追い風要因 • 業績悪化銘柄＝売り候補として追い風要因
●PER、PBR	• 上昇トレンドで割安＝買い候補としてプラス材料 • 下降トレンドで割高＝売り候補としてプラス材料

たとえばＰＥＲが10倍台の前半というくらいの割安といえる水準であれば、仮にもう一段の上方修正がなくとも「好業績銘柄」としてまだ買われる余地があるだろう、と考えることができます。

ＰＥＲと並んで、割安・割高を見る基本的な指標とされるのがＰＢＲです。こちらは、「１株あたりの純資産（株主資本）」に対して、株価が何倍になっているかを示します。純資産とは、言い換えると「その会社を解散して、自己資本で買った資産、剰余金などを処分するとどのくらいになるか」を表わす数字です。それを発行済み株式数で割ったものが「１株あたりの純資産」ですから、これは「資産からみた１株の本来的な価値」と考えることができます。

株価が「１株あたりの純資産」よりも安い場合、ＰＢＲは１倍未満になります。これは「その会社の株を全部買い占めて、即座に会社を解散して資産を売ったらお釣りがくる」状態を意味します。したがって、ＰＢＲの１倍割れは割安と捉えられます。

利益や資産からみて、株価が「割高か割安か」ということは、その銘柄をみるうえで大切なポイントです。しかし、ＰＥＲやＰＢＲの割安・割高の目安だけでは「買い」「売り」を判断するには足りません。というのは、その指標のもとになっているのは、すでに発表された数値だからです。これはとくに、ＰＥＲの場合にいえます。

いくら現状の最新業績からすれば割高でも、業績が一気に向上すればそれとともにＰＥＲは低くなります。逆に、ＰＥＲが割安のようでも、下方修正があれば割高になりかねません。現状のＰＥＲが割安なのに株価の動きが悪い銘柄は、そうした予想を織り込んでいるとも考えられます。

上昇トレンドにあってなお割安である、下降トレンドにあってなお割高である、というように、基本的にはトレンドが継続する余地を考えるうえで、割安・割高の指標を活用することが大切です。

❖「上値余地」を考える

もうひとつ、売買する銘柄を絞り込むポイントとしては、**上値余地・下値余地**がどのくらいありそうか、という点もあげられます。チャートで「上値余地を見る」というのは、「次のレジスタンスがどこかを調べる」ということです。

たとえば、上昇トレンドにあって、しかも前の高値に迫っている銘柄があるとします。この高値を抜けたら「買いシグナル」になるわけですが、「前の高値」よりもちょっと高いところに「その前の高値」というレジスタンスがあったら、前の高値を抜けてもすぐにまた壁にぶつかる可能性があります。この場合、目先のレジスタンスを抜けても、上値余地はそう大きくないと捉えられます。

また、週足チャートで見ると、「前の高値」を抜けたらもうレジスタンスはないようでも、長期の月足チャートを見たら、その近辺に強いレジスタンスが存在しているケースもあります。「前の高値」をちょっと抜けても、この強いレジスタンスによって押し戻される可能性が示唆されているのです。

このような場合、その長期的かつ強烈なレジス

図＊7-3-②　上値余地の考え方（買い候補の場合）

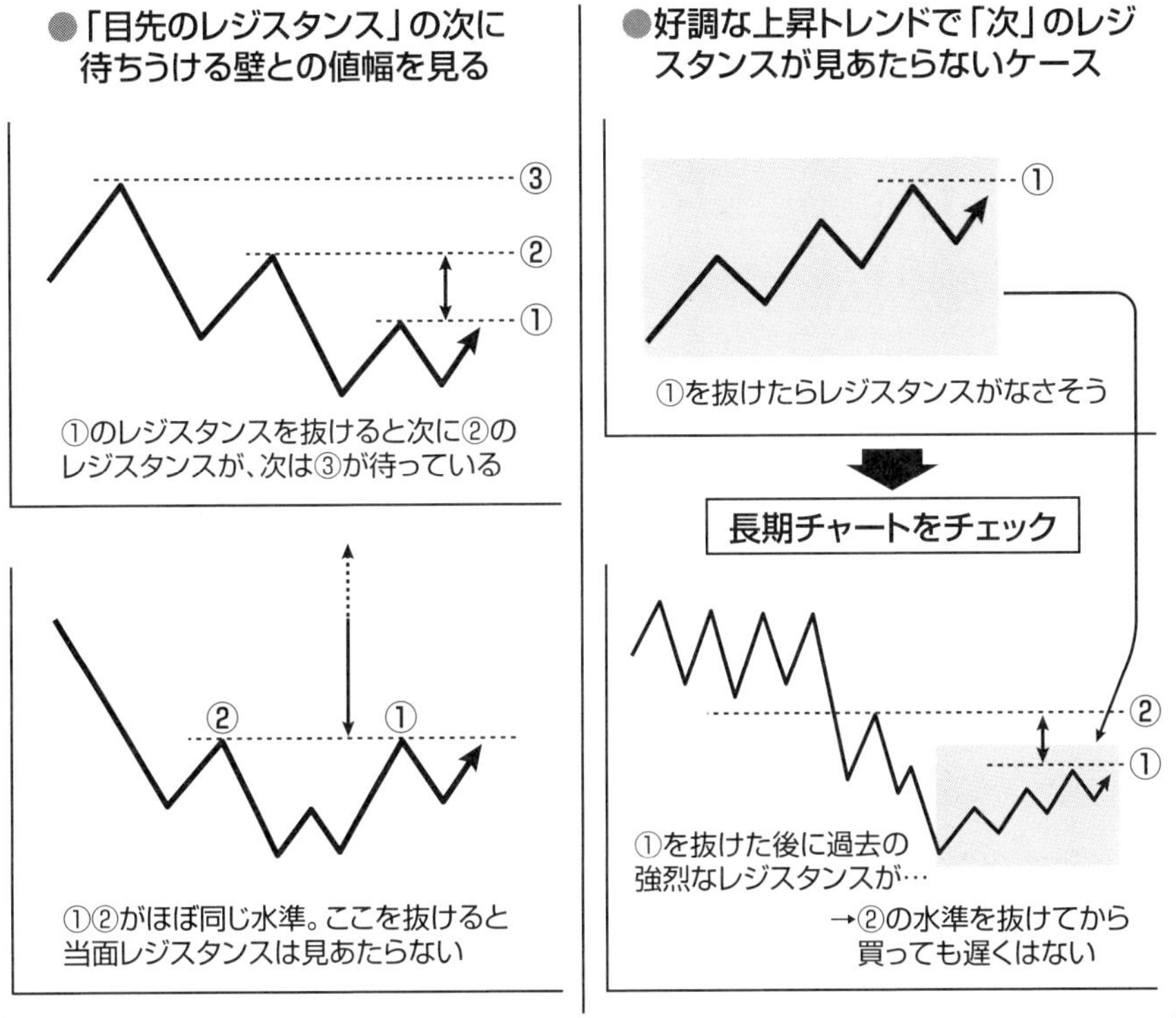
●「目先のレジスタンス」の次に
待ちうける壁との値幅を見る
③
②
①
①のレジスタンスを抜けると次に②の
レジスタンスが、次は③が待っている
②
①
①②がほぼ同じ水準。ここを抜けると
当面レジスタンスは見あたらない
●好調な上昇トレンドで「次」のレジ
スタンスが見あたらないケース
①
①を抜けたらレジスタンスがなさそう
長期チャートをチェック
②
①
①を抜けた後に過去の
強烈なレジスタンスが…
→②の水準を抜けてから
買っても遅くはない

タンスを抜けてから出動しても遅くはありません。したがって、しばらく様子を見る銘柄になります。

　一方、長期のチャートを見たところ、「このレジスタンスらしきものはない」というのは、上値余地はありそうだと捉えられます。

（カラ）売りを考える場合なら、目先のサポートはどこか、過去に強烈なサポートがあるかどうかが下値余地を考えるポイントになります。

　第1章、第2章でもふれましたが、かなり前のサポートやレジスタンスが、後々まで意味を持つという例はしばしば見られます。短期スタンスでも、銘柄を絞り込むときには長期チャートもチェックしておきましょう。

4 利益確定はどう決める？

❖利益確定の目標値を決める方法

利益をあげることを目的に株を売買する以上は、買った株を売る、または（カラ）売った株を買い戻すという「手仕舞い」をしないことには目的は達成されません。ということは、「どうなったら手仕舞うか」を決めておくことが、株を売買するうえでは不可欠ということです。

これを決めておかないと、せっかく買った後に株価が上昇したのに、売ろうかどうしようか迷っている間に株価が下がり、「また戻るだろう」となんとなく思っているうちに含み損になってしまう、というような、非常にもったいない事態に陥りかねません。

どうなったら手仕舞うかを決める方法のひとつは、「あらかじめ、いくらになったら売る」という目標を設定しておくやり方です。これには「買った株が10％上がったら売る」「50円上がったら売る」というように、数値的な目標値を決めるやり方もありますし、チャートを見て次のレジスタンス地点を目標値にするやり方もあるでしょう。

これは目標が明確でわかりやすいのが特徴ですが、気をつけなければいけない点が２つあります。

第一は、トレンドが継続していった場合、せっかくトレンドにうまく乗ったのに、そのわずかの部分しか取れない可能性があるということです。「それでもいい。利食いで死んだ人はいないんだ」と割り切ればいいのですが、50円の値上がりで売った後に、結局は５００円も上昇したなどというのでは悔しすぎます。

図＊7-4-①　「手仕舞いが早すぎた！」そんなときは…

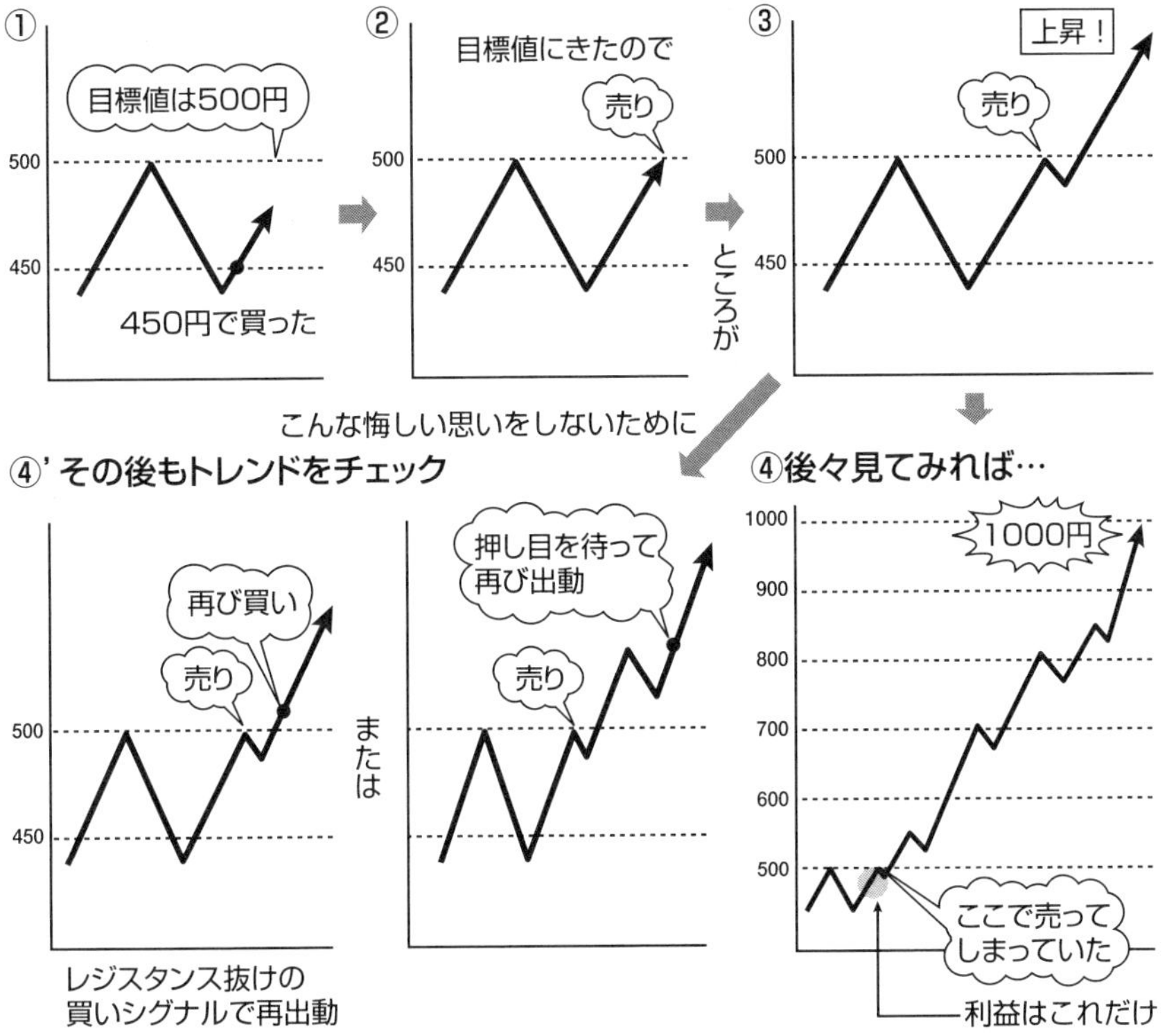
①
目標値は500円
500
450
450円で買った
②
目標値にきたので
売り
500
450
ところが
③
上昇！
売り
500
450
こんな悔しい思いをしないために
④' その後もトレンドをチェック
再び買い
売り
500
450
または
押し目を待って
再び出動
売り
レジスタンス抜けの
買いシグナルで再出動
④後々見てみれば…
1000
900
800
700
600
500
1000円
ここで売って
しまっていた
利益はこれだけ

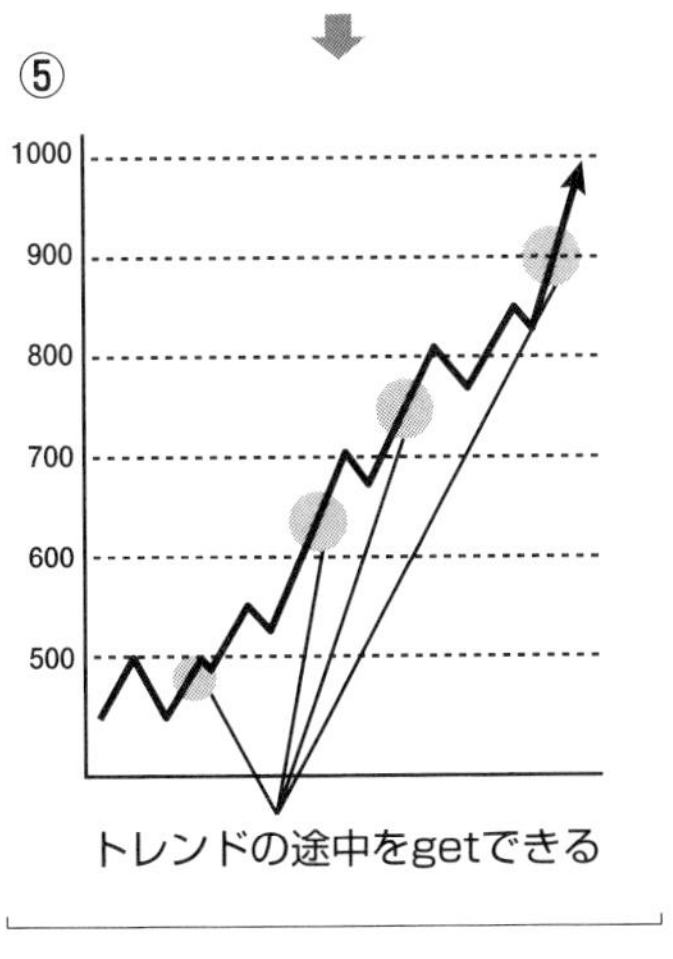
⑤
1000
900
800
700
600
500
トレンドの途中をgetできる

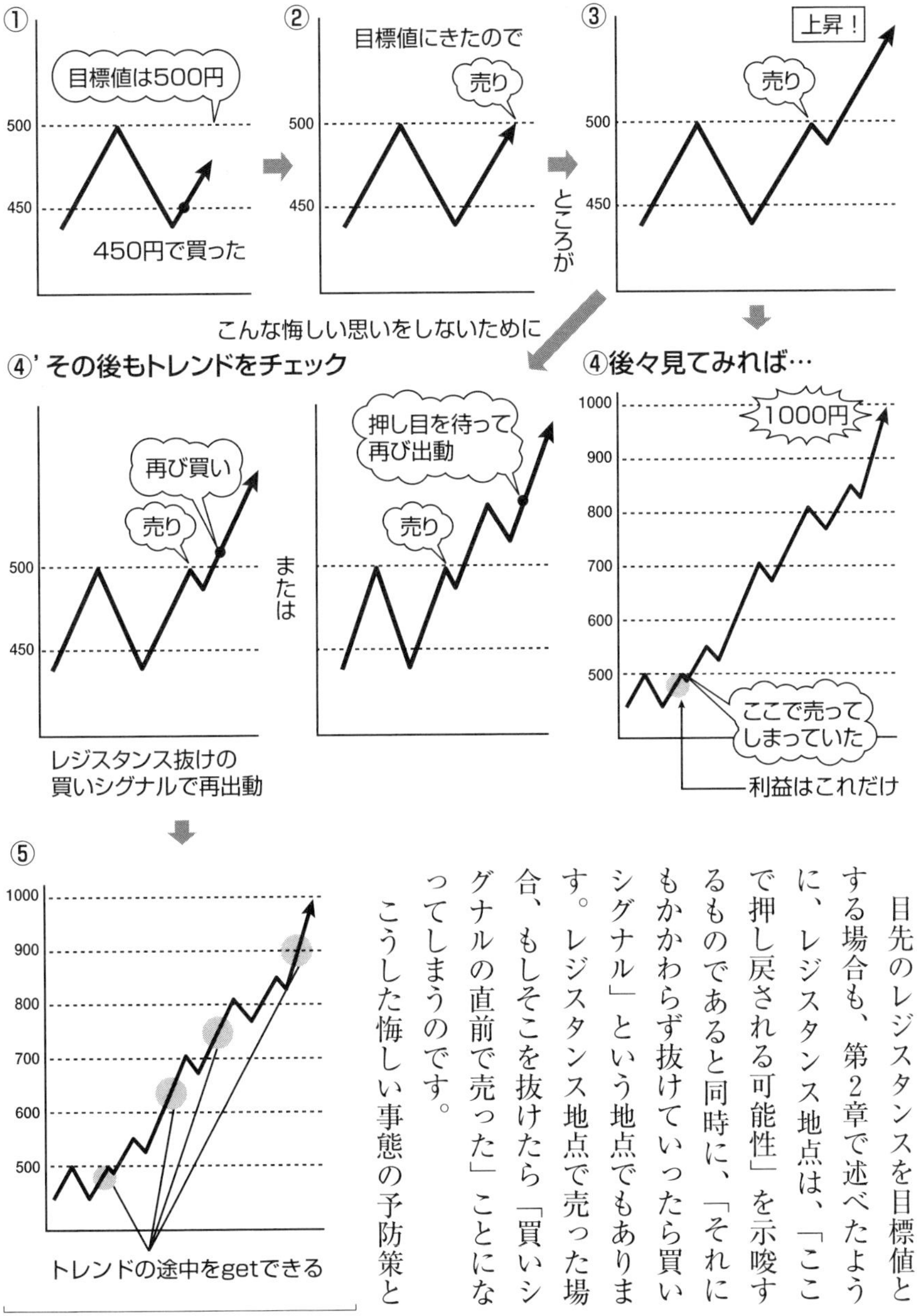

目先のレジスタンスを目標値とする場合も、第2章で述べたように、レジスタンス地点は、「ここで押し戻される可能性」を示唆するものであると同時に、「それにもかかわらず抜けていったら買いシグナル」という地点でもあります。レジスタンス地点で売った場合、もしそこを抜けたら「買いシグナルの直前で売った」ことになってしまうのです。

　こうした悔しい事態の予防策と

なるのは、手仕舞った後、トレンドが継続するようなら、再びそれに乗る局面を探すことです。

　このとき「最初にあんなに安く買ったのに、いまさらこんな高い水準で改めて買い直すなんて損だ」などと思ってはいけません。そう考えてしまうと、みすみす指をくわえて好調なトレンド継続を見ているだけになります。

　トレンドがさらに続くといっても、一直線に延々と一方向に行き続けることはありません。どこかで押し目をつくったり、保合い状態になったりします。そのときのシグナルを狙えばいいと考えれば、手仕舞いが早すぎることを恐れるあまり、かえって手仕舞いのタイミングを逃すような失策も回避できます。

❖「目標値」に達しない場合にはどうするか

　目標株価を決めるうえで注意したい点の第二は、目標株価に至らなかったとき、手仕舞いのタイミングを失いかねないという点です。

　ある株を４５０円で買い、「50円上がって５００円になったら売る」という目標値を決めていたとします。株価はうまく値上がりして４９６円まで上昇しました。目標値までもう少し、というところまで来て、ここで株価が下がり始めました。株価は４９０円、４８２円、４７５円と下がっていきます。このとき「一度は４９６円まで行ったのだから、また上昇したら目標の５００円になるはず」と思っていると、含み益が消滅するどころか、含み損になってしまう可能性もあります。

　不思議なもので、いったん目標を決めると「これを達成するまでは手仕舞えない。頑張る」という気持ちになったりします。通常は、目標達成まで忍耐強く頑張るのはいいことですが、株の売買ではよくありません。目標に達しようが、達しまいが、とにかく利益をあげることが大事です。ですから、目標値を明確に決めるのであれば、「そこに至らなかった場合にはどうするか」も同時に決めておくことが必要になります。

　こうした点を考えるならば、この際「あらかじめ目標値を決める」ということ自体をやめるのも

図＊7-4-②　株価の動向に応じた手仕舞いルールの例（買いの場合）

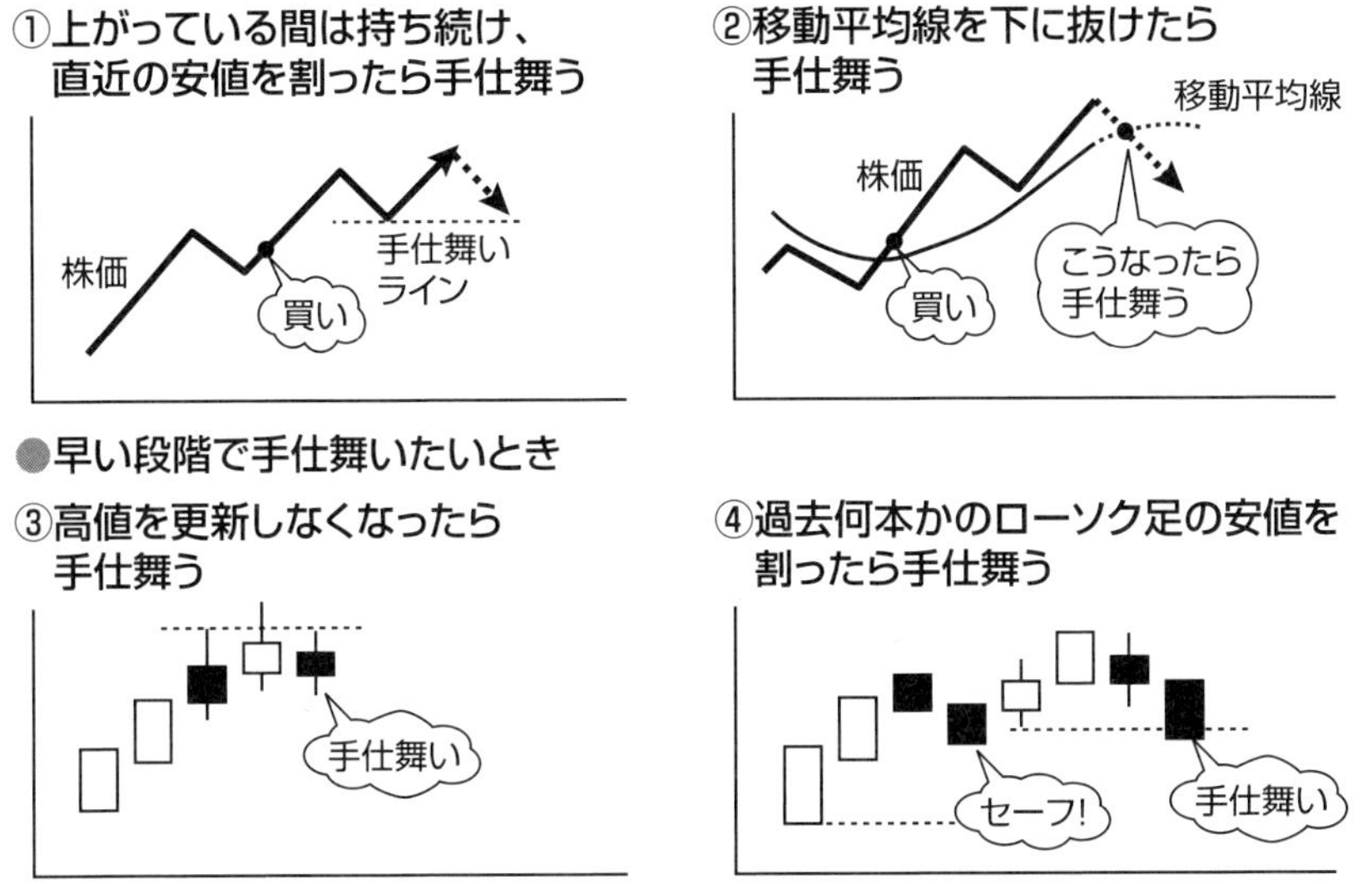
①上がっている間は持ち続け、
直近の安値を割ったら手仕舞う
株価
買い
手仕舞い
ライン
②移動平均線を下に抜けたら
手仕舞う
移動平均線
株価
買い
こうなったら
手仕舞う
●早い段階で手仕舞いたいとき
③高値を更新しなくなったら
手仕舞う
手仕舞い
④過去何本かのローソク足の安値を
割ったら手仕舞う
セーフ!
手仕舞い

一策です。この場合、手仕舞いの判断は、株価の動向に応じて出現するチャートのシグナルで決めます。

たとえば、「直近の高値を抜ける」という買いシグナルで買うならば、上昇トレンドが続いている間は持ち続け、「直近の安値を下に抜ける」というシグナルが出たら売る、あるいは、「移動平均線を株価が上に抜ける」というシグナルで買うならば、「移動平均線を株価が下に抜ける」というシグナルで売る、といったやり方です。

もっと早い段階で手仕舞いたいなら、買った後に高値を更新している間は持っていて、高値を更新しなくなったら手仕舞う、というやり方があります。あるいは、買った後、過去3日の安値を抜けたら手仕舞うというように、短期の下値容認水準を決める方法もあります。

いずれのやり方でも、事前に「この状態になったら手仕舞う」という基準を決めて、さらに、その状態になったときには、淡々とそのとおりに実行することが肝心です。

5 何より大切な損切りラインの設定

❖どこまで逆方向の動きを容認するか

株の売買の手仕舞いには、**利益確定**ともうひとつ、**損切り**というものがあります。繰り返し述べてきたように、チャートのシグナルは「絶対確実」というものではありません。

それだけに、新規で買う、または売った直後に、トレンドが期待していた方向と逆に行った場合、早めに損失を確定させる（損切り）ことが必要な場面もあります。その判断をどこでするかを前もって決めておくことは、何よりも重要です。この損切り水準をしっかり決めてきちんと実行していれば、株の売買で大損をする事態は起きません。

損切りの考え方として最もわかりやすいのは、やはりチャートのシグナルに従うやり方でしょう。買った後、前の安値（サポート）を下に抜けたら買い値がどうであれ売る、移動平均線を下に抜けたら売る、というものです。この場合、前の安値とはどの水準なのか、目安にする移動平均線はどれなのかをはっきり決めておく必要があります。

たとえば、買いシグナルとして参考にしているのが25日移動平均線なのに、株価が下がってきたときには「13週移動平均線よりは上だからまだ大丈夫だ」というようでは問題があります。25日移動平均線を買いシグナルの目安にしているなら、ともかく買った後に25日移動平均線を割り込んだら見切ることです。

❖「ダマシ」対策を考える

チャートのシグナルで売買するときに念頭にお

図*7-5-①　損切り水準の考え方（買いの場合）

＜例1＞
直近の安値を下回ったら見切る

＜例2＞
とにかく移動平均線を下回ったら見切る

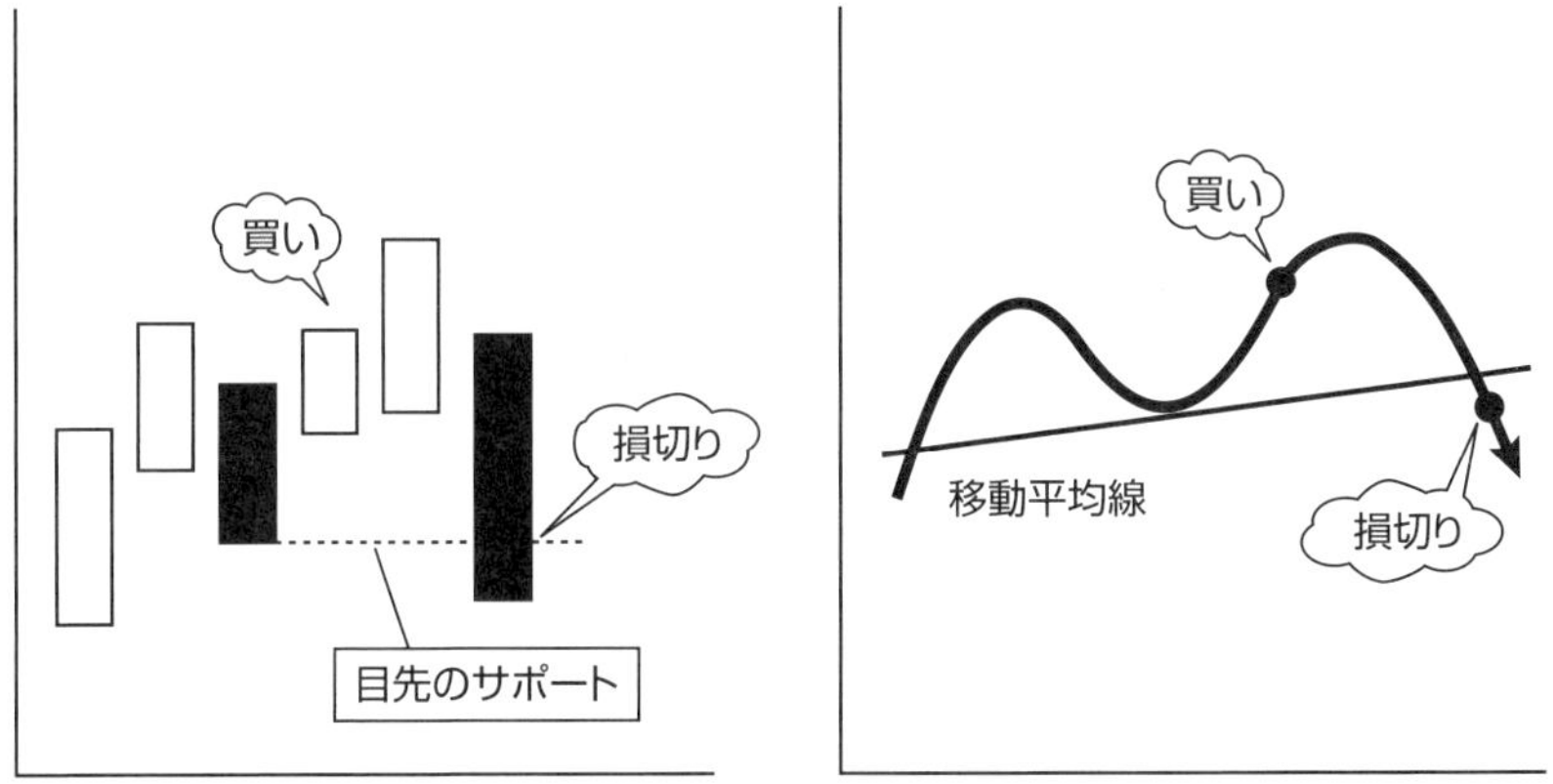

いておかなければならないのは、いわゆる「ダマシ」があるという点です。買いシグナルが出たと思ったところが、その直後に大きく値下がりし、買いシグナルがなかったのも同然の状況になる、といったものです。

「ダマシ」対策のひとつには、新規で買う、または売るときのシグナルを慎重に判断するという考え方があります。第4章で紹介したように、移動平均線であれば、平均をとる期間が長いほどシグナルが出にくくなります。新規でポジションをとるときには、少し長めの移動平均線を目安にすれば、慎重なシグナルで出動できるというわけです。

ただ、シグナルが慎重であれば「ダマシ」を回避できるというものでもありません。

慎重なシグナルで「ダマシ」に遭うと、損失も大きくなるという面もあります。慎重なシグナルを用いても「ダマシ」を完全に排除できないならば、「〝ダマシ〟に遭っても仕方ない」と最初から諦めて、むしろシグナルが「ダマシ」だったときにはどう対応するかを決めておくのも一案です。

図※7-5-②　ダマシ対策

とにかくポジションをとったシグナルが打ち消されたら、いったん退却する

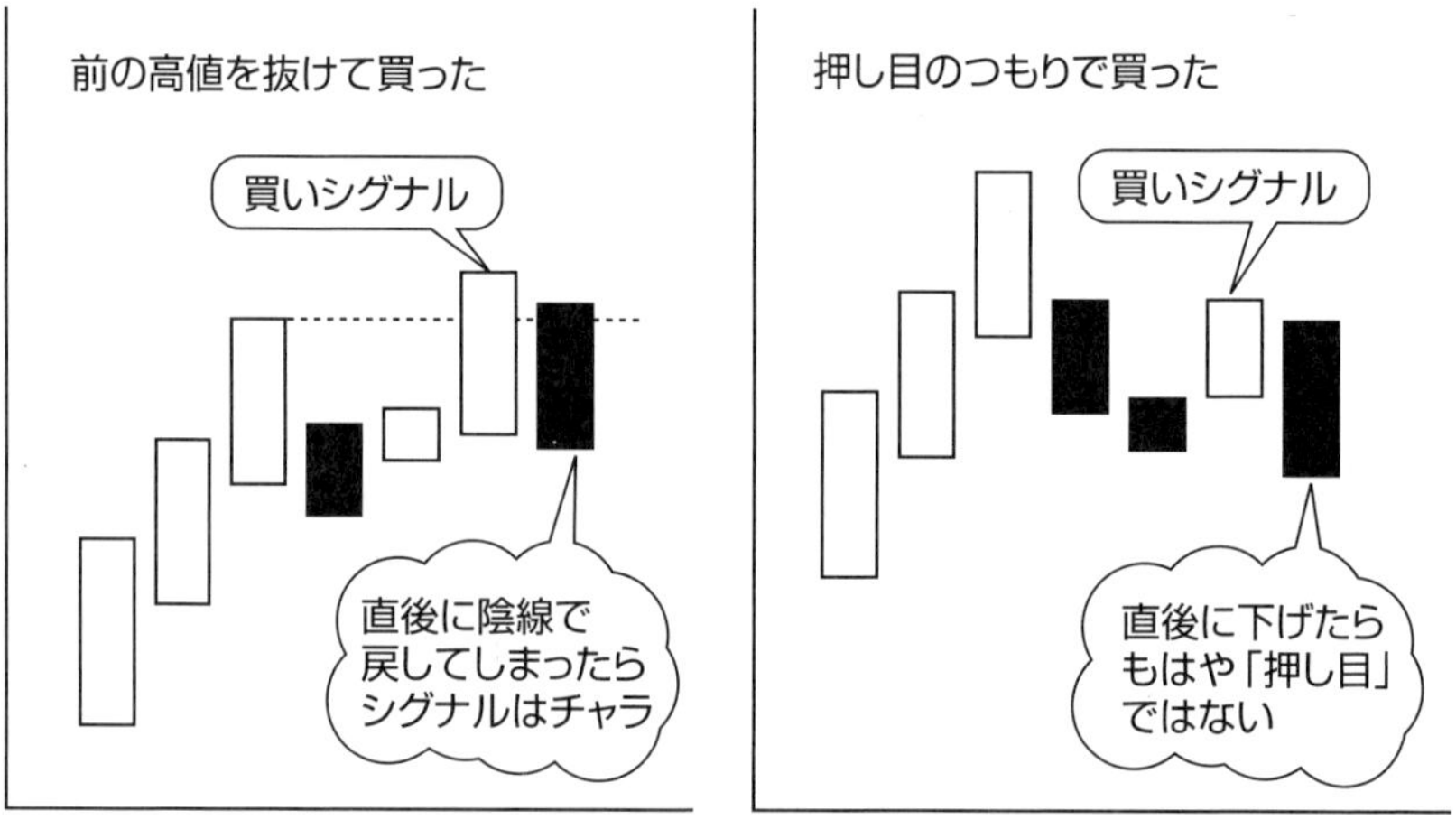
前の高値を抜けて買った
買いシグナル
直後に陰線で
戻してしまったら
シグナルはチャラ
押し目のつもりで買った
買いシグナル
直後に下げたら
もはや「押し目」
ではない

「ダマシ」の対応策は意外に簡単で、たとえば買いシグナルが出て買った直後、その買いシグナルを打ち消す動きがあったら、そこですぐに手仕舞うことです。

買いシグナルとなった陽線を、翌日の陰線で全部戻してしまったり、移動平均線を上に抜けた直後、再び株価が移動平均線を下に抜けていったりした場合には、この時点で「ダマシ」認定を行ない、いったん退却します。損失が出たとしても、さほど大きな額にならずにすむでしょう。

このとき、「昨日買ったばかりなのに、もう損を出してしまうのは嫌だ」などと思ってはいけません。結局、高値づかみ（空売りの場合なら「安値たたき」）になる原因のひとつは、すでに「ダマシ」の可能性が示唆されているにもかかわらず、何も手を打たないことにあります。

もし、手仕舞った後に再びトレンドの方向に株価が戻るのならば、改めてポジションをとり直せばいいだけです。失敗しても、対応さえ早くすればいくらでもやり直しはきくのですから。

6 株価がどうなったら売買出動なのか

❖絞り込んだ候補銘柄の動向をウォッチする

現状トレンドは継続中の銘柄を探して絞り込み、さらに利益確定や損切り水準についても決めました。あとは売買出動するのみですが、絞り込んだ候補銘柄のどれでもすぐに売買していいとは限りません。

ここまで見てきたのは主に週足チャートでしたが、週足チャートでよさそうに見える形でも、日足チャートで細かく見ると目先の動きがかなり異なるケースもあります。

ですから、実際に売買するにあたっては、やはり目先足元の株価の動きを見たうえで判断する必要があります。半年くらいの投資期間を考えている人は、週足チャートのシグナルが売買出動の目安になりますが、その際にもやはり日足の動向を見ておいて損はありません。

売買出動するポイントは、これまで見てきたように、直近の高値や安値を抜けるというシグナル、上昇後の下落が止まり再上昇してきた押し目ポイント、下落後の上昇から最下落してきた戻り売りポイント、それに、保合い状態をブレイクしてトレンド再開と見られるポイントなどです。第2章や第3章、あるいは第5章でも紹介しましたが、これはローソク足の形が非常に参考になります。

164ページの図で示したような形が出現した局面が、具体的な出動のシグナルの例です。売買候補とした銘柄の日足チャートが、こういう形になっていない場合には、しばし動向をウォッチしましょう。「いい形」になったところで売買出動です。

図※7-6-①　ファーストリテイリングの週足チャートと日足チャート

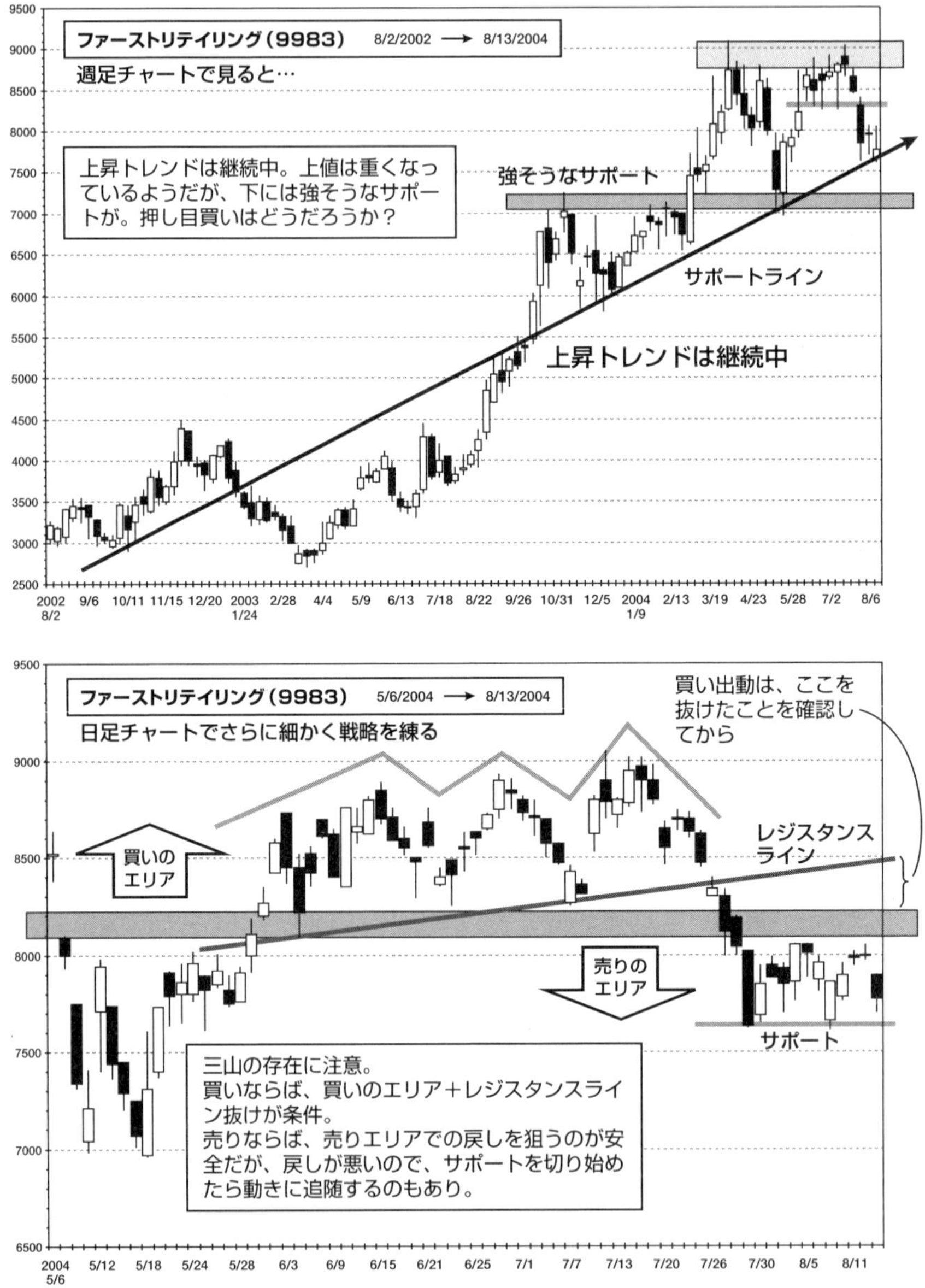

ファーストリテイリング（9983）　8/2/2002 → 8/13/2004
週足チャートで見ると…
上昇トレンドは継続中。上値は重くなっているようだが、下には強そうなサポートが。押し目買いはどうだろうか？
強そうなサポート
サポートライン
上昇トレンドは継続中
9500 9000 8500 8000 7500 7000 6500 6000 5500 5000 4500 4000 3500 3000 2500
2002 8/2 9/6 10/11 11/15 12/20 2003 1/24 2/28 4/4 5/9 6/13 7/18 8/22 9/26 10/31 12/5 2004 1/9 2/13 3/19 4/23 5/28 7/2 8/6
ファーストリテイリング（9983）　5/6/2004 → 8/13/2004
日足チャートでさらに細かく戦略を練る
買い出動は、ここを抜けたことを確認してから
買いのエリア
レジスタンスライン
売りのエリア
サポート
三山の存在に注意。
買いならば、買いのエリア＋レジスタンスライン抜けが条件。
売りならば、売りエリアでの戻しを狙うのが安全だが、戻しが悪いので、サポートを切り始めたら動きに追随するのもあり。
9500 9000 8500 8000 7500 7000 6500
2004 5/6 5/12 5/18 5/24 5/28 6/3 6/9 6/15 6/21 6/25 7/1 7/7 7/13 7/20 7/26 7/30 8/5 8/11

図＊7-6-②　パイオニアの週足チャートと日足チャート

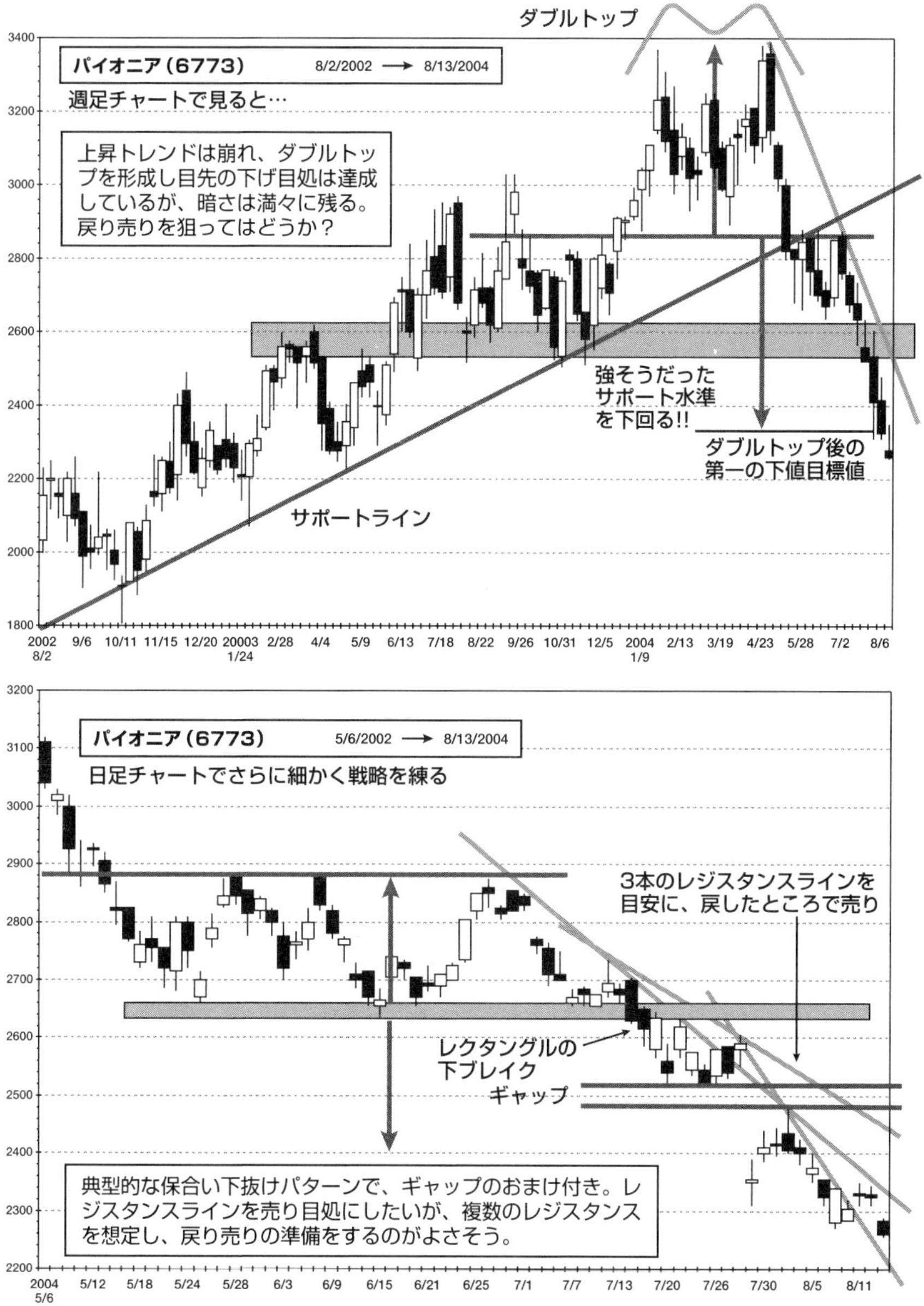
ダブルトップ
パイオニア（6773）　8/2/2002 ⟶ 8/13/2004
週足チャートで見ると…
上昇トレンドは崩れ、ダブルトップを形成し目先の下げ目処は達成しているが、暗さは満々に残る。戻り売りを狙ってはどうか？
強そうだったサポート水準を下回る!!
ダブルトップ後の第一の下値目標値
サポートライン
3400 3200 3000 2800 2600 2400 2200 2000 1800
2002 8/2　9/6　10/11　11/15　12/20　20003 1/24　2/28　4/4　5/9　6/13　7/18　8/22　9/26　10/31　12/5　2004 1/9　2/13　3/19　4/23　5/28　7/2　8/6
パイオニア（6773）　5/6/2002 ⟶ 8/13/2004
日足チャートでさらに細かく戦略を練る
3本のレジスタンスラインを目安に、戻したところで売り
レクタングルの下ブレイク
ギャップ
典型的な保合い下抜けパターンで、ギャップのおまけ付き。レジスタンスラインを売り目処にしたいが、複数のレジスタンスを想定し、戻り売りの準備をするのがよさそう。
3200 3100 3000 2900 2800 2700 2600 2500 2400 2300 2200
2004 5/6　5/12　5/18　5/24　5/28　6/3　6/9　6/15　6/21　6/25　7/1　7/7　7/13　7/20　7/26　7/30　8/5　8/11

図*7-6-③　売買出動のシグナルとなるローソク足の形

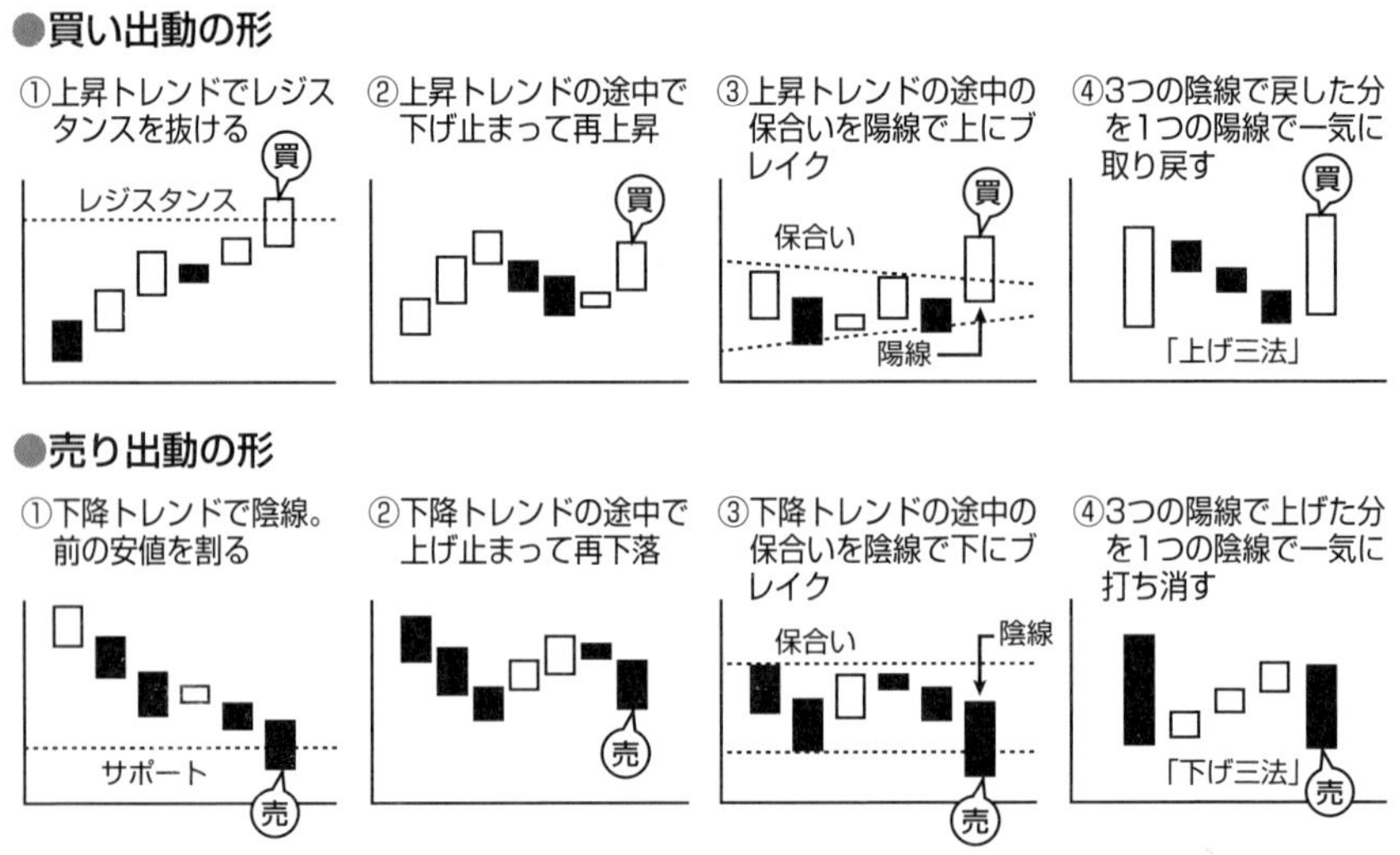

●買い出動の形
①上昇トレンドでレジスタンスを抜ける
レジスタンス
買
②上昇トレンドの途中で下げ止まって再上昇
買
③上昇トレンドの途中の保合いを陽線で上にブレイク
保合い
陽線
買
④3つの陰線で戻した分を1つの陽線で一気に取り戻す
「上げ三法」
買
●売り出動の形
①下降トレンドで陰線。前の安値を割る
サポート
売
②下降トレンドの途中で上げ止まって再下落
売
③下降トレンドの途中の保合いを陰線で下にブレイク
保合い
陰線
売
④3つの陽線で上げた分を1つの陰線で一気に打ち消す
「下げ三法」
売

❖出動判断の基本は「引値ベース」

こうしたローソク足のシグナルの形ができるかどうかは、終値がどうなるかで決まります。つまり、売買出動するかどうかの判断は引値ベースで決まるということです。

引値がいくらになるかは場が引けてみなければわかりませんが、少なくとも、大引け前の段階で陽線（または陰線）になりそうか、シグナルとなる株価水準を超えそうかどうかを見る必要があります。

数ヵ月という投資期間を考えていて、週足チャートでシグナルを判断する人ならば、週の終値（たいていは金曜日の大引け）にその週のローソク足の形が決まります。よって、週末の大引け前の動向は要チェックです。

チャートのシグナルが引値で確定するのなら、それを確認したあと、翌営業日の寄付で売買出動するという考え方もできなくはありません。ただ、引値で売買するのと、翌寄付で売買するのとでは、意外なほど大きな差があります。

図*7-6-④　「引値で売買」と「翌日の寄付で売買」。累積パフォーマンスはこんなに違う

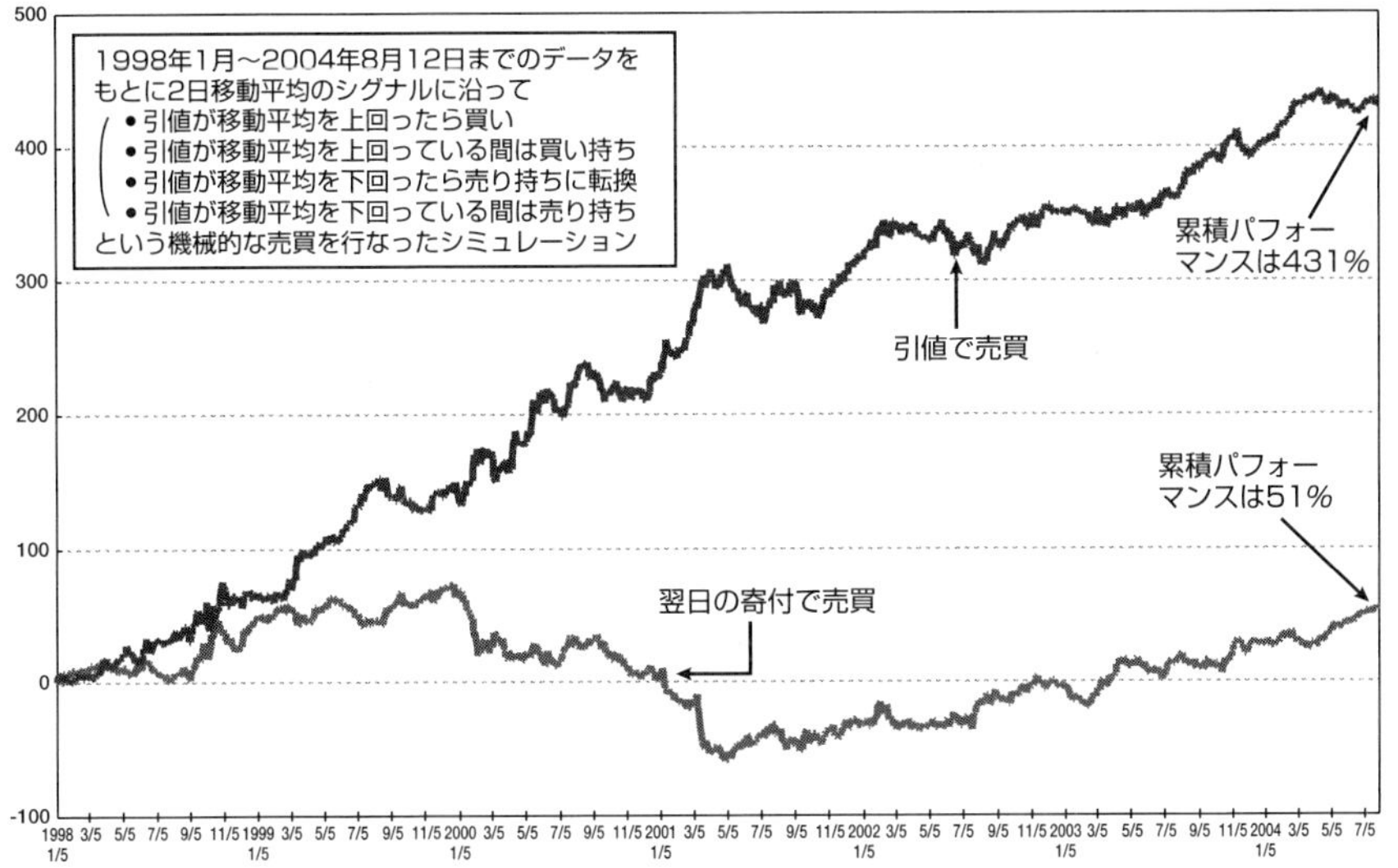
1998年1月～2004年8月12日までのデータを
もとに2日移動平均のシグナルに沿って
●引値が移動平均を上回ったら買い
●引値が移動平均を上回っている間は買い持ち
●引値が移動平均を下回ったら売り持ちに転換
●引値が移動平均を下回っている間は売り持ち
という機械的な売買を行なったシミュレーション
累積パフォーマンスは431%
引値で売買
累積パフォーマンスは51%
翌日の寄付で売買
500
400
300
200
100
0
-100
1998 1/5
1999 1/5
2000 1/5
2001 1/5
2002 1/5
2003 1/5
2004 1/5

野村ホールディングスについて、1998年1月から2004年8月12日まで、2日移動平均のシグナルで機械的に売買したシミュレーションでは、引値で売買した場合の累積パフォーマンスは約430%ですが、翌寄付で売買した場合の累積パフォーマンスは50%程度になってしまいます。

これはパフォーマンスの累積なのでこれほどの差が出たという面もありますが、同じシグナルで売買しても引値と寄付ではかなり違うと認識しておいていいでしょう。とくに1回の売買で狙える値幅が小さい短期トレード派の人はなおさらです。

❖ポジションをとった後もチャートを見続けよう

うまくシグナルどおりの売買出動ができたとしましょう。その後は、まず売買のシグナルが「ダマシ」ではないかを確認しなければなりません。万一、ポジションをとった直後にシグナルを打ち消す動きが出たら、即座に「ダマシ」対応の手仕舞い注文をする必要があります。

シグナルが「ダマシ」ではなかった場合も、そ

図✻7-6-⑤　ポジションをとった後、こんな形が出たら注意する(買い持ちの場合)

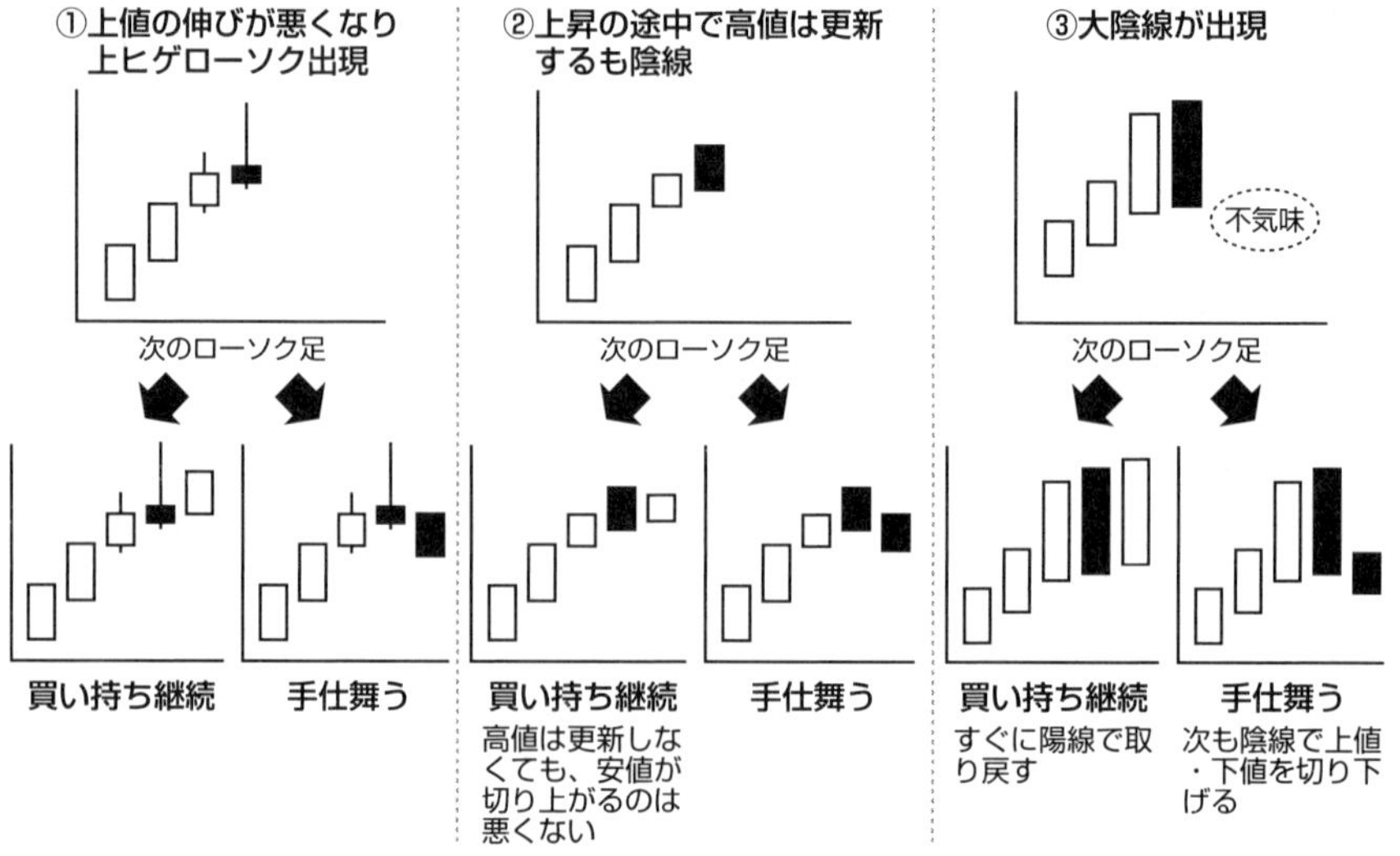
①上値の伸びが悪くなり
上ヒゲローソク出現
次のローソク足
買い持ち継続
手仕舞う
②上昇の途中で高値は更新
するも陰線
次のローソク足
買い持ち継続
高値は更新しなくても、安値が切り上がるのは悪くない
手仕舞う
③大陰線が出現
不気味
次のローソク足
買い持ち継続
すぐに陽線で取り戻す
手仕舞う
次も陰線で上値・下値を切り下げる

の後の動向をチャートでチェックしておくことが大切です。事前に「こうなったら手仕舞う」という場面設定をしていても、その状況に至る前に不穏な動きが察知できるケースがあります。

たとえば、買った後に株価がうまく上昇しても、だんだん上値が伸びなくなってきたり、長い上ヒゲ陰線が出たりした場合には、「次のローソクがこうなったら、いったん手仕舞う」というふうに、状況に応じて利益確定の方針を改めるのはまったく悪くはありません。

最も警戒すべきは、相場の状況が急変する事態です。その際には、たとえば「直前の3本のローソク足を帳消しにするような大陰線になるようなら手仕舞う」というような対応もあるでしょう。

売買出動する前に方針を決めておくことはもちろん不可欠です。ただ、ポジションをとった後には、事前に想定しなかったことも起こります。その状況に柔軟に対応することが、相場急変という事態に遭っても利益を残す、あるいは最悪でも損失を最小にとどめるポイントになります。

阿部智沙子（あべ　ちさこ）

茨城大学卒。マーケットジャーナリスト、テクニカルトレーダー。大蔵省（現財務省）の外郭団体にて金融専門紙記者として勤務後、1992年よりフリーに。97年、元大手証券会社の外国債券トレーダーとともに㈲なでしこインベストメントを設立。マーケットの分析や効率的な投資手法の研究を行なう一方、株式のトレーディングにも携わっている。現在、東京理科大学で物理学を専攻する学生でもある。著書に『しっかり儲けを重ねる 株のスピード売買術』（共著、日本実業出版社）、『オンライン投資家のための30万円からはじめる「信用取引」の本』（東洋経済新報社）などがある。

儲《もう》かる！ 株《かぶ》の教科書《きょうかしょ》

ケイ線《せん》・チャートの読《よ》み方《かた》・使《つか》い方《かた》

2004年10月1日　初版発行
2006年3月20日　第8刷発行

著　者　阿部智沙子 ©C.Abe 2004
発行者　上林健一

発行所　株式会社日本実業出版社　東京都文京区本郷3－2－12　〒113-0033
大阪市北区西天満6－8－1　〒530-0047
編集部　☎03-3814-5651
営業部　☎03-3814-5161　振　替　00170-1-25349
http://www.njg.co.jp/

印刷／三晃印刷　製本／共栄社

この本の内容についてのお問合せは、書面かFAX（03-3818-2723）にてお願い致します。
落丁・乱丁本は、送料小社負担にて、お取り替え致します。

ISBN 4-534-03813-5　Printed in JAPAN

下記の価格は消費税(5%)を含む金額です。

儲かる! 株の教科書

テクニカル指標の読み方・使い方

伊藤　智洋　　定価 1470円(税込)

最低限知っておくべき基本的なテクニカル指標の見方や、最近流行のオシレータ系指標を用いた売買のタイミングなどを、極めて実践的なアプローチ、豊富なチャートと図解でわかりやすく教える。

儲かる! 株の教科書

信用取引　買い方・売り方・儲け方

阿部智沙子　　定価 1575円(税込)

信用取引の基本的なしくみから、無期限信用や新興銘柄の信用取引等の新しい制度、レバレッジをかけた利益の追求、リスクヘッジ等々、信用取引を実践するうえで必ず役に立つ知識とノウハウを満載。

最新版　入門の入門

“株”のしくみ

杉村　富生　　定価 1470円(税込)

株とは何か、市場や相場のしくみ、株価のメカニズム、株式売買の主役は、株式投資の尺度やテクニックは……といった疑問に答えるビジュアル入門書。投資家もそうでない人も知っておきたい81項目。

イチバンやさしい

株価チャートの読み方

杉村　富生　　定価 1365円(税込)

「いつ買うか」「いつ売るか」は、株式投資の永遠のテーマ。その「いつ」を見極める最大の武器が株価チャートだ。誰でもすぐ始められるチャートを使った売買タイミングのつかみ方をやさしく紹介。

相場に勝つ

ローソク足チャートの読み方

小澤　實　　定価 1470円(税込)

「明けの明星」など、ローソク足の足型にはポピュラーなものも多いが、その背後にある投資家心理の読み方が投資成績を大きく左右する。代表的な56の足型をとりあげ、立ち回りの仕方までを詳説。

株のことがわかる事典

中島　勲　　定価 1470円(税込)

そもそも株式とは何なのか、配当・利回りをどう見るか、といった起訴知識から、投資信託やインターネット投資術についての最新情報まで、投資に役立つ知識・ノウハウを満載。

株式用語1000辞典

中邑　悟　　定価 1575円(税込)

株式投資の必須基本用語を事項別に分類・整理し、初心者向けにやさしく解説。言葉の意味だけでなく、通読すれば株式投資に関する体系的・実践的な知識が自然と習得できる。

定価変更の場合はご了承ください。